访谈人员

北京市通州区乐益融社会工作事务所：

孙 艳 郑淑洁 张雨晴 潘美好 柴 笛 李钘滢 彭玉娇

杜亚倩 姜学仁 郭晓勇 吴桂莲

北京市通州区乐益融社会工作事务所是一家专注于服务残障女性，以艺术疗愈、社工支持、残障青年的心理疗愈、残障女性的社区服务及残障青年的需求研究与实用服务工具开发为主要服务形式的社会组织。

本书系国家社科基金青年项目"技术赋能与残障人群体的社会融入研究"（项目编号：19CXW037）的研究成果。

阳光下的我们

Live in the Sunshine
The Life Stories of Chinese Disabled Women

残障女性口述故事

杨 柳 **主编**

社会科学文献出版社
SOCIAL SCIENCES ACADEMIC PRESS (CHINA)

序　一

2017 年，杨柳博士来到重庆大学，跟随我做博士后研究。杨柳主要从事媒介与社会领域的相关研究，研究兴趣主要集中在媒体尤其是新媒体如何为弱势群体增权、赋能，进而影响社会的发展。在具体的切入角度上，她注意到一个此前尚未被充分关注的弱势群体——残障女性。她想着力研究新媒体与残障人士的生存与发展。我以为这是一个富有人文关怀的问题，很有意义。杨柳一头扎了进去，至今已有两年多。这期间，杨柳先后发表了 6 篇与残障相关的 SSCI 论文，并申请到三项与残障相关的研究课题，包括 2019 年国家社会科学基金青年项目。

在调研、访谈残障女性的过程中，杨柳逐渐认识到，当今中国的残障女性已不再是传统认知里的弱者，而是有着精彩生命历程的独立个体，她们的成长历程与中国社会对弱势群体的认知轨迹交相辉映，呈现社会包容与多元化的发展过程。然而，她们的生命故事也仅仅停留在自己的小圈子里，不为外人所知。杨柳逐渐萌生了将她们的故事整理成书、让更多人看到这一群体的想法，于是主编了《阳光下的我们：残障女性口述故事》一书。

这本书通过深度访谈的方式，首次深度记录了中国 20 个城市颇具代表意义的 20 位残障女性的生命故事。通过她们讲述的自己的成长故事，我们可以看到新一代残障女性的成长。读这本书中 20 位残障女性的故事，就像交了 20 位朋友，让人了解到残障女性成长的困境和突破自我限制的力量。全书通过"成长的烦恼"、"知识改变力量"、"工作的力量"、"你好，爱情！"和"叫一声妈妈！"五个篇章，展示了残障女性对生活的热情和勇敢、对未来的探索和期待、用爱与自由温暖自己和他人。她们是残障者，是女性，是女儿，是妈妈，但首先是她们自己。

书中这些残障女性的人生故事，让人感受到的主要不是残障问题，而是多彩的生命和不灭的希望。从她们的身上，也许你能找到自己的影子，看见许多人生的重叠，你看见她们的面貌，脆弱又坚强，和每一个普通的中国人一样，打拼着自己的未来。你可以想象世间不完美却少有的真爱故事；你可以聆听母辈当妈的烦恼；你可以感受残障孩子的调皮经历；你可以倾听少女的心事；你可以看见每一个"她"与数千万女性同胞一样，面对机遇与挑战，不退缩，迎难而上，用自己的坚持和毅力证明自己的能力，打破社会传统观念的刻板印象，勇敢追寻属于自己的梦想。

残障议题赋予社会的意义，不仅仅是对弱势群体的关怀与帮助，更是对生命意涵的理解，倡导的是社会的多元与包容，每个人都是平等和自由的生命个体，每个人的成长历程又都与中国社会有着千丝万缕的勾连，是现实社会的映射。这20个口述故事，从一个侧面深刻反映了残障社群的现实状况，也反映了残障社会工作的重要性和意义，以及社会平等与社会融合的必要性。

相信这本书可以为社会科学学者、社会工作从业人员、公益群体、对残障群体感兴趣的社会人士提供一个看见"她们"的机会与窗口，可以增添一份理解，让社会更加多元和包容，让人间充满仁爱，让世界更加多彩！

董天策

2019 年 12 月 20 日

于重庆大学新闻学院

序　二

　　中国约有 8500 万残障人士，第二次全国残疾人抽样调查报告显示，其中有 48.5% 是残障女性，而这些残障女性却似乎是"隐形人"，不为主流社会所熟知。本书记录了 20 位来自不同城市、具有不同障别的残障女性的生命故事。我们希望通过本书为中国社会了解残障女性群体，提升社会的多元与包容程度提供一个可供参考的思考视角，为中国社会发展与变迁的呈现提供一个新的记录轨迹与方式。

　　在传统社会中，残障群体多被认为是不健全的可怜人，需要社会的救助和帮扶。这与传统媒体和社会主流文化对残障群体的塑造和刻板印象密切相关，此前的残障研究又多见于社会学研究领域，新闻传播领域的学者关注的相对较少。我是从 2017 年 7 月开始进行残障研究的，当时在我博士后导师董天策教授的支持下，决定进行新媒体赋权的相关研究，又结合当时与项目合作者正在进行的一个残障相关的访谈，就打算关注新媒体和数字技术如何为残障群体增权、赋能，促进社会融合。

　　2017 年 10 月份我采访了 20 多位通过互联网创业、就业的肢障人士。在和他们交谈的过程中，我发现新媒体技术除了作为谋生的工具，更多的是为残障群体带来作为独立的人而存在的价值感，因为身体和环境的限制，他们的生活往往是无奈的。尤其是残障女性，给我传递出了一种很强烈的无力感，这对我来说是意外，但又是值得思考的研究发现。让我印象最深的是采访一位被父母送养的重度肢障姑娘。她告诉我："还好我是个女性，还可以嫁人，要是男性的话，还要担心娶老婆的问题。"这位姑娘对自己的残障身份没有太多的抱怨，但也没有更多的独立思考，认为已经这样了，只是希望社会上多一些好心人来帮助自己，让自己的生活不再那么困难。当时我很想知道，残障女性的生活难道只能这么无奈吗，有没有其他的方式可以让她们的生命更精彩。

直到在田野调查的过程中，我遇到了北京市通州区乐益融社会工作事务所的两位创始人——孙艳和彭玉娇。2018 年 11 月，我当时正在北京出差，无意中看到她们正在北京一个社区开展名为"中国残障女子图鉴"的宣传活动。我赶到她们的活动现场，看到两位姑娘带着几位大学生志愿者正在社区内给健全人讲述残障女性的生命故事，活动现场有 10 幅残障女性的特写宣传照，她们优雅、大方，自信又有魅力。那个场面让人感动，但最重要的是，我觉得快乐又温暖，我就一发不可收地被她们深深地吸引了。

后来彭玉娇邀请我参加她们的《中国残障女子图鉴》画册发布会。很大一个会场，参与图鉴拍摄的姑娘们分别分享了自己的成长经历：媒体的"标签"、路人好奇的目光、残障的困惑及突破限制找到自我的故事。参与其中后，我不再觉得残障女性是可怜的人，也不会觉得她们是励志的代表，事实上，她们就是一个个有着精彩生命的个体。就像本书中一位视障人士小娜所分享的那样："我们是残障人，但这只意味着我们身体功能与别人不同。任何人一辈子都有可能面临不同程度的障碍。我更喜欢将残障人称为'不同能力者'（people with difference）。就像视障人可以在黑暗中生活，这其实是非残障者所不具备的一种能力。"

这一观点对我来说新颖又独特，让我对残障女性、对自己和所处的社会都多了一份更深层次的理解。残障并不意味着无奈和对生活的妥协，而是一种生命状态。随后，我又跟随广东残培教育发展基金会的残障女性领导力培训项目先后到北京、武汉和广州，认识到了 Grace、小渔、姜妮等更多优秀的残障女性。在他们的接纳和帮助下，我开始觉得，残障给予主流社会的是一种生命的启示，最重要的是我们如何看待差异，又如何用多元与包容的视角来解读这些不同。

我曾看过孙艳拍摄的一个残障女性的纪录片——《寒鸦》。寒鸦是乌鸦的一种，也因此被有些地方视为不吉祥的鸟儿，多被用来比喻孤寂、清冷的生活。但若追溯到《诗经》中，寒鸦却是富贵与祥瑞的象征，又因为它们能自在地飞翔而被当作自由与灵魂的代表。残障女性就好比寒鸦，有社会赋予的符号化的意涵，但究其生命的本质，却和所有人一样，都向往自由、平等、尊重与理解。这一点与障别无关，甚至与性别无关，只和人对自我的追求与实现有关，与社会的接纳和包容有关。

由于在田野调查中的这些思考与感悟，我希望能够编写一本记录残障女性成长的专著，记录一下同时代的残障姐妹们的成长经历。在前期的调研和访谈过程中，我先后接触到近 100 位残障女性，但是可能囿于自己的非残障身份，始终感觉访谈不够深入。后来有幸遇到彭玉娇、孙艳及其机构的残障女性研究员，就邀请她们参与我的研究课题，承担深度访谈与调研记录的工作。在她们的帮助和支持下，最终从 50 多位深度访谈对象中，选取了 20 位最具社会意义的残障女性的生命故事，并将它们收录到本书中。

这 20 位残障女性所在的城市不同、年龄不同、障别不同，最重要的，人生经历也各不相同，从经历过中国改革开放初期的中年女性，到接受过 20 世纪初期国内首批融合教育的大学生，再到突破环境与身体限制走出国门进修的残障学者；从怀有梦想的独立创业者，到安居小镇的社区店长，到从事残障事业的一线勤恳社工，再到回归家庭的幸福辣妈，每一个故事背后都映衬着中国社会的变迁轨迹。她们的成长经历和奋斗故事与中国社会的发展进程重叠在一起，折射出当今中国社会的发展与变化历程。

可见，残障研究带给我们的不仅是对生命的思考，也是对社会包容与多元化的认知，还是国家发展与社会变迁的折射。相信无论是社会科学的研究人员，还是残障领域的从业者，抑或是仅仅对残障议题感兴趣的读者，都可以从本书中获得不同程度的启发与感受。

目录

CONTENTS

第一篇

成长的烦恼

所有的荣耀归于勇敢迈出的第一步

潘美好[*]

我没有足以沸腾北京夜空的豪情壮志，也没有经历住地下室和吃泡面的拮据生活。这个城市对我而言，只是满足了我对理想生活的追求，也体现了我生而为人的价值。

自给自足的底气，是一种别人永远无法给予的安全感。

一 美好与不美好

我叫潘美好，来自河南南阳，和所有女生一样，我爱美、爱笑、爱自由。

比起现在的名字，我更喜欢曾用名，潘梦，是妈妈给起的。出生之前，妈妈梦到肚子里的小家伙是个漂亮的姑娘。于是，在妈妈的期待中，我降生于二十四节气的小雪之日，性别女，对于新生命的到来，家人的喜悦溢于言表。

我的父母还在适应初为人父人母的过程中，未满一岁的我，突然连日高烧不退，妈妈带我去镇上的医院看病，医生只是把我的症状当作常规的感冒治疗。吃了药也不见起色之后，妈妈才意识到问题的严重性，于是带我去市区的医院诊治。

妈妈独自抱着我在门诊挂号排队，交代已经蹒跚学步的我，站在原地

---

* 潘美好，神经母细胞瘤患者，自由撰稿人。

等候。结果，妈妈刚一松手，我整个人就瘫软在地，从那之后就再也没有站起来过。

在来回转院的过程中，就连当地的警车都出动了，火急火燎地为我开辟道路，可谓与死神赛跑。当时，我已经奄奄一息，全靠一口气活着，所有人都劝妈妈放弃，说我大概是救不活了，可妈妈却死死不肯放开怀里的我，不惜一切代价地要把我救回来。

我被安排住进医院之后，父母就收到了病危通知书。CT 的影像报告显示，我的后纵隔长了一个肿瘤，压迫到了神经。医生的诊断是神经母细胞瘤，是一种常见于婴幼儿的恶性肿瘤，更有"儿童癌症之王"的称号，治愈率连 20% 都不到。

病危通知书让妈妈接到手软，但最后她还是恳求医生给我安排手术。冥冥之中，好像有神的助力，命悬一线的我竟奇迹般地挺了过来，手术成功地将肿瘤切除了。

经过后期的放疗、化疗，加上父母的精心照料，我软弱无力的身体逐渐康复起来。妈妈告诉我，在我病重的时候，我还会轻声地安慰妈妈说："我不痛，妈妈不要哭。"

谁也没有想过，当初药不对症的治疗，耽误了最佳治疗时机，并带来了不可挽回的结果：我有幸捡回一条命，却永远站不起来了，并且胸部平面以下失去知觉，右上肢运动功能障碍，以后生活自理都是问题。

说起来，患病的经历我没有太多的印象，全凭家人告诉我的，只是妈妈每次说起来，都会引起很大的情绪波动。我知道，那应该是父母过得最艰难的日子，他们承受的压力一定超出我的想象，并且为了给我治病，原本不富裕的家庭，更是花光了家中所有的积蓄。

庆幸的是，日子一天天地过着，我平安地度过了一个又一个生日，打破了当初医生说我活不过 3 岁的断言。这个时候，家里的长辈重新为我起了名字：潘美好，算是对我未来生活的一种祝福和期待。可是，我一度觉得嘲讽，自己的生活何来的美好可言？

身体上的障碍，让我生活的能力弱于其他孩子，需要父母的悉心照料。在 8 岁使用第一台轮椅之前，我是依靠家人抱着移动的，父母的怀抱成为我移动的城堡。

到了该上学的年纪，父母让我同其他孩子一样去上学，去结交朋友。由于身体没有支撑的力气，我坐不稳学校里的板凳，于是，父母就专门为我打造了一套精致的小沙发和课桌，这成为我的专属座位，去哪个班级就搬去哪个教室。下课时间其他同学都在嬉笑打闹，唯独我安静地坐在座位上预习功课、看课外书，在小学一年级我就考了全校第一，成绩优异的我，深受老师们的喜爱。

我的不合群，也引起了同学们的注意。班上有几个调皮的男生，见我总是呆坐在座位上，就故意推搡我，企图引起我的注意和反抗。毫无防备的我害怕地哭了起来，看我哭了，他们才一溜烟地跑开了，以至于后来有好几天我不想去上学。

后来，同学们了解到我的情况之后，逐渐接受了我，他们会主动接近我，和我一起聊天、玩游戏，甚至会把自己新买的玩具分享给我。性格开朗的我，自然和同学们打成一片。特别是有几个同学住在我家附近，各自的家长轮流接送我们上下学，假期就约在我家一起写作业、打游戏，就这样，她们成了我最要好的朋友。

虽然学校成了我结交朋友的地方，但是因为没有无障碍设施，也有许多不方便的时候。例如，我从来没有上过体育课，从来没有参加过开学大会、表彰大会等；特别是每周一次的计算机课程，因为计算机教室在二楼，我的爸爸就会按照课表的时间，提前把我搬到二楼的教室，等我上完课，他再来把我搬回一楼的教室。

说起来，学校唯一给我提供过的合理便利①，就是校长、老师知道我的身体情况之后，在每次开学之前，他们都会把我所在的班级安排在一楼，让我能够方便一些。

有时候我会庆幸，那些不美好的事情都被我遗失在时光的裂缝中，记忆里大多数是快乐的事情。在父母的宠爱下，我并没有觉得自己有什么不

---

① 合理便利，是指根据具体需要，在不造成过度或不当负担的情况下，进行必要和适当的修改和调整，以确保残疾人在与其他人平等的基础上享有或行使一切人权和基本自由。——主编注

同，反而认为自己比其他孩子得到了父母更多的关爱和照顾，度过了一段幸福的童年时光。

二 不能站起来的遗憾

在我成长的过程中，父母逐渐意识到我的生活方式注定和其他孩子不一样，总是依赖于他们的保护并不是长久之计。

有时候，小朋友们跑跑跳跳地一起做游戏，而我只能失落地坐在原地看着。每当这个时候，我的爸爸就会把我抱在怀里，主动地走进小朋友，让我和她们一起玩，她们走到哪里，爸爸就会抱着我追到哪里，直到让我开心为止。

直到有一天，妈妈从外面带回家一个庞然大物，拆开箱子我才知道是轮椅。当爸爸把我抱上轮椅的时候，我无比兴奋。轮椅代替了父母柔软的怀抱，使我在行动上自由许多，特别是我可以和小伙伴一起出门玩耍了。

即使被父母小心翼翼地呵护着，我也有无人监管淘气的时候，最大的乐趣是自己费劲巴拉地滑着轮椅爬坡，再寻刺激地一路冲下来，如同其他孩子玩滑梯般乐此不疲。自然也吃过不少亏，有一次下坡没能及时收手，我如同被倒的垃圾似的飞出了轮椅，和墙壁来了次深刻的拥吻，结果在额头上撞了个大包；也在无人保护的情况下，自己尝试倒着下马路牙子，结果人仰车翻……轮椅对那个时候的我来说，更像是玩具一样的存在。

轮椅成了我最亲密的伙伴，它无时无刻地陪着我。没过多久，我的身体出现了状况。因为长期坐着，血液循环不好，久而久之屁股上的皮肤就出现了压疮，最终创面发生感染，整个人出现持续低烧的状况，这让妈妈开始担心起来。万不得已之下，妈妈提出让我休学在家养病，询问我的意见。

十一二岁正是贪玩的年纪，得知自己不用再去上学，我十分高兴。也是在那个时候，我开始隐约觉得自己和其他孩子不同，其他孩子能蹦蹦跳跳地去上学，我需要被父母时刻抱在怀里，我的心底有种说不出来的感受。

为了养好压疮，我在床上趴着睡了整整一个夏天，妈妈专门从医生那里学的护理知识，从消毒到上药、包扎，为我养好了大大小小、触目惊心的伤口。因为身体没有丝毫的知觉，压疮是会反复发作的，并且会出现在身体的不同位置，再加上我的自我的保护意识不强，药膏、纱布、药棉都是家中常备之物。时常听到妈妈欲言又止的叹息，但我却不理解叹息的背后代表着什么。

后来即便压疮好了，我也不再有上学的念头了。只不过，总是会梦到自己重返校园，和同学们一起坐在教室里上课的情景……没有坚持完成学业，成为我今生最大的遗憾之一。

那个时候，我的父母依然对我抱有重新站起来的希望，带着我四处求医问药，看到电视上有什么专家就记下联系方式。他们为了能够给我治病，起早贪黑地挣钱。包括我自己，都没有想过自己会永远站不起来，要依附别人的照顾而活。

我的吃喝拉睡离不开父母 24 小时的照顾，爸爸不忘纠正我的坐姿，帮助我锻炼以减缓腿部萎缩。我家有 22 级台阶，爸爸每天要抱着差不多 70斤的我上下楼四次，我时常在爸爸耳边轻轻地问："爸爸，我重吗？"爸爸怕我心里有负担，总是安慰我说："年轻人喜欢去健身房健身，我权当锻炼了！"然后一笑了之。我的心里却像吃了颗柠檬一样酸，说不出话来。

直到 2005 年，我的父母凑够了钱，满怀期待地带着我到北京武警医院看病，当时神经内科最著名的专家说，我这辈子都不会再站起来了。

那是我第一次为自己残废的身体感到绝望和难过，不过还得强忍着，不能让父母看出来，因为他们已经非常难过了。

进京看病无果后，我就跟随爸爸、妈妈回家了，开始赋闲在家，内心却悄然发生了改变。

画地为牢般的日子，一个人闷在屋子里看看书，写写字，沉迷于电视机里的偶像剧和动画片中，身边没有一个朋友。正是从那个时候起，我养成了"孤独成瘾"的性格，不擅与人为伍，总是沉浸在自己的小小世界里，乐在其中。

有时候，妈妈会带着妹妹外出，我每次都央求妈妈带上我，可妈妈总是以我出门不方便为由，拒绝我的请求，并且答应我回来的时候，会给我带好吃的。我的懂事换来妈妈一句夸赞，而我心里却是对妹妹的嫉妒。

家人常常告诉我，让我对妹妹好一点，因为将来我需要她来照顾。还带有指责地对我说，妈妈为了照顾我，已经累得半条命都搭上了，犹如我是千古罪人一般……每当听到这些话时，我心中总是愤愤不平：凭什么断言我离不开家人的照顾，我要寄人篱下地生活？骨子里的叛逆，让我不甘就此妥协，我总是用犀利的眼神回应他们。

爸爸、妈妈会发生矛盾，大多数源于其他原因，而我心怀愧疚地认为是自己拖累了整个家庭。最严重的一次，妈妈把我丢给爸爸照顾，离家出走许多天没有消息，我以为是自己把妈妈气着了，觉得自己被抛弃了，心里特别恐慌，又不知道该怎么办。这样的经历，给我心理造成了一定程度上的阴影，导致我至今都缺乏安全感，不容易信任他人。

于是，心思敏感的我，就养成了写日记的习惯，把生活中观察到的一事一物都记录下来，包括许许多多无处安放的情绪和想法，都写在了日记里，一本又一本。那个时候，整个人都透着一种明媚的悲伤。

网络开始盛行的时候，应我多次央求，爸爸给我买了一台电脑。于是，网络成了我唯一了解外面的方式，同时，给我的生活增添了许多乐趣。

一点点地探索着网络世界的奇妙之处，除了看新闻、听音乐、玩游戏，我仍然热衷于写文章，然后向各大网站投稿，甚至一口气完成了十万字的小说，成为签约作者。

有一次，我的同学突然通过 QQ 甩给我一条链接，因为发现了是我写的文章。当时，心里是满满的骄傲感。

好奇心会促使我探索很多自己感兴趣的领域，例如学习修图，学习办公软件，学习在淘宝上买东西，到最后妈妈竟然鼓动我去炒股，在水深火热的股市里追涨杀跌一阵子之后，我就"弃暗投明"了。

我从一个电脑小白，到最后立志做一个技术宅，电脑出现黑屏或者其他什么问题，我都能亲自搞定。周围叔叔、阿姨的手机或者电脑出现问题，都第一个找我求助，我会帮他们一一化解，不免得到他们一番夸赞。

三　轮椅上的困扰

父母以经商为主，在我们镇上开了连锁超市。在十多岁的年纪，无所事事的我主动向父母请缨，要在自家经营的超市帮忙。父母得知我的想法之后，很乐意地给我安排了收银的事务。

我开始坐着轮椅在店里溜达，生活状态变得不再那么闭塞。店里每次零食上新都会拿给我试吃，生长在明码标价的环境下，让我拥有了常规物品估价的隐藏技能，他人随手买个什么东西，我都能把价格说得八九不离十。

慢慢地，我发现，来店里的顾客，总是以异样的眼光打量我，他们看到我的轮椅，看到我垂在轮椅上、肌肉有些萎缩的双腿，关切地问：

"你怎么坐轮椅啊？"

"能下来走路吗？"

"一步都走不了吗？搀着你走呢？"

避之不及的一连串问题，令我感到前所未有的窘迫，只好讪讪地回答："不能。"

随即，他们眼底会透出悲悯之情，仿佛看到我无法直立行走的人生，将是多么得糟糕，却没有人能够将我治愈。

有时候爸爸、妈妈会在身边，帮我挡住这些"枪林弹雨"，而他们的回答也不尽相同。妈妈会一脸忧愁地说起我生病的事情，倾听的人倒会配合地投来安慰与同情的目光，让我觉得格外尴尬；若是换成爸爸，他会小事一桩地开玩笑说："小时候不听话淘的。"相对来说，我更喜欢爸爸这样一本正经地胡说八道。

于是，我开始从心底抵触轮椅，我喜欢坐在椅子上佯装成一个正常人，萎缩的腿部遮掩在妈妈定制的长裙里，原地不动地坐上一天，像极了没有灵魂的布偶；轮椅放置于储物间，等待随时召回。冰冷的框架势必要困住我的一生，我嘴上不说，心里却在默默抵抗不争的事实，也不愿多想往后的日子。

坐在椅子上一样身处尴尬，外来的顾客不了解我不能行动的情况，以为是我懒得挪动，就处处为难我，让我站起来帮他们选购商品。这个时候，我的眼泪会不争气地夺眶而出，但我又羞于开口争辩。

妈妈见情况不对，就赶过来帮我化解尴尬。事后，我委屈地号啕大哭，妈妈强忍着心里的难受，劝慰我说："不知者无罪。人家不知道你不会走路，不能怪人家。"爸爸则在一旁转移我的注意力，讲些俏皮话逗我开心。父母一直无处不在地保护着我，尽力让我避免伤害，可是他们抵不住成长带来的"草木皆兵"。很多事情，我都藏在心里不说，但不代表我不懂。

在我年满 18 岁的时候，民政局的工作人员陆续找到我的父母，通知他们带我去办身份证以及残疾证。其实，办残疾证我心里是拒绝的，就好像一直不愿意承认的事情，还是被人揭露了。

我突然意识到：在学校里受到的瞩目，并不是我品学兼优，而是因为我是残疾人；常常听到的夸赞，并不是我聪慧可人，而是因为我是残疾人；甚至，父母对我宠爱有加的原因，也无非因为我是残疾人，包括那些异样的眼光，都是因为我是残疾人……我被动地去接受，轮椅和我的关系并不是那么纯粹，轮椅不再是儿童车、代步工具，它演变成了刺目的标签，上面写着：残疾。

老师教我读书认字，父母教我为人处世，唯独没有人告诉我，该如何去面对有残疾的一生。

面对命运的不公，我曾多次有过一了百了的尝试，但最终还是以失败告终。身体发肤受之父母，他们拼尽全力换来的生命，又怎么能让我随意糟践自己？

我寄生于父母的照顾之下，看不到我的未来将会何去何从。

四　一切都是最好的安排

日子百般无聊地过着，身边围绕着七大姑八大姨的家长里短，弟弟、妹妹们也都长大成人，步入大学和社会，我渐渐地插不上他们的聊天话题。那一刻，我忽然意识到所有人都在进步，只有自己停在原地，我不想这样。

我试图告诉父母，自己想要出去，虽然并不知道要去哪里，或者做什么，只是受够了密不透风的生活环境，想要晒个太阳、吹吹风都成为一种对自由的奢求。

当然，无足轻重的谈话，并不会被父母放在心上，他们忙着打拼事业，还要事无巨细地照顾我，认为给我创造一个衣食无忧的生活，就是对我未来最好的安排。妈妈还曾经有意识地跟我透露，让我长大以后不要结婚，害怕我受苦受难……

一直以来，我就像是被父母呵护在温室里的花朵，看着一束光从明到暗的过程。可我终究是一个有独立人格的人，有着自己的想法，甚至在默默地等待着一个可以出逃的机会。

人们常说，机会总是留给有准备的人的。就在我 22 岁来临之际，以为自己的人生将要一眼望到底的时候，我无意在网上刷微博的时候，看到一篇公益项目的招募计划，主要是培养残障青年独立自主的课程，这引起了我的注意，于是，就稀里糊涂地报了名。

原以为报名表会石沉大海，没想到没过多久就接到了项目组的访谈电话。工作人员了解了我的基本情况之后，最后问我如果外出遇到困难怎么办？当时，我脱口而出："找警察叔叔。"现在回想起来，才发现自己当初多么的无知和单纯。可能正是这份无畏无惧的胆量和追求自由的迫切，让我没有错失机会。

第二次接到项目组的电话，简单的沟通之后，她们也向我介绍了机构和项目的大致情况，并且通知我，被录取了！

一时之间我没有反应过来，只是在吃饭的过程中，告诉了父母这件事。告诉他们，我被一个公益机构选中，可以免费去北京得到生活上的锻炼，大概需要半年的时间。一向对我有求必应的爸爸，开口便泼了我一盆冷水，说："肯定是骗子！全国有几千万的残疾人，怎么会有这样的好事落在你的头上？"妈妈在旁边帮着附和说："你去了谁照顾你啊？"

他们的态度，彻底激起了我反叛的心理，于是我心里盘算起该如何说服父母，让他们同意。

经过我软硬兼施的招数，让父母看出我是动真格的了，他们也许是出于对我的溺爱，最后爸爸一脸严肃地跟我说："这是你自己做的决定，无论发生什么，你要对自己负责。"我梗着脖子说："好。"心里只不过想着，自己都已经这般田地，究竟还能糟糕到哪去？颇有一副无知者无畏的样子。

既然话已经放出去了，我不得不为接下来的计划做准备。虽然，参与项目是免费的，可是在北京的衣食住行都是需要自费的，没有任何经济来源的我，又不想张口问父母要钱，因为一旦张口就意味着我将败下阵来。

于是，我灵机一动地想到了网络众筹，从撰写众筹文案，到各个平台的转发和分享，都是我独自完成的。短短半个月，我最终筹来了近 5000 块钱，心里想着，怎么也够在北京生活一个月了。

妈妈放心不下我，又隐隐约约觉着这是一次机会，她则是一边唠叨不停，一边替我收拾行李。在我准备网上订机票的时候，妈妈提出要和我一起去，我才恍然大悟，为什么他们突然松口让我去了。

就这样，我开始了人生中的第一次远行。

到达北京之后，我接触了项目组的工作人员，以及和我共同参加培训的伙伴们，进入了一个完全陌生的圈子。和我共同参加培训的伙伴，都患有各式各样的罕见病，他们的身体状况也都千奇百怪，有的残障程度比我还要严重许多，这简直刷新了我对残障的认知。

来自五湖四海的我们，很快就相互熟悉，因为我们面临着同样的生活困难和挑战，以及成长的困惑和家人的不理解。

妈妈跟着我考察了项目组之后，便提出要带我回家，因为在这个人生地不熟的地方，根本就没有人照顾我。我态度坚决地要留下来，妈妈无奈之下去了别处，留我一个人去应对那些难题。

的确，丧失了人类基本生存技能的我，鞋子不会穿，上下床需要爸爸抱，处处需要父母照顾着，更别说吃饭、上床睡觉等日常自理问题。当我尝试第一次独自上床的时候，一下就摔倒在地上了。

不同以往的是，身边没有那些"你不行""你做不到"的声音出现，同吃同住的学员小伙伴和我分享她们的经验，工作人员鼓励我，积极地带动我一起尝试用多种方式去解决。直到现在我养成了一种习惯，每当遇到问题的时候，我不会纠结于问题本身的发生，而是想着我该怎么去解决它。

就在我适应了环境之后，妈妈重新出现在我的面前，仍旧是要带我回家。我不答应，她就提出一个条件——我独自从住处划轮椅到地铁站，因为从小娇生惯养的我，并没有受过苦，出门都是父母推着，妈妈想让我知难而退。

初夏的北京烈日当头，不服输的性格让我决定迎难而上。在妈妈的监视以及小伙伴们的陪同下，我划着轮椅出了门。来回差不多两公里的路程，我划着轮椅用了 6 个小时才走完。那是我第一次感受到，轮椅是那么难划，再加上自己柔弱的身体，几乎没有力气可言，每划一段小小的距离就得停下歇息。

也许，是我的毅力打动了妈妈，她万般无奈地把我留在北京，自己回去了。从那一刻起，我才感受到自己生而为人的存在感，终于不用再依附别人的照顾而生活，这是何等的自由啊！

自从在生活中和父母剥离，自我意识逐渐增强，我发现自己并非一无是处，只是被父母阻隔了尝试的机会。慢慢地，我开始不断点亮自己隐藏的技能和成就，从一个依附父母照顾的角色，转化成社会中独立的个体。印象最深的是，第一次煮的面条用微信拍照发给我爸妈时，他们无比骄傲地说："以后可以吃到闺女做的面条了。"听到这句话时，我心里五味杂陈，其他父母都在盼望自己的儿女长大之后有出息，挣大钱，而我的父母却因为我终于有能力照顾自己，不用再担心没有人照顾我会饿死而感到欣慰。

大概，所有人都没想到，有一天我会扑扇着不丰满的羽翼，用行动向他们证明，自己拥有飞向远方的能力和勇气。

通过公益项目的课程，我对残障身份有了全新的接纳和认同。同时，我也明白了，残障不是一个人独自承担的问题，也不是一个家庭所能解决的问题，而是需要整个社会去面对的问题。如果每个地方都具备了相应的无障碍措施，例如一个坡道的建设，就能让残障伙伴自由地出入任何场所，或者可以借用辅具，去完成日常事项。那时候残障人士就不再是需要被特殊对待的弱势群体了，他们同样可以去工作，创造自己的社会价值。

经过生活的历练，我从一个约 3 公里的路程划轮椅要耗时 6 小时的弱女子，变成现在划轮椅带风的女汉子。同时，抑制在骨子里的不安分也被唤醒，和伙伴们随时随地约着出去玩，参加各种各样的活动，进录音室，挑战攀岩，参加演出等，轮椅上的绝妙生活变得一发不可收拾起来。

在处处充满人文关怀的北京，我不仅感受到了残障出行的方便，因为很多地方都有人性化的无障碍设施，我还受到了许多仅有一面之缘的人的帮助，之前一直担心的歧视、拒绝等顾虑完全被打消。

当我知道自己的人生具备着更多的选择和无限的可能时，对轮椅上的生活有了全新的期待和追求之后，心中冒出的第一个念头便是留在北京找工作。

一位年纪比我略小的男生，得知我想要留在北京，便苦口婆心地拉着我说："快回家找妈妈吧！社会没有你想象得那么单纯和美好的，跳出残障圈没人会接纳你！即使有公司聘用你，你的能力达不到要求会挨训，同事会排挤你……"他考虑周到地列举了一系列难题让我知难而退，一字一句惹得我哭得稀里哗啦的，一向争强好胜的我却忍着没说一句话，因为自己划轮椅吃力的样子，看起来真的是弱爆了。

好不容易建立起的自信心，再一次被打回原形，这让我对自己的能力产生了深深的怀疑。项目结束，又临近过年，我悻悻地离开了北京，重新回到了久违的家中。

家中的环境迫使我又重新回到衣来伸手、饭来张口的状态，父母依旧理所当然地照顾着我，而我却觉得难为情起来，毕竟自己已经是个独立自主的成年人了，继续这样生活下去，也不是办法。

于是，我找到一份微信传播官的网络工作。和上级对接一个紧急任务时，我提出了一系列"我做不到"之类的话语拒绝。最后上级严厉地问我："任务，你接还是不接？工资，你要还是不要？"迫于金钱的诱惑，我上网查资料，现学现卖最终提交了任务。

正是这一课，让我在接下来的职场中遇到任何问题时，都不会再说"我不会、我不行"，而是"我试试、我尽力"。同事也曾教导过我，老板们在乎的是结果导向。

回想在家的时光，尽管有一些负能量的存在，但更多的是积攒能量，蓄势待发。说起来很感谢当初的沉淀，正因此才有了今天的破土成长。

五　有"五险一金"的北漂青年

回家休整了一段时日，正当我为接下来的日子感到迷茫时，素未谋面的一哥们儿好心给我介绍工作。当时，闲置在家的我抱着试试的心态投了简历，很快我就接到网络面试的邀请。

我紧张地准备了很多关于面试问答的攻略，但统统没有用上。记忆尤深的是大区经理问我，在以往的工作经历中，有没有遇到什么难以解决的问题？我"傻白甜"地回答："没有，因为我遇到的人和事都特别好。"也许正是这道送分题，让我顺利通过面试，误打误撞地进了目前就职的公司。

当机会再次来临时，我没有丝毫的犹豫，告诉父母的时候，他们也没有像之前那样阻拦，而是一再嘱咐我注意身体。

于是，在几位身处北京的好友的鼎力相助下，从找房子、收拾行李，到订机票、飞北京用了不到一周的时间，我光荣地成为一名有"五险一金"的北漂一族。

初次去公司和经理见面沟通，了解工作市场和工作职责。我的职位是公司在销售部门开辟的特殊岗位，工作职责是把公司产品理念传递给客户人群。虽然会有不理解的地方，却都应允了经理的安排。

入职没多久，我就接到去外地团建以及参加公司半年会的通知。一个人笨拙又吃力地划着轮椅，紧跟团队的步伐，和同事的小哥哥、小姐姐们有了初次的了解和融合。一路上，大家看着我身小力薄，纷纷轮流推我。

尺有所短，寸有所长。体力不支一直是我的弱点，我也十分担心给经理留下能力不足的印象。

经理主动推着我的轮椅向前走，问我累不累。我没有直接表示抱歉，而是如实地回答感受。不知不觉就聊到了工作内容，我也顺势向经理表达了对工作的自我理解，以及未来的工作模式和规划。

当时，经理并没有表露出任何的态度，但是在接下来的行程中，乃至日后的工作里他依旧处处关照着我。事后，我才知道那次的谈话，以及我工作时的表现，让经理对我有了很大的改观和认可。

爱玩的天性让我积极参与各种有趣的工作坊和公益活动，使我将吸收到的创新意识和活动经验，套用在我的工作模式中。在销售同事的配合下，我策划及执行过大大小小的线下活动，获得了用户群体不错的反馈，顺利地展开着工作。另外，我擅长与文字打交道，所以在撰写策划活动方案和工作汇报时，也有效地展现了这方面的优势。

自从参加工作以来，我真正体会到了脱离父母的生活，自由且不易。从起床到出门上班，需要近两个小时的准备时间，下楼的时候不忘带上垃圾；外出必备水、零食，以防低血糖；下班时间早的话，会煮点粥，然后拍照，通过微信发给远在家乡的父母，证明自己有好好吃饭；凌晨的时候，绞尽脑汁地写工作报告；洗衣服、收拾屋子、约见朋友……忙碌而又充实的生活，让我感受到来自心底的能量在燃烧。

现在更多的时间，是每日融进匆匆忙忙的人群，从一个地方到另一个地方，以轮椅的方式外出，仍旧会遭受好奇的注视和质疑，我还是深感惶恐。

在搭乘地铁的时候，和旁边同是坐轮椅的同事闲聊，引来旁边一位大爷的注意，问我们去干吗？

我说是去公司开会。大爷立马感叹："挺好的！"

我们以为大爷是被我们热爱工作的精神所感染，结果大爷补充道："你们公司真好，毕竟愿意聘用你们的公司不多吧？"

我和同事急于打破社会的刻板印象，接二连三地解释："现在有很多残障群体就职于各行各业，公司更看重个人能力，并非是否残障！"

大爷不慌不忙地说："公司聘用你们是为了减税嘛！占用残疾人指标，一年下来他们省不少钱呢……"

没等我们开口，大爷到站下车了。我和同事倒没有放在心上，只是担心等会儿该如何向领导汇报工作。

毕竟，大爷看到了我们是社会中的弱势群体，但他并不会拿出自己的退休金为我们的生活提供保障，他也不知道，我们一个月 2000 ~ 3000 元的房租，一台 1 万 ~ 2 万元的轮椅，都是我们通过努力工作去赚取的。

偶尔，会想起当初好朋友对我说过的一句话，她说："正常人想要在北京生存下来都难，更何况是像咱们这种糟糕的身体状况。"

庆幸的是，我们都坚持了下来，慢慢地，在北京有了稳定的生活和社交圈。

和诸多北漂族一样，我一边对未来怀揣着热情和憧憬，一边承担着快节奏、高消费的生活压力——为了能够给自己一个舒适的住宿环境，2/3的工资用来交房租，剩下的节衣缩食，用作日常开销的备用。

当同龄的女生都在忙着化妆打扮、找男朋友时，我却身兼数职。赚来的生活费，用来承担大大小小的生活开支，再没有开口问父母要过一分钱。在节日的时候，也会盘算着给家人送上礼物。

过年回家，父母还是会毫无怨言地照顾我，但我明显感觉到，他们不再认定我是残障，是需要被照顾的角色，只是发自内心地爱着我。妈妈学会了如何给我朋友圈点赞、评论，甚至我发布的每一篇文章她都会仔细地阅读。最让我吃惊的是，他们还会四处向亲朋好友分享我在北京的近况。

有一天，妈妈提起来，说我当初毅然决然地离开他们，全然不顾他们照顾我20多年的舍不得和担忧，他们晚上睡不着觉，惦记着我。当看到我比在家的生活丰富多彩、开心快乐时，才彻底放心。听完妈妈的话，我才意识到，自己沉浸在重返自由的快乐中，忙着工作，忙着成长，而远在家乡的家人一直在原地守望着我，以我不知道的方式关心爱护着我。

眼看着同龄的孩子都结婚生子，而我仍漂泊在外，妈妈却格外开明地嘱咐我，不能为了结婚而结婚，只要我身体健康，过得幸福就足够了。我曾矫情地发短信问妈妈，我是她的骄傲吗？得到妈妈肯定的回复之后，瞬间不能自控地泪流满面。

有人说，你年轻时去过的地方、居住过的城市，将深深影响你的一生。

记得，我和友人因公事约在星巴克，最后闲聊起日常的琐事。她与我年纪相仿，是一名康复师，说话温柔且谦和，有着我不具备的稳重和从容。但没看出来，她私底下的爱好是听摇滚，喜欢重金属音乐，单从她涂的复古姨妈色的口红，就能看出她是位气场十足的女生。

谈话期间，她说的一句话让我印象尤为深刻，大概意思是，之所以选择北京，是因为有逛不完的画展、听不完的现场（音乐会），以及能遇到各种有趣的人，如果除了工作，只是窝在家里虚度光阴，那就失去了留在北京的意义。

我没有足以沸腾北京夜空的豪情壮志，也没有经历住地下室和吃泡面的拮据生活。这个城市对我而言，只是满足了我对理想生活的追求，也体现了我生而为人的价值。

自给自足的底气，是一种别人永远无法给予的安全感。

六　要相信未来可期

2018 年上半年的很长一段时间，我感到莫名的焦虑，觉得自己没有成长。无论是在生活上，还是在工作上，似乎都止步不前了，想要的东西很多，却迷茫得找不到前进的方向。

生活圈更多地局限于残障伙伴，打开微信朋友圈满是关于残障的话题；工作似乎也遇到了瓶颈，因为是特殊岗位，所以公司并没有把我放在一个可以发挥更多职能的岗位上，也没有明确的职业晋升规划……种种问题，让我产生了新的疑惑——难道，我的人生只局限于此了吗？

重复的人群，相似的日子，让我渐渐地迷失了自己。唯一能让我不知疲倦地走下去的，是这座城市带来的未知，可我看不到五年后的自己是什么模样。

于是，我试图从各位前辈那里寻找答案，有人安慰我，说人生亦是如此；有人建议我，说该找个男朋友了……种种的回应都没得到内心的肯定，我也企图说服挣扎于生活中的自己，去接收平庸。

偏偏，在某些措手不及的时刻，又会让我觉得未来可期。

在一次中外交流的午宴上，看到精英们在中英文之间切换自如的洽谈，我举着果汁缩在角落，强烈地意识到，自己所付出的努力远远达不到想要的高度。所谓的高度，不是有朝一日能够站在高处受人仰慕，而是在任何环境下都能不忧亦不惧。

人们常说，种一棵树的最佳时机是十年前，其次是现在。虽然，不明确自己想要拥有一个怎样的人生,却默默地做起了五年的行动规划,让一切变得有可能起来。

意识到想要往上走,除了自身的能力外,还需要学历相匹配。于是,我报名了成人自考,除了为以后在职场上的晋升做准备,也是为了弥补少年时期应有的教育缺失。同时,想要学好英语,让其成为自己的核心竞争力,未来能够自由地奔赴于心中所想之地。

当然,也少不了同领域的前辈,言传身教地为我指点迷津。有一位前辈帮我分析我和公司领导的关系,该加强哪方面的优势,在职场上的基本准则,如何稳步前进,也为我设计了一套职业规划。听完她的话之后,我有种醍醐灌顶的清醒,终于知道自己该往哪方面努力了。

通过这件小事,也让我深刻明白——遇到事情,要找对的人聊,否则会越来越偏离自己的方向。

另外,在 30 岁之前,我想要出一本书。除了专职工作,我会利用闲余时间看书、写作,积累素材,把出书当成一个可量化、可实现的目标。因为我发现自己最有成就感的事,就是长久以往习惯以文字的方式,记录生活中的所闻所想,并且是不带有任何利益目的地热爱。

看了眼银行账户上浮动的数字,虽然还没做到财务自由,仍旧会为了衣食住行感到紧迫,但是工作中遇到的前辈口吐金句,告诉我工作是为了更好地生活,鼓励着我去做所有感兴趣的事。

我不再急于向任何人证明自己,开始稳步工作,继续专注于提升自我,心态放得和缓许多。于是,盘算着新一年的学习计划和说走就走的续航计划,不由得铆足了劲儿。

电影里说,在北京待够五年便能扎根,我不知道自己最后能否得偿所愿,但至少也要按照自己的意愿生活。剩下的,就交给时间吧!

我的人生游戏

杜亚倩[*]

人生就好像在玩游戏，你永远也不知道会遇到什么样的人，然后开启什么样的副本。有的人天生就自带游戏外挂，可以轻松过关；而我的人生似乎从一开始就被调成了困难模式，想要过关就要付出比他人更多的努力。

如果要给我的人生游戏取一个名字的话，应该就叫"小短腿历险记"吧。

一　人生游戏的第一个关卡

人生第一关，出生时窒息。这要从我还没出生时开始讲起。据我爸妈"官方"认证，我出生前做 B 超的时候就被医生发现是个小短腿，于是这个称呼就伴随了我的一生。刚刚出生就有一个差点让游戏直接结束的窒息操作。刚刚出生的我竟然不肯哭，然后护士在我屁股上"狠狠"拍了两巴掌之后，终于帮我渡过了人生的第一个关卡，让我的游戏旅程终于正式开启了。

两个月时正式确诊。当我以为可以选择好模式正式开启游戏的时候，游戏设定却自动给我选择了困难模式。出生之后两个月的我就又遇到了新的关卡，我在爸爸的怀里号啕大哭（我用事实证明，男人带孩子真的很

---

　　* 杜亚倩，先天性成骨不全症患者。

坑，我是被我爸抱着往怀里撞才骨折的），后来爸妈带我到了医院，医生看到了我蓝汪汪的小眼睛（蓝巩膜）之后就诊断出我是脆骨症，还给我爸妈写了一张允许生二胎的诊断证明（那个时候是计划生育时代），告诉我爸妈我可以直接被放弃了，这样经常骨折的孩子会被骨折的疼痛折磨，甚至活不过 15 岁。

人生第二关，是生存还是毁灭。于是我人生的第二个重要关卡开启了，是生存还是毁灭，这是个问题。而且这个选项又不是由我做出，选择权落在了我爸妈的手里。但幸运的是，他们的选择让我可以继续这场游戏，他们并没有选择放弃我，也没有听从医生的建议马上生第二个孩子，而是一心一意地想把我治疗好。他们拿出了所有的积蓄，只要听说哪里能治好我的病，就带着我去哪里，合肥的各个医院跑遍了，就去上海的医院。我在 5 岁前的生活场景就是家和医院。5 岁前的人生走的是自动的剧情模式，在骨折—去医院—打石膏—休养—再骨折之间来回循环。在这样的骨折疼痛反复折磨的剧情模式下，我的人生游戏竟然没有因此而终止，连我自己都觉得很神奇。

二　人生游戏的第一大转折

在上海的新华医院，我的人生游戏剧情迎来了新的转折，医院告知可以做手术来矫正已经弯成了 90 度的大腿，但是要分开做手术，一次手术的费用就要 1 万多元，两条腿要隔一段时间手术，林林总总的费用加在一起要 3 万多元。要知道 1999 年的 3 万多元那就是一套房子的钱啊，这对于两个工人而言简直是天文数字。

人生第三关，是坚持还是放弃。于是又一个经典的选择题出现了，是选择放弃省下一笔钱生活，还是选择一个治标不治本的治疗。要是我可以自己选，我不希望爸妈为了我背上巨额债务，毕竟这只是一个治标不治本的手术，我仍然会继续骨折，只是换了一个骨折的部位而已，比起第二个选项，显然选这个更合算。但年幼的我是无法点"选择"这个按钮的，于是选择的权利再一次交到了我爸妈的手里。而他们却选择了最不合算的选项，把好不容易攒下来准备买房子的钱，全都拿了出来，不过还是不够，没办法又卑躬屈膝地四处借债，终于勉强凑齐了医药费，他们迫不及待地带我去了上海做手术。他们总说，那时候没有想别的，就是一门心思想把我的病看好，哪怕真的看不好，我减少骨折以后能自己照顾自己就可以了。他们用行动告诉我，亲情是不计较合算不合算的，金钱和亲情相比，金钱一文不值。只要能让我好好地活着，哪怕让他们倾家荡产也在所不惜。就这样，在他们的再次坚持下，我的人生游戏继续了下去，大腿做完手术后，原本 90 度的腿变直了，也成功地从营养不良的小细腿，变成了大象腿。

就这样，经过了 1999 年的手术，我打着占 3/4 身高的石膏，回到了家里。石膏拆了之后没多久，就迎来了 21 世纪。

三 跨世纪，人生游戏的大暴击

别人跨入 21 世纪伴随着的是快乐，而伴随着我跨世纪的则是小腿一次又一次的骨折。这个新世纪没有给我一个新的开始，相反，又来了一波新的暴击。

父母双双下岗，开始摆地摊。原本就背着债务艰难度日的家庭，又因为下岗的巨变再一次走到了十字路口。父母失去了固定的工作，开始摆地摊，我的生活场景也丰富了起来，各个可以摆地摊的小街就成了我的临时幼儿园，和我爸妈一起摆地摊的叔叔、阿姨就成了我的幼儿园老师，他们陪我玩，给我吃好吃的零食，把我当成自己的小孩子一样。我的隐藏属性——吃货属性，也是在这个时候被开启的。那个时候的我还不懂爸妈的艰辛，只知道每天吃、吃、吃是一件多么开心的事情。而那个时候我的记忆也很零碎，也只记得叔叔、阿姨给我好吃的零食的味道。记忆中的老照片，让我印象深刻的，就是有一天收摊的时候，路过九狮桥拍照片的地方，妈妈把摆摊的钱放在我衣服的小口袋里，于是我紧紧地捂着小口袋拍了一张照片。这张照片至今为止都会被我妈拿来笑话我，说我从小就是个爱财如命的女孩子，将来肯定是个一毛不拔的铁公鸡。我也真佩服我妈这个预言家，长大后的我还真的就是葛朗台一样的人物。

　　父母总是在给我拍照留下人生游戏的存档。那个年代的家庭很少能有一部相机，想要拍照片只能在照相馆或者外面的照相摊拍，因此和我同龄的孩子几乎很少人能有几张童年的照片，即使有也是过生日的时候偶尔拍一张。我却不同，我可以说是随时随地，想拍就拍。并不是因为家里买了相机，毕竟那个年代的相机也不是一个普通家庭随便能买得起的。那我是怎么做到随时随地拍照的呢？主要是因为我有一个爱玩的老爹，他骑个自行车带我到处玩，每到一个地方，只要有摆摊拍照的，他就带我去拍照。他还喜欢做柳条编的发箍还有花环，虽然我一直都是短发像个假小子，但是带着花环还是很像个小公主的。你要是看到我一个相册都放不下的照片，就知道他们有多喜欢给我拍照了。而且这个待遇是我一个人专属的，连小我 11 岁的弟弟到现在也不过只有十几张照片。为什么他们那么爱给我拍照，我也是长大之后才弄明白的，就像游戏一样，如果游戏里的角色特别容易死，我们就会拼命想多存几个档，而这些照片对于我爸妈而言也是我活在这个世上的存档，如果我像医生预言的那样 15 岁的时候就会死，他们就更想多留下一些我生活过的印记。从他们决定不放弃我给我治疗的时候，我就知道他们有多爱我，这些照片也是他们爱我的证明，我也都好好地保存在自己现在住的地方，时刻提醒自己要好好的，让他们不用担心存档会丢。不过每次看到这些照片的时候，我就在想我爸妈对我从来都是很大方的，怎么就把我培养成了一个抠门的人呢？后来我觉得这个大概是我的自带属性，只是长大了之后就被正式开启了。

四　人生游戏的第二个关卡——学校

　　被迫学习。言归正传，刚刚说到父母为了生计，带着我四处摆地摊，经过了这一年陪着他们，我也变成了一个小大人一样的小孩子，尤其对数字特别敏感（这个和我抠门的性格可能有直接关系）。再加上和我们住在一起的堂姐在上小学，她没事就给我地狱式教学，让我认字和学算术，学不好还打我手板。每每回想起来我觉得我的童年也是很凄惨了，没办法，我为了不被打，就很认真地学。于是 7 岁的我虽然没有上过幼儿园，但了解的知识已经是小学二三年级的水平了。

终于进入小学。爸妈慢慢发现我的学习技能，又觉得我已经到了该上学的年纪，于是下定决心要让我和其他的孩子一样去学校读书。但理想很丰满，现实很骨感，在我上幼儿园的年纪，幼儿园就因为我身体原因拒收了我，小学也是如此，他们跑了好几所学校，都因为同样的理由而拒绝我读书。好在小学面试的时候，我这个有点小聪明的女孩受到了班主任吴老师的关注，她很喜欢我，于是向学校申请让我去她的班上课，学校也在和我家里签订了免责协议之后，同意了我入学。我正式成了一名小学生。

因上学生活水平下降。想上学的愿望成真，但怎么送我上学又成了新的问题。爸妈因为把所有积蓄都用来给我做手术治疗了，因此只能和大伯一家一起住在爷爷、奶奶的老房子里，20世纪80年代的筒子楼，没有电梯，我家又住在6楼，每天送我上学接我放学来来回回至少要跑四趟，我容易骨折，也不敢让爸妈以外的其他人抱，于是送我上学的任务就落在了我爸一个人身上，妈妈也不能再继续摆摊，开始四处找零活打零工。本来稍微好点的生活水平又因为我上学而下降了。

一年级老爸陪读。记得我刚上一年级的时候，老师虽然很喜欢我，但也因为不了解我的身体情况，就单独给我安排了一个靠墙的座位，为的就是避免其他小朋友打闹会碰到我（虽然后来还是出现了这样的情况，这是后话）。而且老师觉得她们不能随时照顾到我，于是就让我爸在教室外陪读，我下课休息他再进来看看我的情况，上课他就在教室外面待着。就这样整整有一年的时间，我爸为了我上学几乎是整天陪我待在学校的。后来随着我和班级同学的熟悉度逐渐增加，我爸就慢慢地不用整天陪读。几乎是一天四次接送，当然也有例外，就是上微机课要去其他教室的时候，他一天要在家和学校之间来回跑七八次。

努力学习与兴趣成长。爸妈的辛苦我都看在眼里，我不知道该如何帮他们分担，但我可以努力学习，让他们知道付出的辛苦是值得的。小学每年的"三好学生"奖状都有我的一份，还有口算比赛奖状我也是一个不落。爸妈为了培养我的兴趣，还给我报了个绘画的班，周末还要送我去离家四站路的少年宫学画，可惜我实在是没有绘画的天赋，学了一年多还是像鬼画符，就这样我爸妈还一直鼓励我继续学。最后还是我自己比较有自知之明，主动提出不学了，把周末的时间用来参加活动，才成就了我现在能独立的性格，这是后话。

五　人生游戏的第一位 NPC[①]——吴老师

人生唯一尴尬的事。 为了减少爸妈跑学校的次数，我在学校上学的时候尽量不喝水，这样他们就不会为了要抱我上厕所特意跑来学校。即使是这样，还是发生了一件让我每每想起来都觉得尴尬的事。记得有一次，天气冷教室里又比较干燥，我实在忍不住多喝了点水。到早上大课间的时候，我就有点隐隐的感觉了，但是心想也就还有两节课，忍忍就过去了。到了第三节课上课的时候，我的脸色就明显得不太好看了。又正好赶上语文吴老师的课，她是我的班主任，她平时就担心我有个什么事，上课的时候总会特别关注我一下，这次看到我脸色不太好，就走到我跟前问我怎么回事。我也不好意思说，就一直说没事，忍到下课，实在忍不住了，我就和老师说让老师给我爸妈打个电话说一下，结果老师听到之后就直接说抱我去上厕所，我当时还是有点害怕别人抱我会骨折，后来吴老师又叫来另一个老师一起把我抱去上了厕所。这件事我本来就觉得很尴尬了，关键是后来老师还把这个事写到了校报上，她说了帮助我上厕所的事，但是她误解了我上厕所的原因，她以为是这个病导致了我大小便失禁。那个年纪的我都不懂这个词是啥意思，看了文章之后我还特意查了一下。然后我就明白了，原来语文老师也不是啥都懂，最起码她就不懂医学。当然这件事也成了我后来想考医学专业学校的原因之一。多年以后我回想起来还是觉得很尴尬，不过也有暖心的一面。在那个很多人都不了解成骨不全症是个什么病的年代，有一位老师不顾学校的反对，毅然决然地收下了这样一个特殊的孩子，而且不仅没有因此歧视她，反而对她关怀备至、竭尽所能地帮助她。可以说吴老师是我人生中第一个重要的 NPC。

男孩子的团宠。 七八岁的年纪，正是一个孩子对老师盲目崇拜的年

---

① NPC 是 Non‐Player Character 的缩写，是游戏中的一种角色类型，意思是非玩家角色，指的是游戏中不受玩家操纵的游戏角色。——主编注

纪，而在那个年纪，这样的一个 NPC，给了我温暖和指引，让我对学习也充满了信心与期待。过了一年级，我就告别了考试书桌中间不用放书包的状态，因为我不再是一个人坐在教室的角落了，老师开始安排成绩同样很优秀、性格也不错的女孩子和我做同桌。再后来因为我的成绩优异，一些成绩比较差的男生也被安排过来让我"批评教育"，最关键的是我和男生比和女生还能玩得来。我想我现在这男孩子一样的性格，大概也是从那个时候培养起来的吧。甚至有调皮的男生的家长主动要求让他家孩子和我做同桌，让我好好教育他们。那时候那么受男孩子欢迎的我，怎么也没想到自己现在还是单身，而现在的我想起那时候被众多男生簇拥着，才恍然大悟原来小学的时候才是我的人生巅峰啊！我小学的同桌直到现在与我也还有联系，事实证明一起同过桌的友谊还是很经得起时间的考验的，事实也证明，当时的那些男孩子确实是把我当"哥们儿"的。

从小就是女汉子。当然，也因为和男孩子玩得太疯，我也没少受骨折的痛苦。我根本没把自己当成一个"瓷娃娃"，以至于后来两个男生都跑到我旁边打架，我就很无辜地被撞倒了，幸好那个时候大腿已经有了钢针的固定没有骨折，但那两个男生因为这事被老师骂得狗血淋头，我还是挺同情他们的。即使这样，男生玩的我还是照玩不误，打卡片、拳皇，我还喜欢和他们一起去玩滑梯、跷跷板，而我爸也是心大，我想去哪儿玩就带我去哪儿，也不管危险不危险。就算我现在胆子那么大，敢一个人出去旅行，但是也再不敢去玩滑滑梯了，我都佩服那个时候傻大胆的我，怎么就敢上那么高去玩呢？玩着玩着确实就出事了，有一次玩秋千的时候，我坐在秋千上，我那个傻不拉叽的同桌就在后面推了我一把，我当时小腿就骨折了，后来休养了一个月才打着石膏去上学，这也是我唯一一次因为同学而骨折。

读书也很拼。爱玩是小孩子的天性，可那个时候读书我也真的很拼，因为我知道这个上学的机会有多么来之不易，所以只要不是大伤，我就不会请假。就算是骨折了，只要不疼，在家休息几天我就打着石膏上学。腿打着石膏，上课的时候就用板凳放在课桌底下垫脚，反正腿受伤也不影响写字。不过有几次右胳膊骨折，就比较麻烦，写字的时候就要把吊着手臂的绷带拿掉，然后把石膏手放在课桌上写。毕竟开学时候的那点小聪明是不够的，不认真努力，成绩是不会好的。虽然那个时候爸妈、老师都劝我等好一点了再写，但我明白这个道理，我的记性不好，不用笔记是很难学会的，我不想轻易放弃这样的学习机会，因为那是很多像我一样的病友梦寐以求的机会，我不可以随随便便就放弃。

六　人生游戏的第二位 NPC——边老师

努力，没有半分侥幸。可能我的童年生活很丰富，哪里都可以去玩，甚至在别人看来我就是那种玩着也能学好的别人家的孩子。但是只有我自己知道，我为了学习付出了多少努力，我的成绩是我自己用努力得来的，没有半分侥幸。就这样，我很顺利地完成了自己的小学学业，还因为优异的成绩，直接被推荐到初中的重点班。

初见，"一见钟情"。接着，我迎来了足以改变我一生的第二位NPC——边蓓蓓老师，很奇特的是，她也是语文老师。而且更奇特的是，在小学班主任兼语文老师的殷切关怀下，我升入初中的语文成绩依旧很差，而且主要的问题是在作文上，无论老师怎么指导，我的作文依旧是流水账，以至于小学升初中的考试，我只有语文不到95分，数学和英语的成绩都接近满分，可以说相对而言，语文是我最弱的一项了。而且这位NPC姗姗来迟，因为初一教我们的语文老师回家生孩子去了，她才临时代班开始教我们。但奇怪的是，见到她的第一眼我就特别喜欢她，她第一节课提出的第一个问题就是我回答的，看到她微笑着让我回答问题的样子，我想我要是个男生的话，她绝对是我一见钟情的对象。

她的气质令我向往。可能看到这里的人会想象她有多美，但她的美绝不仅限于外表，而是由内而外散发出来的一种书卷气，一种舒适而又优雅让人觉得温暖忍不住想要亲近的气质。过去11年了，我已经不能完全回忆起她的样子了，但依旧能记得她的气质给我的那种舒适的感觉，那是一种我至今仍然想追求但一直达不到的境界。而且她是真的读了很多书，才散发出来这样的气质，这种读书的精神本身就不是一般人能够拥有的。你能相信有一个老师可以让一个班的孩子，无论是调皮的还是安静的，成绩差的还是成绩好的，男生还是女生都对她喜爱、崇拜不已吗？遇到她之前，我以为那样的老师只能出现在电视剧《十八岁的天空》里，而且要像古越涛饰演的保剑锋那样性格活泼的、能和孩子们玩到一起的人才有可能成为这样的老师。但是遇到她之后，我才发现，一个人的气质也是可以征服别人的。

写作文是我的心病。小学的时候，老师虽然对我很好，但是吴老师上课永远是读书、背书和做题，让我对语文这样死板的课感到很无奈，只能硬着头皮学。虽然我对古文和古诗词很有兴趣（毕竟我也是 5 岁就熟记《木兰辞》的人），但古文再好，写起作文来那也是头疼得要命。老师虽然告诉我不要总写流水账式的文章，但也没告诉我该如何写好作文，毕竟其他学生上去读的范文都是那种辞藻华丽的散文一类的文章，是我根本学不会的那种。一直到初一结束，作文都是我的一块心病。边老师要求我们准备一个作文本，每天不管是什么，都要动笔写一写，也不要求字数，除了有些时候会布置题目以外，其余都可以自己发挥。这可难为死我了，我一个从来写作文就是流水账的人，突然一下子让我每天都写一段文字，什么样的都行，我根本无从写起。开始交本子的时候，我还是维持着我流水账一样的作文，我也并不想敷衍，而是真的无从写起。

特别的作文本。几天之后，老师展示了一些同学的本子，这些本子都有一个共同的特点，除了文章比较好之外，本子本身也非常漂亮，里面有画了插画的，有贴了贴画的，甚至还有贴明星照片的。老师不仅没有批评他们，反而说这个本子是我们的一种纪念，要用怎样的方式去装点，都是自己用心的创造，而且作文本身也可以像本子一样，有丰富多彩的内容可以去发掘，只要用心去感受就会创造出属于自己的精彩。

老师分享自己的爱好。对于贴明星照片的同学，老师既没有严厉地批评，也没有语重心长地告诫不要去追星，而是说她和我们一样年轻过，也有自己喜欢的明星（Beyond 乐队），但她不会贴他们的照片在自己的本子上，因为对于有些明星，等自己长大的时候再回想起来自己当初喜欢过会觉得幼稚，而这个本子对于自己是一种纪念，如果因为贴了自己以后不喜欢的明星而破坏了这种纪念，就不值得了。她说了这些之后，这个本子上就再也没有人贴过明星的照片了。

学会了细心。而我也经过那次的作文本展示，发现原来这个作业并不是一个任务，而是给多年后自己的纪念，我可以用自己的方式去设计，只会鬼画符的我，还在本子上画了几个和当天写的文章相应的小插图，让我觉得记录自己的生活原来是这样有意思。几天之后，我的本子也被展示了，但我写的文章依然还是那么幼稚。展示的当天晚上，边老师还特意留下来和我一起讨论我写的文章的问题，我和她说我写不来那种文字优美华丽的散文，她不但没有责怪我，还和我说很喜欢我文章的真实，告诉我并不是每个人的文章都需要那种华丽的辞藻，真实的文章更能打动人。只是我对生活中的细节观察得太少，文章虽然真实但因为缺乏细节很难表达清楚，也很难去感染读者，要想文章能打动别人，就要认真地观察细节的东西。她的这番话，可以说是一语惊醒梦中人，我开始认真地观察生活中的每一个细节，我由一个粗枝大叶的人变得细心了很多，我开始记录生活中每个暖心的细节，一些用语言表达不出的东西。我也变得更加注重他人的行为而不是他们的言语，会思考不同的人说的话背后的意思，以及他们的行为背后的含义，这也算间接为我学习心理学打下了基础。

一篇难忘的作文。后来我的作文水平真的就提高了很多，虽然并没有完全改变自己的写作风格，但是不会再写流水账了，文章中会有很多的细节描写，有些细节很有画龙点睛之感。而我最满意的一篇文章，是一篇命题作文，题目是"踮起脚尖"。那时候我很迷爱情小说，又喜欢古文，于是就另辟蹊径写了一篇复古风格的爱情小小说，文章写的是霸王与虞姬的故事，以踮起脚尖为线索，讲述了虞姬在霸王征战时，踮起脚尖眺望远方等待他归来；到霸王垓下被围，虞姬又踮起脚尖轻手轻脚出帐自刎。这是我心中演绎的霸王别姬的版本，我在文中加入了大量的细节和心理描写，这篇文章就因为角度新颖、文笔细腻而成为范文，这也是我引以为傲的文章之一。虽说从那个时候开始我的文章就细腻精彩了很多，不过当时交这篇作文上去的时候内心还是很忐忑的，倒不是因为文章本身写得不好，我对自己的古文还是比较有信心的，而是因为文章涉及了中学时大家唯恐避之不及的话题——爱情。我还是有些担心老师会因为这篇文章而批评我早熟，会告诫我不要把心思放在与学习无关的事情上，我甚至怕老师因为这篇文章猜测我是不是早恋了（虽然当时真的没有），我只是看小说挺向往爱情而已。让我万万没想到的是，我担心的事不仅没有发生，还受到了表扬，我也很意外老师还借着这篇文章说了一些关于爱情的事情，她含蓄地引导我们说爱情是很美好的，要学会爱自己才能爱别人，要把自己变得更加优秀才能迎接更好的爱情。可惜现在回想起来，我还是辜负了她当时的教导。她就是这样一个和其他人不一样的人，遇到这样的问题她不会回避，也不会不许我们谈爱情，而是引导我们学会如何正确面对。

她带给我的太多太多。她会和我们在课堂上做演讲活动，让每个人都有展示自己的机会，她会抽出两节课的时间只为给我们分享一部优秀的电影，她还会在课间播放 Beyond 的歌曲，她会给我们讲丰子恺与小思的故事，印丰子恺的漫画作品给我们收藏，她会告诉我们要面朝大海、春暖花开，她会尽力让每节课都有不同的体会，让每堂课都很有趣，让我们对每一节语文课都充满期待。她很少在课堂上批评同学，如果有什么特别不好的地方，她也会私下沟通。她会留下来陪我一起等到家人来接我；她让我体会到了细节的重要，让我学会了认真观察生活；她让我了解到了爱情的真谛，让我学会了认真地对待爱情；她让我在她的公开课上唱歌，让我学会了自信地展示自己……她教会了我太多太多受用终身的知识。

我回报她的却是永远的怀念。当我可以唱着 Beyond 的《海阔天空》，看着丰子恺的漫画的时候，她却再也听不到我唱歌了，她在我读大二的时候永远地离开了这个世界。其实我读初三的时候，她的身体就已经出状况了，为了不耽误我们学习，她硬撑着陪我们学了初三上学期的课，下学期她就彻底病倒了。她怕影响我们，还和其他老师一起瞒着不让我们知道病情，等我们知道了，全班都去医院看她的时候，她却因为病情加重转院了，那个时候担心她的我们，都不知所措地哭了，甚至班里几个男孩子，都暗暗落泪，因为我们都很爱她。等我上了高中的时候，我们得知她的病情稳定了，很多同学都去看她，我也想去，但那时候的我还没有一个人走出家门的勇气。我打她电话告诉她我考上大学了，想去看她，她知道之后，亲自到我家里来看我，还给我带了书和礼物，鼓励我要一直努力地走下去。本来应该是作为学生的我去看望老师的，她却顾忌我的身体，亲自跑到我家里来看我。那时候我看到她健康的样子，心里还想着大学毕业了要再去看望她，等我结婚的时候还可以邀请她，让她看到我幸福的样子。

可是她却突然离开了，我却因为在外地上学不能送她最后一程。每每想起，我的心里总是满满的遗憾和悔恨，要是我当时能像现在这样勇敢一点，能独立地去任何地方，我一定会赶回来见她最后一面。每当我弟学习成绩不好时，我妈都会说能让边老师来教我弟就好了，我不愿告诉她边老师已经离世了，她至今都认为边老师还在。我心里一直认为她没有离开我，会在另一个地方默默地守护着我们这群她带的最后一届的孩子。我相信她只是换了一个方式继续守护着我，毕竟，她给了我一个最珍贵的礼物，叫友情。

七　人生游戏的第三位 NPC——阿张

边老师的言传身教，让我的内心充满爱，也让我学会了发现生活的细致与美好，学会了通过细节去判断一个人，也正因为这一点，我遇到了我人生中第三个重要的 NPC，也是一直陪伴我到现在的闺蜜——阿张。

初见不相识。 我们是五年的同班同学——初中三年、高中两年。认识她的时候，她害羞而自卑，梳着"贞子"的发型，刘海挡住了大半张脸，而且那时的她无论是上课还是走路，都喜欢低着头，一副生人勿近的样子。其实她长得很漂亮，有一种可萌可文艺的气质，身材也高挑，我一直都不懂她那个时候为什么会那么忧郁又自卑。而且她个子高坐在后排，按理说和我这个坐在前排的小短腿不会有什么交集，尤其是我不能走而她又不是那种主动和别人打招呼的人。但是缘分这种东西就是很奇妙，她注定要成为我主线任务的重要 NPC。

夏令营的成长。 当然这个注定也还是有一定原因的，认识她的时候，我已经参加了一个残障青少年独立生活的夏令营，为期三天。所有残障孩子都要独立地照顾自己，甚至还要照顾同住的残障伙伴。在夏令营里，我一直都是一个不仅能独立照顾自己还能照顾其他小伙伴的人，算得上是孩子王，而且在夏令营中能看到很多胆小而又自卑的孩子，我也会温暖地和他们接触，让他们能尽量融入群体里，不会被孤立。因为我能感受到他们渴望融入的眼神与动作，我也愿意去帮助他们。

"捡"到一个闺蜜。阿张也是这样一个渴望融入群体又害怕融入的人。她可以说成功地引起了我的兴趣，但是我不会强求，我有主动和她打招呼，但是一开始她几乎没有回应，就当我快要放弃的时候，我大大咧咧的性格让我们有了交集。由于我粗心大意的性格，我上学时最常发生的事就是——掉东西。小到橡皮、铅笔，大到笔袋、书包，可以这么说，我只要带到学校的东西，就没有没掉到地上过。那时候做我同桌的一项主要工作，就是帮我这个小短手捡掉在地上的东西。但他们都知道我不是故意的，而且不是特别重要的东西我都会在下课的时候让同桌或者顺道走过来的同学帮忙捡。而那天她路过我身边的时候，看到我掉在地上的笔，主动帮我捡起来放在了课桌上，我习惯性地说声"谢谢"，当抬头看见她的时候还是有些愣住的，毕竟我和她没有什么交集，毕竟我和她打招呼的时候，她也很少有回应。我抬头看着准备走回座位的她，怕她没听见又加大音量说了声"谢谢"，她明显也有点愣，然后回了句"不用"，就走回去了。她第一次回应我让我内心无比激动，要不是在教室我真想大声喊"啊啊啊啊啊"来表达我激动的心情。我第一次觉得自己爱掉东西的习惯这么好，竟然可以让我捡回来一个闺蜜，真是太赚了，哈哈。

换座位换出来的好感。不过我这个人怎么会这么肤浅呢？怎么可能只因为她帮我捡了一次笔就和她做闺蜜嘛。再说了，她坐最后一排，我坐第一排，没有什么交流又怎么会成为朋友呢。这时候 NPC 边老师做了一件事，她和"老班"（班主任）商量让前后排的同学可以换位置，每个星期第一排的人就会往后移一排，而最后一排的同学就可以调到第一排看黑板，这对后面那些个子高的同学来说也比较公平，可以让他们看清楚黑板。当然后排主要也是一批调皮的男生，老师这么做估计也是想能监督一下这些捣蛋鬼。但是老师考虑到我的个子矮，要是前面有个大个子一遮，我就彻底看不见黑板了，于是，我的位置就被固定在第一排。也就是说，这样的安排，给我带来的结果就是一个星期换一个同桌。还好上了初中的我已经没有小学的时候玩"三八线"这么幼稚了，一个星期换一个同桌对我而言影响不大。因为换位置的事，我和阿张这两个最萌身高差奇迹般地成了同桌。开始两天也是相顾无言，我算是比较自来熟的人，但我和她打招呼她没回应，我怎么出招人家都不接招，我能怎么办，我也很绝望。她虽然不和我说话，但当我东西掉在地上的时候，她总会默默地捡起来给我放好，我自己很清楚我掉东西的频率，之前的同桌我都会攒到下课让人家一起捡，而她，只要我掉了东西，她就默默地捡起来，不管是上课还是休息，弄得我自己都挺不好意思的。要不是我自己清楚地知道我是个女的，我还真觉得自己有点像初恋的男孩为了追女孩子，故意掉东西吸引她的注意力呢。那时候的我也不爱麻烦别人，她这样默默地帮忙，我真觉得挺不好意思的。我就自己准备了用纸折的小爱心送给她，上面还写了"谢谢"。经过那几天她帮忙，我就看出来她是个热心、善良的人，只是外表看起来比较冷一点儿罢了。她收下了礼物之后，明显和我说的话多了起来，我们还在上课的时候在老师的眼皮底下传纸条，就是那种在一张纸上你写一句我写一句的。好学生也有不听课的时候，也证明她确实很有魅力，比知识更加吸引我，嘻嘻。

虽然我们很聊得来，但也只能算是关系比较好的朋友，而让我们变成闺蜜的，是因为我有个很不靠谱的爹。

来自闺蜜的放学陪伴。自从我不需要陪读开始，我爸就开始放飞自我了，除了要送我去其他教室上课，他能不来学校就不来学校。后来他找了个保险公司的工作，就一天到晚地跑保险，来接我的时间也越来越迟。还好我不怕黑，他接我时间迟，我就边写作业边等，也没觉得无聊，只是几乎每次我都是最后一个离开教室的，难免有点着急。但我也不好意思因为我回家晚就让别人陪我，毕竟大家都要回家吃饭，和我关系比较好的几个同学家住得也比较远，让人家陪我等也不合适。可是自从我和阿张成为朋友之后，她看到我这么晚还不能回家，就会主动留下来陪我，和我一起写作业，探讨题目，一起听 Beyond 的歌，聊电视剧，聊书里的人物，分享生活中开心的事，而且怎么聊也不会觉得腻，有了她陪着我之后，等待的时间也就不再觉得那么漫长了。有时候她怕我饿还会出去给我买好吃的陪我一起吃，这样一个无话不谈的贴心朋友，当然值得成为闺蜜（可能对于一个吃货而言，陪我吃好吃的才是成为闺蜜的必要条件）。

友谊，不因距离而改变。如今，我和她已经是十几年的闺蜜了，在我们彼此的相互影响下，她变得开朗了，我也变得文艺了，我们从相亲相爱，变成了相爱相杀，但不变的是我们的友谊。即使她现在在另一个城市，她过生日我也会赶过去送礼物，而她也是唯一一个会帮我规划旅行路线的人。除了生日，每年只要有假期，我们都会约出来见面，她也会很照顾我。

八 人生游戏的第四位 NPC——娜娜

上了高中之后，我和阿张的两人行就发展成了"铁三角"。而这个"铁三角"的另一个主角，也就是我高中时候认识的另一个闺蜜——娜娜。

因为家人的坚持，我上了高中。不过认识娜娜真的是要感谢我妈妈，没有她的选择我可能就不会认识到她了。为什么这么说呢？因为如果不是我妈妈坚持要我上高中，我可能就放弃了。事情是这样的，我上初中的时候，父母已经全部下岗了，后来摆了一段时间的地摊后被城管抓得来回跑，没办法就没有再摆地摊了。于是妈妈就四处打零工，爸爸就去一家保险公司做业务员，但是爸爸要经常送我上学，一天来回学校七八趟。主要是我爸太老实了，嘴笨，他要卖出一份保险很难，几乎没有什么收入，那时我弟弟也有两三岁了，上幼儿园也是一笔不少的费用，一家人就靠妈妈的微薄工资生活，我实在是不想给家里增加负担了。我听说有一所招收残疾人的中专，教授技能免学费，还有生活补助，于是我就不想上高中了。但我妈妈坚持，说我成绩那么好，如果不上高中就可惜了，而且以后工作对学历要求越来越高，她自己就因为家里困难初中都没有读完就出来工作了，现在吃了很多的苦，她不希望在我身上重演她当年的情景，哪怕砸锅卖铁也要供我读书。

以优异成绩考入高中。我实在无法拒绝妈妈这么高的期待，而且成绩优异的我内心也有一丝丝不想放弃，最终我还是听了妈妈的话选择了继续读书。我想既然没办法减轻家里的经济负担，那就好好读书不辜负妈妈的期待吧。事实也确实如此，中考的时候我以 676 分被合肥九中录取，九中在合肥也是相当不错的高中，离我家也就 20 分钟的路程，最重要的是，学校在得知我家庭困难之后，主动帮我减免了学费。初三时经过了媒体的报道，也有一些好心人给我提供了医疗和学习费用的帮助。在这么多人的帮助下，我没有后顾之忧地安心进入高中学习。

这样我才认识了温柔贤惠的娜娜。在认识娜娜之前，我都不敢相信我能和一个温柔贤惠的女孩子成为闺蜜，毕竟我啥性格自己心里还是有数的，我不认为我这种暴脾气能吸引一个温柔的人做朋友，更别说是成为闺蜜了，我不把人家吓跑就不错了。

按自己想法选择了理科。可是呀，这个游戏它就是不按套路出牌，它就给我安排了娜娜这样的 NPC。我和她是高二分班的时候才认识的。那时我已经 17 岁了，比医生宣判死刑的时间已经超两年了，我终于有了第一次按"选择"按钮的权利。当了 16 年乖乖女的我，没有听从妈妈的安排，她希望我学文科，将来能去考个公务员有份稳定的工作，而我一向很有自知之明，我知道学文科我政治不行，英语也够呛，一定会考不上，于是果断选择了我擅长的理科。

理科重点班里相遇。和我认识阿张奇迹般的相似，我和娜娜认识，也是因为我们成了同桌，而且是阿张"牵的红线"。因为高中老师排座位的方法很特别，按考试成绩排名自选座位，排名靠前的先选，排名靠后的后选。而我因为小短腿，依然享有特权，固定座位在第一排。那个时候本来阿张想和我做同桌的，可惜当时和我关系很好的男生是和我高一就同班的，而且成绩更优秀，于是我同桌的位置就被他给选走了。阿张就只好默默地选了在我后一排的位置，而娜娜选了阿张旁边的位置，她和阿张成了同桌。然后阿张就抛弃我和娜娜聊得火热，同进同出，好像我这个闺蜜不存在一样。这真的是让我大为"吃醋"，我很好奇这个娜娜到底是何方神圣，能用短短几天时间就撬走了我认识四年的闺蜜。我还真想尽快换同桌，好让我能深入地了解一下她。但是我没有选择权呀，我的特权既有好处也有坏处，好处就是我基本上是和我关系好的人做同桌，否则他们不会选，当然也有一两个例外，比如喜欢挑战和陌生同学做同桌的或者是近视很严重看不清黑板的，毕竟我这个位置距离黑板近，夏天有电扇，冬天有暖阳，是个"风水宝座"，大家对于我这个特权还是很羡慕的。当然坏处就是，我没有选择同桌的权利，只能被动地等待被选择，说实在的，我还是挺讨厌这种设定的，而这是我这样一个性格主动的人很讨厌的感觉。但设定如此，无法改变，我只能接受，并且想办法去尝试调整。于是我下课之后没事就找娜娜聊天，了解到娜娜是因为想认识比较陌生的同学才选了阿张之后，我就用同样的理由约娜娜下次做我的同桌，当然我也告诉她做我同桌的必要条件就是要帮我捡掉在地上的东西。这一点只有阿张和我的现任同桌比较了解，我也怕娜娜会介意所以提前就告诉她。娜娜却很友善地答应了我的请求，并表示不介意，我的内心还是有些小激动的，而且是那种计谋得逞的激动，哈哈哈。

娜娜成了我的同桌。娜娜还是非常守信用的，下次选座位时她就果断抛弃阿张，和我成了同桌。阿张继续坐在我后面，这回轮到阿张看我和娜娜"秀恩爱"了。看着阿张委屈的小表情，我还是有点不忍心，于是我主动提出把我们这样两两组合直接变成一个稳定的"铁三角"（那时候《铁齿铜牙纪晓岚》已经出了第三部，流行"铁三角"），因为从数学上来讲，三角形是最稳定的。我们彼此互为闺蜜，于是她们也欣然地接受了这样的提议，我们的"铁三角"关系正式形成。白天她们还是一样到哪里都做伴，到了晚上就会多了一个陪我听着歌、聊着天、写着作业的人。即使在高考压力那么大的时候，我们三个也是互相开着玩笑、互相鼓励一起度过的。

高考结束，"铁三角"不散。这样的感情即使高考结束了也并未改变，高考期间是我的生日，高考结束不久，又是娜娜的生日，我们就约定娜娜生日那天一起聚会，算是给我们两个过生日。这次聚会也确定了我们每年聚会一次的约定，确定了我们每次聚会都是找个地方先改善伙食然后再继续逛街的基本策略。也是因为这样，我们即使分隔三地，感情仍然没有改变。无论多忙，都由我主持，联系我们三个聚会，约定时间和地点。而大学四年期间，我们的聚会地点几乎都是在我奶奶家附近，而集合地永远是在我家楼下，她们都会不怕麻烦地在约定时间前在我家楼下等我，而我这个懒虫却总是容易迟几分钟。我和她们聚会是我爸妈最放心的，尤其是我爸最开心，因为只要把我放在楼下，坐在轮椅上任务就完成了，她们会带着我去玩，不管是有台阶还是什么，只要有她们两个，她们就会负责帮我跨越障碍。她们负责陪我，我就负责嘴炮①陪她们开心，我们三个真诚对

---

① 嘴炮：网络流行语，意指那些常常发表自己无法做到的言论之人，也指以嘴为炮，吹牛，撩嘴子。——主编注

待彼此，各自都有闪光点和不足，但是我们可以很好地互补。吃饭的时候，娜娜会把我们照顾得很好，吃烤肉啥的几乎不需要我们俩动手；唱歌的时候，阿张会唱儿歌让我们超级欢乐；而我就负责"运筹帷幄"式地选择聚会地点，安排怎么吃怎么玩，手工做一些小礼物，还会唱唱歌活跃气氛。上次阿张说我们这样吃吃喝喝太不利于减肥了，正好我前段时间去香港旅行的时候在香港海洋公园玩觉得不过瘾，于是我就说我们2019年的聚会地点安排在阿张所在的芜湖，我们一起去芜湖的方特玩一圈，时间就定在清明节假期后一个礼拜。我们很识时务地避开了节假日，这还是我们第一次一起去外地，也是第一次去游乐园玩呢，想想还有些小期待呢。拥有老年人的作息时间——10点准时睡觉的娜娜肯放弃自己的习惯陪我们出来，而阿张也放弃自己一个星期仅有的一天假期，我当然会好好规划，争取能玩得开开心心。不过截至这篇文章结束，这还是一个未实施的计划，也算是游戏的未来剧情，具体的内容就只能靠大家自行脑补啦。

好的关系，互相温暖。说了这么多其实就是想说，娜娜和阿张这两位NPC一直陪伴着我，也成了我人生游戏中不可缺少的部分，而且我们是互相帮助的平等关系，这也是我们合得来的原因。我并不觉得因为我小短腿的身份而给她们添麻烦，她们并没有觉得帮助我而感到优越；我也并没有因为她们的帮忙而感到自卑，因为我们是闺蜜，我们有不同的特点，可以在不同的方面给予彼此帮助和体谅，平等才是闺蜜的正确打开方式。很庆幸我的人生中有这两个不可多得的好闺蜜，让我不觉得我与健全人有何不同，她们能一路陪伴我，偶尔遇到别人好奇的眼光也能做到面不改色、泰然处之，内心也是和我一样强大啦。感谢这两位外表柔弱内心强大的NPC一直陪我到现在。

九　人生游戏仍在继续，感恩陪伴

不惜一切代价的决定。我一直觉得我的人生游戏特别有意思，看似是个开局就要 GAME OVER 的结局，竟然会经常在结束之前发生反转。而且每次反转都与我身边重要的人息息相关，从开始抛弃与被抛弃的生死抉择，到后来做不做手术、上不上学的抉择，这种大抉择一个不慎就可以让我的人生游戏直接结束，但我的父母总是会不惜一切代价地去选择让游戏继续的选项，我才得以幸存。虽说我有一个并不健康的身体，但却拥有一对疼爱我的父母，给我一直存档，让我可以一直把游戏进行下去。

不求回报的一群人。至于游戏玩出来的结局是什么样子，就是我人生中几个重要的NPC——吴老师、边老师、阿张、娜娜等很多人给予的温暖与指引。因为一路上遇到的帮助我的人太多太多，很多不愿透露姓名给我捐款的善心人，一些资助我完成学业的企业家，之前参加活动的负责人像时艳侠、王鸥、皮小宁这样有阅历的姐姐，活动中像李香莲、蒋倩这样有爱心的志愿者，还有很多的残友像李玉洁、覃小齐这样可爱的朋友，很多现在还联系，更多的是叫不出来名字的人，他们都在我生命中出现过，给过我温暖和指引。因为人的一生中要遇到太多太多的人，我没有办法一一写出，但他们出现过，我就一直会记得，更重要的是他们给我的温暖与指引，我会尽力记得，做到不辜负。尤其是那些重要的NPC，她们在我的成长过程中起到了至关重要的作用，如果没有她们的支持，我的性格不会像现在这样开朗，也不会像现在这样能面对自己的疾病，更不会懂得我和健全人只是身体不同而并没有其他差别。

让我可以活在当下的幸福中。其实世界本来就没有绝对的公平，想想那些因为病痛折磨而早早离世的孩子，想想每天因为车祸等意外消失了的生命，我能活在这个世上，还有机会吃到我喜欢吃的食物，还有能力去自己想要去的地方，已经是何其幸运了。不管哀怨过去的苦难还是念念不忘过去的快乐，时光都不会因你的哀怨和怀念重来，所以我喜欢那种简单的快乐，把事情想得简单一些，活在当下，就是一种幸福。

2019年我已经25岁了，已经比医生预言的结束时间多了整整10年，用我妈妈的话说：能多活一天就赚一天。我已经赚了整整10年，还会继续赚下去，只要小短腿在一天，小短腿历险记就会继续，希望这个故事也会有一个很长很长的结局……

虽然不能蹦蹦跳跳，但我永远年轻

小鱼儿*

有些人很年轻就想死，有些人已经垂暮仍想活。从我知道在我身上存在什么开始，我就比普通人更能感知这个社会的温度。简单陪伴给我的温暖胜过漫长学生时代的青春记忆，小姑童年时的陪伴，夏在初中时和我一起创造的那些美好回忆，都成为我人生里一笔珍贵的财富，也是那些温暖支撑着我一直不断前进。而这其中阻挠怎么可能会缺席？高中学校因为我的身体原因拒收了我，那是我从小到大受到的最大的一次打击。因身体原因辍学，听上去那么讽刺，即使那时的我可以理解学校给出的拒收借口，但我仍有些无法面对现实。

一 活下来

如果每一个婴儿的出生都伴随着父母的欢愉，然而很不幸的我并没有位列其中。不仅如此，我的生命都不曾像其他幸运婴儿一般顺利，因为在出生后不久，父母曾纠结过是否留下我。

我叫小鱼儿，是湖北人，我出生的年代，是计划生育伊始的年代。某一天我的母亲住进了医院，同天医院里出生了众多的婴儿，而我就在其中，那种带着生机的哭声此起彼伏。每一个有了儿女的父母的脸上都洋溢着甜蜜的笑容。

---

* 小鱼儿（化名），先天性成骨不全症患者，心理咨询师。

不过我的哭声在几个小时之后就变成了嘶吼，沉浸在快乐当中的父母被我刺耳的哭声拉回现实。当父母从医生的手里再次把我接过时，他们彻底失去了开心。原本想要生养一个儿子的他们，那一刻面对着我——一个刚一出生就携带着罕见病的女儿，我想他们应该是失望透顶，并且所有做好的打算都泡汤了。

好在上天有好生之德，冥冥之中我似乎被什么力量保护着，我脱离了被丢在医院自生自灭的命运，父母把我带回了家里悉心照看着。从小到大我一直追寻着我存活下来的秘密，却一直未找到答案。有人说是我重男轻女的爷爷坚持把我留了下来，也有人说是爸妈舍不得把他们的第一个孩子交给死神，所以才把我带回家里抚养长大。

不过，岁月无情，寒来暑往，如今已经40余岁的我回过头再看那些让我活下来的理由，都觉得无所谓了。只是每次回想起父母告诉我说，当医生抱着我却提议父母再生一个、而把我直接放在医院不用管就好时，内心常常会悸动。我时常会想和我一同出生的那一批婴儿里，有几个和我一样的孩子被父母从医院带走了？我想应该没有几个吧！

二　父母不在身边的童年

我的爷爷、奶奶家住在武汉，然而我爸爸、妈妈在宜昌工作、定居。

1 岁离开父母。我和爷爷、奶奶一起生活是在我 1 岁的时候。由于我妈妈生了我之后还要去工作，没有特别多的精力照顾我，虽然那个时候已经有了托儿所，妈妈也会有喂奶的时间，但是因为我的情况太特殊了，托儿所的阿姨都不敢带我，所以我就搬到爷爷、奶奶家和他们一起生活了。直到我中学毕业，十七八岁的时候才搬回了父母家。

爷爷、奶奶很疼我。我爷爷、奶奶其实是很疼我的，但是呢，他们不是那种很善于表达感情的人，所以其实我们之间也没有什么情感上的交流。其实很多都只是他们在生活层面去照顾我的。

孤单的黄昏。我有五个姑姑，我爷爷在世的时候，她们都还没有出嫁，所以我奶奶晚上还会经常在家看电视之类的。后来我爷爷过世之后，我的姑姑们也都出嫁了，然后家里没人之后，我奶奶就经常出去打麻将了。而我奶奶又是一位喜欢打麻将的人，她照看着我吃过饭后就会出门找人打麻将。这时房间里就会只剩下我一个人，看着亮堂堂的房间里只有我一个人，只有我一个活物，现在回想起来真的觉得有点瘆人。有时候我会关掉所有的灯，就像把自己流放在孤单的荒漠当中，每当那时我都会在心中期盼着第二天的日落黄昏。想想原来离孤单最远的是黄昏，最近的也是黄昏。

同伴小姑。每一个人都不可能孤单长大，我也不例外。我的小姑是除了我父母以外最先让我感受到温暖的人，她是我整个童年时光的陪伴者，也是驱走我那时生活阴霾的保护神。当我到了上学的年龄，我和小姑就分开了，也是从那时起我和她之间的距离越来越远，不过我很感激那些有她陪伴的温暖日子。我小的时候和我姑姑们的感情还不错，小姑大我 14 岁，她是在我十二三岁的时候结婚生孩子的，所以我们在一起生活了十多年。因为年龄差距不大又每天在一起，所以我们的关系还是挺好的。小姑还没有出嫁之前，和她男朋友谈恋爱本来应该是二人世界的，但是她和她的男朋友会经常带着我去看电影，然后出去逛街，带我去玩，小时候小姑陪我玩的这些事我到现在还记得。

成骨不全症。因为成骨不全症我会经常受伤，但是受伤了倒是不怎么去医院，因为去医院也治不好我。最开始也是会去医院的，但是医生也治不好，到后来受伤了也就不去医院了。我小时候的事情我记得也不是很清楚了，受伤的频率相对来说是比较高的，但是也没有特别高吧，大概小的时候基本上一年会有一次。

三　我的学生时代

学生时代的我是部分同学眼中的特殊群体，是老师眼中真正需要特别照顾的重点学生。这一切都因为我的罕见病——"瓷娃娃"，在我心里我并不想要被特殊对待，但我又不得不承认我和他们确实有一些不同。

亲近的同学。我跟同学们的关系还都是很好的。我读小学一年级的时候，我家与小学就隔一个马路，大概两分钟就到了。五六年级以后开始，有一些住得比较近的同学，因为他们上学会路过我家，然后他们就会到我家跟我一起去学校，所以我和同学们的关系还是很好的。

我至今仍记得那时伙同几个同班的男生到码头和江滩边上看日落的情景。我虽然想不起当时每一个人的脸庞是什么样子，但我脑海里总会浮现那时的背影和那时阳光的色彩。因为身体的原因，我有着一些别的孩子没有的特殊待遇——被人护送回家。

"保镖"团体。因为小学和中学是对口的，到了中学的时候，我小学的同学们就一起升到了中学。后来慢慢地护送我回家这样一种个别同学的个人的行为就变成了一个班级的行为。就是在老师的号召下，班级里组成了一个相当于接送我上下学的志愿者小团体，然后每天会有两个同学轮流负责接我上学、送我回家。虽然是老师号召他们这么做的，但是他们在这个过程中也不会有不愿意的时候。因为这件事他们是志愿去做的，比如说今天哪几个同学有空他们就会自愿地去做这件事情；如果他们有事情，那就会有别的同学来做。其实这个团体刚开始的时候人数还是很多的，但是这种事情很难坚持，到后面送我上下学的也就是那固定的三四个人了。

别无选择。听着好像很牛的样子，不过如果让你在健康和这种牛之间选择，你会选择什么？毫无疑问你会选择健康，而我却别无选择。那段时光，同班男生放学后会推着我到江边，我们会在那里待两个小时左右，待到太阳落山，江水的波光暗下去，然后我们才会回家。和一群人在一起的我虽然从没有参与到他们的游戏中，但身边有他们的笑声、吵闹声就足以让那时每天的黄昏落日不再单调，也足以让我心情放松。

儿时的游戏。我那时候也不会去玩特别激烈的游戏，因为我们那时候也不像现在的孩子们比较叛逆，有个性。我觉得我们"70后"还是挺乖的，都挺中规中矩的，比较听老师的话，所以即便班上有调皮的学生，也不会做过于激烈的事情。

那个时候我也没有轮椅，坐的是小时候的那种儿童的小推车，用铁做的。也不是现在能看到的那种儿童车，是很老式的，现在也就是偶尔能在路上见到小朋友还在用那种小推车，现在的孩子大多数都是用那种几百块钱的儿童车了。

我们玩游戏的话也没有特别激烈的，那个年代的游戏也不多，男孩子们就打弹珠、跳马之类的，女孩子们就喜欢跳皮筋儿，也就是这些游戏。所以也没有什么特别激烈的身体运动，但是像这些游戏基本上我也都参加不了。有时候女生要是跳绳的话我会去帮她们甩绳子；有时候她们会把皮筋儿绑在我的车上去跳，我觉得这也是一种参与吧。有的时候会看着他们在那里玩泥巴，一个个都跟泥猴儿一样，他们的快乐无形之中传给了我。我坐在轮椅上笑着，黄昏的柔光照着，好像一切都被快乐圈住了一样。

和同学没有区别。我小时候上学的那些年应该还算是挺开心的，因为那个时候我没有感觉到自己跟别人有什么差别。同学对我也很好，老师对我也很好，除了父母没有在我身边之外，其他人都是对我很好的，都是一种很友善、很接纳的状态，所以当时我就觉得自己跟普通的孩子们没有什么区别。

初中的友谊。在学校的时候，学校经常会组织春游、去看电影之类的活动。我已经忘记了我和夏的友情是怎样开始的，但是她身上的性格非常吸引我，我身上可能也有东西会比较吸引她，于是我们就走得很近。我们下课大家都会扎堆地聊天，我们就经常在一起聊天，就开始有一些友情的发展。在学校里面我们会经常聊天，放学之后她偶尔也会来我家找我。

四　学业被拒，心灰意冷

因为我小的时候周围的人都对我太好了，我也不会觉得我的残疾对我来说会和别的小孩有什么不同。直到考高中的时候，学校因为我的身体原因不让我再上学了。这个时候我才开始意识到我的身体对我来说是一个障碍，我才开始意识到我和别人是不一样的。

高中拒收。我在学校上学上到了初中毕业，初中上完之后，因为我的身体原因，就没有高中愿意接收我。因为高中不算九年义务教育，所以他们就有理由拒绝我了。尽管我的成绩是完全可以上的，我当初考了一个职业中学，高出了分数线 100 分。而且我们找了各种关系去沟通，但是他们最后还是不收我。

心情绝望。当时被高中拒绝的心情是十分抑郁的，那时候我还不知道那种心情叫抑郁，就是觉得心情特别低落，脾气很暴躁，经常想发火，也不想见人，也不想说话。那段在家的日子，我独自坐在房间里，像一只生气了的刺猬竖起了全身的刺。我变得躁动不安，变得容易生气。不过当时我并没有想着我的罕见病是多么得该死，因为它注定是我人生的一部分，我生气的是我不能再去上学，不能再拥有更高水平的教育。十几年的轮椅生涯，让我学会了的可能就是面对不公的时候，不自怨自艾，面对困难的时候，不怨天怨地吧！

在家自学。那个高中拒收我了之后，我就回父母家自学了，父母对我除了在家自学也没有更好的办法了，毕竟我每天就是在家里，哪儿也去不了。但是家里的支持力度也不大，那个时候要是想去考试之类的出个门也是挺难的，所以自学了之后也没有去参加什么考试，就是我自己在家看书学习。

五　疏离的亲情

回到父母身边。后来因为没有学上了，就搬到了宜昌的父母家里。我家里还有一个妹妹，小我 3 岁。

陌生的父母。搬回去之后我和父母的关系也不是很亲近，毕竟十几年都不在一起，肯定是会有些疏离的。再加上生活习惯什么的都不一样，再说爷爷、奶奶带大的孩子，爸爸、妈妈肯定是会有些看不惯的。我和父母的关系不太好，倒不是因为我残疾的原因，而是因为我们长期没有生活在一起，所以他们会对我百般地挑剔。我和父母在一起的时候矛盾还是很多的，但基本上就是采用冷处理、冷战的方式吧。基本上就是我的父母骂我，然后我不说话。我在家里基本上能不讲话就不讲话，因为那个时候虽然我自己很痛苦，但我还是可以理解他们的，毕竟家里有这样一个看不见希望的、令人感到绝望的孩子，他们的心理压力也是很大的。所以他们把自身的压力就转化到了我身上，用各种挑剔、各种莫须有的东西去发泄他们的愤怒和绝望。这对我来说可能是难以承受的，但是我还是可以理解他们。其实我在家的时候心情是很压抑、很痛苦的，但是又无法改变，就是想逃又逃不掉的感觉吧。

家人对我无要求。我家里人对我是属于那种比较绝望的状态，所以他们从来不会对我有什么要求。他们的想法是我妹妹以后肯定会照顾我，所以他们会这样要求我妹妹，但是他们不会对我有什么期望。

妹妹的压力。虽然我和妹妹年龄相差不大，但是因为从小十几年都不是在一起长大的，所以感情也挺淡的。我们现在也是不怎么说话，也不怎么联系。因为从她懂事的时候我们爸爸、妈妈就一直会反复和她讲："你还有一个姐姐，她以后的生活都要靠你来照顾。"你可以想一想，把这么大的一个担子放在一个小孩子的身上，她肯定会压力很大，其实这对我们姐妹之间的感情是不利的，我父母这样要求并不能促进我们两个人之间的感情，所以我们两个现在并没有发展成父母想象得很亲近的相依为命的姐妹关系。我觉得我跟妹妹关系的疏离有几点原因：第一，是我们两个缺少共同生活的经历，所以本身感情就比较缺乏；第二，父母从她非常小的时候就给她这么重的担子，这是很不公平的一件事情；第三，就是她的性格比较内敛，我们俩沟通不多。

六　为梦想而坚定

听说的"梦想"。小时候的梦想都是别人给的，我自己没有什么梦想。老师会给我们讲，你们长大之后可以干什么之类的，老师讲了之后我自己就会觉得我可以干哪些工作。按我自己的话，我现在的梦想一个是有钱，还有就是有智慧，但是我觉得现在我还没有实现自己的梦想。

给我开间小卖部。其实我爷爷、奶奶家原来住的是一个临街的房子，离我原来的学校就只隔了一条马路。因为那个房子临街，当时我爷爷就准备把临街屋子里的那堵墙拆了，拆了之后就可以做成一个门面，以后可以做个小卖部之类的。我爸爸当时也是这么想的，但后来因为我们家里的一些变化吧，我爷爷、奶奶原来的房子被我大伯给换掉了，之后的房子就不是临街的了。当时我爸爸、妈妈在宜昌生活，他们就让我回到宜昌去住，

在宜昌给我弄一个小门面让我去经营个小卖部或者打字复印之类的。但是
当时我才只有 16 岁，我并没有同意我爸爸、妈妈的这个想法。因为我那个
时候是很想读书的，我希望可以在求学这条路上走得远一点。所以我当时
没有考虑到很多，也没有考虑得那么全、那么长远，也没有想过求学之路
会比较困难或者是根本行不通。当时只是一心想去读书，可能是我当时
还没有从失学的状态里走出来吧，所以开小卖部这件事情就一直没有
做成。

长大了，后悔吗？虽然没有开成小卖部，但是我也没有什么后悔的。
直到现在我也不是很喜欢那样的工作，如果是比较现实一点的话，我可能
会觉得我开个小卖部至少可以衣食无忧了，但那仍然不是我喜欢的工作。
不过后来我也没有做我自己喜欢的工作，做的工作相对来说比开小卖部要
好一点。因为在我的认知里面，开小卖部是一件毫无技术含量的工作。我
后来做的工作基本上是在网络上做客服，虽然也不是我喜欢的工作，但是
至少在我的认知里面是比开小卖部要好一点，至少还是有一点技能在里
面的。

遇到心理学。到后来我就开始学心理学了，做心理学应该是我喜欢的
工作吧，所以我觉得我现在在做着自己比较喜欢的工作。但是也不能说我
现在的工作和生活就会比当初选择去开小卖部或复印店开心，毕竟生活没
有如果。那个时候我还是个小孩子，没有想过那么多。但是如果真的让我
去想象一下的话，也许开小卖部对我来说可能并不是一件很坏的事情。要
是开小卖部的话，等一段时间我有钱了，可能生活会比现在更好呢。因为
并不是这件事情要做一辈子，就像我之前做了很多种工作，我也都没有做
一辈子。如果开小卖部的话，积累了一些原始资金之后，我可能会更容易
过上我想要的生活。

七　心仪的男生，追不追？

恋爱是我最不敢想的东西，因为没有人会理解一个罕见病人面对情感
时有多么的孤独无助。常人会说："你的病况又不是痴傻！怎么会孤独无

助?"大家想象中的美好放不到我的身上，那爱情的香蜜也从没让我大口大口地品尝。

学生时代我暗恋过别人，明恋过别人，表白过别人，虽然最后都是无果而终。别人看我时面部表情云淡风轻，但抹不去的事实总会在适当的时候提醒我说:"你这个样子，和他不相配。"后来，成长让我走入了社会，我开始偷偷地品尝爱情的果酿。

感情经历。我在二三十岁的时候其实感情经历还是挺多的，我对这些不是特别看重，就觉得"来就来，走就走"吧。35 岁之前我会有一点焦虑，觉得后面如果再没有这种稳定的感情的话，可能以后的生活会有一些孤单。但是过了 35 岁之后，我又觉得还是随缘吧，有也可以，没有也可以。

和男生在一起的经历都是很短暂的，有的是表白完了之后就没有了，有的我也不太确定关系，但是会经常接触。残障的状态确实影响了我的感情生活，首先我觉得如果真的遇到了一个很喜欢我的男生，我也很喜欢他，虽然对方不会介意我的残障，但是考虑到他们家里人可能会无法接受我，在他的权衡下他可能会选择我们不要再深入了。另一种就是对方会觉得我比较弱势，如果他无法给我一个稳定的承诺或者婚姻的话，他可能会出于道德考虑，他觉得如果发生什么事情是在伤害我，所以就不要在一起了。

爱情的梦。所有的情感经历都是云遮雾罩下的，从没有光亮照耀过。喜欢我的人在我身边照顾我，给我一个温怀、一个亲吻，却始终不能给我一个名正言顺的身份，即使是向别人说我是他的女朋友。时常陷入暧昧不清，时常我一人独自编织爱情的梦，时间长了也就无感厌倦了。和医生鹏的相处是我感觉最舒服的一段感情，当然这一段和其他所有的感情经历都一样，没有开始，也没有结果。我在鹏的家里住了半个月，其间我们的关系是什么我也不知道，可能比朋友近一些又比恋人远一些吧! 清晨七八点我起床后，独自从阁楼移动到客厅，一般那个时候他也就醒了，接着我会和他准备早餐，就像所有普通夫妻的生活一样，安静且美好。吃过饭后我会去看电视、读书，他会准备一下，然后接待病人。一天就在时光的打磨下，平凡的共同生活中落下。晚饭后我会和他聊会儿天，他会毫不避讳地拿我开玩笑，而我当然不肯示弱，我会和他假装在争吵。和他的争吵和聊天中，我感觉我的身心都很放松，因为他没有把我当作一个病人，没有认为我是一个残障。在和他生活的那半个月里我觉得我与常人无二，我可以择菜、洗菜，可以做一些轻便的家务。在他那里体会到了太多的"我可以"，那种感觉让我很着迷。鹏曾带着我逛了他楼下的花园，并把我介绍给了他的助理，和他生活的日子很快乐。后来，我们分开了，没有原因，没有争吵，也没有后续的频繁联系，我又回到了自己的卧室开始陪着孤单的它们。

尝试勇敢。我现在尝试着去勇敢地表达自己的感情，但是我觉得自己其实不是一个很懦弱的人。虽然也有过暗恋，但是基本上我会跟人家表白，我基本上不会把感情闷在心里，然后把自己憋死。我原来也觉得自己是那种不敢表白的女孩，但是后来我回忆了一下，才感觉我其实不是我原来以为的那么懦弱，我在大多数情况下都是会说出来，不管是很直接地讲，还是委婉地讲，最后都是说了，还算是比较勇敢吧！

八　长大的烦恼

难以维持的友情。人生必须要经历的就是接受有人进入你的生活，有人退出你的生活。因为要跟随父母生活，所以我和夏便分隔开了，我们之间的沟通从以前的面对面变成了书信。跨越千里的友情，对于当时的我和她来说，都是坚信可以延续下去的东西。可真的到了现实里，当情感寓于笔尖和字里行间时，似乎注定我和她的友情会走向枯萎。毕竟友情不是绽放在深谷里的野百合——总会有春天！等到十多年后我再回故居，我第一个念头就是想要延续我和夏这段用书信维系了多年的朋友关系。只是微信里的相约常常以无果收场，不是她在忙就是我有事，我们两个人的时间似乎总在冲突着。武汉这座城市变化了太多，回过头来发现，已经是物非人也非。

因为不上学之后搬到了父母的家里，我和夏在中学毕业之后基本上就没怎么见面了，但是一直有书信的往来。而且我住到爸妈家之后，春节还会回武汉去看望奶奶，所以我就趁着春节回去和夏见一面。在 2006 年的时候我自己搬回了武汉，一开始我们还偶尔有联系，到后来就很少联系了。我们十几年的友谊到后面就慢慢淡化了，我觉得可能是我们的生活轨迹不一样了吧。

人生轨迹的不同。夏后来结婚了，也有小孩了，也有想过要见面聊天之类的，但是那个时候她的孩子年龄还很小，而且听说她的那个小孩又很调皮，所以她也不太放心带着小孩过来。后来一直持续这个状态，就不了了之了。每次我坐在沙发上看着对面的单元楼，我就在想我们两个人之间的情谊变了吗？我想应该是变了，不然的话两个在同一座城市的老友怎么可能会没有时间相见。可为什么会变？我们都那么努力地维持了好多年，到最后怎么还是没有抵过现实呢？会不会是因为我出行不便少了中间的见面来往？是不是我和她之间的关系也已经被社会化，我已经退出了她的好友名单？每次想到这里我总会很感叹，回过头看看那些曾经温暖过我的人，都已经变了模样。小姑已经嫁作人妇多年，现在已经是当奶奶的人啦！有时候我很想追回一点童年时的美好，可当我坐在小姑面前，我发现我和她之间已经变得无话可说。当她在说婆婆曾如何对她的时候，我木讷地看着她，有些生硬地答应着。其实不只和小姑在一起时是这样，就算平时和其他同龄的女人们交谈对我来说也都是一种煎熬，她们会聊老公，会谈家庭，会说孩子学习成绩，而她们说的这一切对我来说都是陌生的。我想余生和小姑以及夏的交往，应该不会再超越微信聊天里的祝福和问候了。愿她们余生安好，而对以往的美好我都能铭记心间。好在所有的过往里，我并不孤单，有人和我聊天，有人陪伴在侧，即使不同，但也平凡普通。

与父母和解。现在因为我回到武汉有了自己的工作，然后一切都还不错，看我自己生活得还可以，超出了他们当初对我的预期，所以他们也就没有压力了，他们心里的那块石头也就没了。他们没有压力，我们的关系也就改善了。我们一点一点地缓和了，到现在我们的关系还算是挺不错的。我父母退休之后就回到武汉了，我爸爸已经去世两三年了，我妈妈还健在，住得离我还挺远的，相距二十几公里。但是我妈妈每个月会过来我家几次，因为我去不了她的家里，她住在那种老小区，还不是一楼，都是楼梯我也上不去。所以只能她来我家，每个月也就一两次吧。我妹妹来过我家一次，我和我妹妹其实感情一直都不是很好，她的性格也比较冷，我的性格和她差不多，也比较冷，所以一直我俩都没有很多的交流，都是有事情就谈事情，没有事情就不会联系的那种。

障碍与我。 平时出门对我来说，有三个因素很重要：直梯、台阶、厕所。对于一个健全的女性来说，她们可能完全不会在意生活中的这些细节。因为没有了直梯她们可以乘扶梯，没有了厕所她们可以很迅速地找遍附近所有的商场去发现厕所，而爬台阶对她们来说应该就是日常生活的一部分，她们从不在意。可对我来说，这三样是我出行最担心的问题。没有了直梯，我只能在楼底仰望大厦，上边是什么样子的？是否有艳丽的衣服或是化妆品适合我？如果一个商场没有了厕所，给我的选择可能只剩憋着，当然我也可以选择尿裤子，不过这对一个成年人来说似乎有些不妥。或许以后可以开发一个产品——残障人士纸尿裤，如果真有那么一款纸尿裤我不知道别人会不会买，但至少我有买的意愿。当然，有时候我知道要出门的话，我会刻意不去喝太多的水。奋斗了这么多年，我所有的角色似乎没有一个扮演得很好，包括现在在做公益，在为残障事业奔波，我都没有感觉到太多的满足感或是成就感。我没能成为一个好的女儿，也没能成为人妻，更没有孕育子女。或许是太多的没有几乎可以抵消了我现在的所有，所以我才无感于现在所做的一切吧！

现在的生活幸福吗？ 我觉得人总是不满足的，虽然我现在的生活是相对比较稳定的，但是有好的一面也有不好的一面。稳定的生活会给人更多的安全感，但又会觉得好像有一些束缚。因为人拥有的越多害怕失去的就越多，你会觉得如果再想去做些什么的时候，那些你已经拥有的东西就会束缚住你。但是人总归还是会有欲望的，所以有时候心情会比较挣扎。再说生活总是有缺憾的，现在说我的生活怎么样，我也不太好去评价，反正相比过去来说，表面上还是可以的，但是如果按我内心来说，其实是很复杂的。

他们。 我是一个活人，离不开人群，离不开众目睽睽，尤其是在街上的时候。当然，别人投来的眼光更多是善意友好的。路人有时会主动过来帮我上台阶，或是把我推到我想要去的地方。不过也有特殊的情况，就是大家口中的"好心办了坏事"。偶尔会有人在不会推轮椅的情况下上前帮助，这就导致了我坐在轮椅上就像正在遭受一场地震一般。

说了这么多，总结一下吧。老天真的不会让一个人一直倒霉，也不会让一个人一直幸运。虽然我坐在轮椅里，但我可以看到蓝天，听到钢琴声，嗅到桂花香；虽然我不能蹦蹦跳跳，但好在我的声音永远年轻，清脆细腻。

愿做一双把伤友拉出深渊的手

彩　虹[*]

因后天意外造成残障的伙伴跟先天残障的伙伴们还是有很大区别的，创伤的恢复，生活、心理和职业的重建是一个很漫长的过程，常常会陷入情绪的深渊，特别渴望有一双手，能把自己拉出来。生活重建训练营是我车祸后人生最大的转折点，现在我从事服务伤友的生活重建和职业重建相关工作，希望通过自己的努力，也能成为这样一双能把伤友拉出深渊的手。

一　相亲相爱的一家人

我出生在哈尔滨一个很普通的四口之家，17岁出来上学后一个人开始独立生活。车祸受伤后一直和父母一起生活，我的哥哥已经结婚，我有两个可爱的侄子。2018年我远嫁北京，现在和爱人一起生活。

我曲折的人生中还有两位"灵魂"人物，也是我的人生导师——我的表哥和表嫂。在我决定学业、选择专业、确定工作方向时他们是我的幕后"军师"，车祸使我成为轮椅使用者后他们是我的精神支持者和陪伴者，在我整个人生过程中，都有他们的参与、支持和帮助，如果没有他们，我不知道现在的我将会是什么样子。不是血亲，胜似血亲，感谢有你们一直在我的身边……

＊　彩虹（化名），脊髓损伤患者，社会工作者。

二 学习形象设计

我来北京之前，从来没有离开过黑龙江省，只是在不同的城市上学、工作，我 12 岁离开哈尔滨去上学，17 岁完成学业又回到了哈尔滨，工作也一直在这里。

学习形象设计（1999～2002 年）。小时候，我的学习成绩不是很好，有点偏科。我哥哥、嫂子是搞音乐的，会给我做一些规划，我认为也是不错的，所以我就跟家里人商量，去学习一些比较适合我的专业。1999 年，因为我在哥哥的眼里个子是比较高的，哥哥也有这方面的资源，于是就把我介绍到一个专科技校学习模特专业，到了学校之后我发现我的身高对学习模特专业来说优势并不是很突出，所以后来我就转为形象设计专业。当时形象设计专业还是比较冷门的专业，但是我很喜欢，学了三年，当时的老师是中国第一位形象设计师杨青青的学生。

毕业选择。形象设计专业临近毕业时，学校想让我留校做老师，辅助班主任教学，或者留在学校招生办负责招生。我们的学校在哈尔滨的郊区，当时我还是对外面的世界充满了好奇，觉得如果留校，就会像其他老师那样早八晚五地在校园里一辈子走不出去。当时家里人有让我毕业之后考公务员的想法，所以我就决定听从家人的建议考公务员，先去积累一些社会经验。但是我当时的社会阅历很浅，家人想让我在考公务员之前锻炼一下，于是就把我送到了一家五星级酒店实习，增加社会实践经历。在酒店实习了 3 个月，我发现我特别喜欢酒店这个行业，觉得这个行业特别适合我的性格，所以我就一直留在酒店做下去了，放弃了考公务员。其实当时我毕业后，是有一个很好的接收单位的。

三 五星级酒店经理

酒店行业实习。五星级酒店对员工的文凭、语言都是有一定要求的，所以在酒店工作期间，我又在职读书深造，学习了经济管理专业的本科课程。酒店环境好、锻炼人，接触的都是大企业的商务客人，虽然很累、很苦，但是我很喜欢。

酒店行业工作（2001～2006年）。最开始实习的时候，我是从最底层的普通前台接待员做起的，后来是收银员、领班、主管，我2004年离开了工作的第一个酒店。到了第二个工作的酒店，我做了大堂经理，2006年6月转到了销售部做销售经理。我那个时候比较小，对任何事情都抱有很大的希望，也很努力，总是觉得生活上没有任何困难可以打倒我，我也是最勤奋的那一个，我跟领导的关系还是不错的，大家都觉得我是可以培养的。我很喜欢这份工作，也想证明自己，我本身是一个对任何工作、朋友都很认真、很严谨的人，想什么事情都想得很多。因为我自己在外地工作，也觉得到这个年龄既然已经毕业了，家人对我又这么费心、这么栽培，所以一定要做一些事情回报他们。当时年轻，很有力量、很有朝气，我又热爱运动，很阳光，对任何事情都充满了希望。我也有谈恋爱，但是那个时候年龄不大，二十四五岁，还没到结婚的年龄，还没有玩够。

四 车祸造成脊髓损伤

车祸昏迷30多天。2006年7月出的车祸，是在我24岁本命年的时候，在高速公路上由于车爆胎出了意外，当时我睡着了没有系安全带，我被甩到了车外边，其他人没有伤得特别严重的。车祸前，我最后的印象是我们开车上了高速，加油，等我再次醒过来所有的手术都已经做完，已经是30多天以后了。

生死边缘。当时我的伤势特别严重，后来，听我家人说，出车祸后救护车把我送到附近县城的一个小医院，当时医生已经宣布死亡了，说我的瞳孔已经扩散了，让家人做好心理准备。那个时候，家里人不想放弃，又找救护车想把我送到大医院，但当时那个小医院不让把我带走，后来经过种种沟通，最终把我送到了哈尔滨医大医院。在医院的时候，医生说我已经完全没有抢救的价值了，生命特征已经没有了。我妈妈说当时验血的时候都是从肚子里抽的血，血管里的血已经没有了，我现在能够活下来，已经是一个奇迹了。用我的主治医生的话来说，他在哈医大医院见过比我情况严重的，但能抢救过来的很少，即使抢救过来也大多是植物人。我经过抢救在 30 多天后醒过来。我是脾破裂大出血，当时只是为了保命，为了救命，把脾摘除了，当时并不知道我是腰部脊髓损伤。后来在重症监护室里面，医生再次给我检查的时候才发现，所以一个星期后我再次住进了 ICU 进行腰部的大手术。

脊髓损伤。手术的整个过程，其实我都是不知道的，都是在我昏迷的状态中进行的，我再醒来的时候已经在病房里面了。后来听家人描述，我被裹得像个粽子一样，全身没有好的地方，包括我的脸部，因为脸部也有一些损伤，血肉模糊的那种。当时的下巴会掉下来，但是当时医生已经顾不了这些了，对我脸部的损伤和手术的刀口都没有做很细致的处理，只是大概地缝起来了，他们觉得反正这个人也活不了了。可能是他们接触的病患太多了，看到我这么严重的情形基本上就能判断出结果是什么样子的，所以就这样简单地给我处理了一下。

忍受疼痛。当时我下半身是没有感觉的，我当时认为恢复期只是一段时间，经过针灸等各种康复就能好起来，因为当时医生也没有跟我说会好不起来。那种疼痛感，唉！真的是难以表达。有的时候会吃镇痛药，但是只有短暂时间的效果，很快疼痛就又回来了。那个时候完全不能动，一动就会有撕裂的疼痛，现在想起来都有很痛的感觉。手术完了不能进食，当时觉得一滴水都是特别可贵的，当时术后不能喝水，嘴唇已经干裂了，只能用棉棒蘸一点水润一润唇。我身上挂了五六个引流管，手术的时候会有一些液体渗出，很痛苦。那时候我不能说话，在医院的时候我总是有一个动作，就是把双手挡住眼睛、挡住脸，不说话，痛，尽量忍着。

肺积水八公斤。我经常低烧，在医院 50 天一直在低烧，后来查出的原因是肺积水，抽出来八公斤积水，医生都觉得是一个奇迹。其他人的话可能会高烧不退，发生并发症，但我只是低烧，而且并没有影响肺部的功能，所以医生觉得不仅我能活下来是个奇迹，肺积水没有并发症也是个奇迹。后来我在回想这些事情的时候觉得我能从鬼门关赚回来，身体底子好很关键。

家人的陪伴。出 ICU 的时候，我的家人，包括父母、哥哥、嫂子都在医院里照顾我。当时翻身的时候，我一个人需要四五个人帮忙，那个经历是很难用语言来描述的……当时我还没有意识到自己要一辈子坐在轮椅上。我记得很清楚，当时我稍微好一些了，单位的同事来探望我，我还开玩笑说没有关系，我住几个月医院，休养好身体，回去就可以跟他们一起继续奋战了。即使身体疼痛得不行，不能进食，大家也没有见到我流眼泪，我还在安慰别人，说我没事。那个时候我完全没有那个意识，我认为跟骨折一样，休养一段时间也就好了。特别感谢我的家人，车祸后对我的不放弃和后面这么多年对我的照顾，这是用语言没法表达的谢意，要用一辈子去感恩，他们最愿意看到的就是我可以很开心地生活。母亲在我随手可触的地方放了很多书，她在苦心为女儿寻找一条走出阴霾的路。在接下来的很多时间，我把之前从不在意的这些书如饥似渴地读个遍，观世间百态，品五味人生。

五 艰辛的复健之路

转到康复医院。在医院住了 50 天，基本的生命特征稳定之后，我就转到了康复医院。在康复医院的时候是最惨的，我之前不知道自己要坐轮椅，还很乐观地认为休养一段时间就好了，可以回到原来的生活和工作状态。但当我进入康复医院之后，看到和我一样的伙伴，20 多年甚至时间更久也没有康复，我一下醒了，蒙了，意识防线彻底崩塌。

身体重建。在康复医院的时候，我其实一直也不怎么说话，知道了自己不能好起来以后哭得不要不要的，不知道以后该怎么生活，完全失去了目标和方向，大脑已经不受控制了，没有办法正常思维了。当时就一直在想为什么，为什么在我最好的时候会这样。那些不接受的、抗拒的、抱怨的，种种的情绪全都出来了。在康复医院平稳了一段时间后，我还是不爱说话，像我们，很多病友都会经历封闭、逃避的阶段。我回家以后两年多，自己慢慢地去面对，去想这些问题，重新认识自己的身体，重新接纳自己的身体，这是一个特别困难的过程，其实这不仅仅是身体的重建过程，更是心理的重建过程。

心理重建。对于我们来说，最难的是心理重建的过程，是不是能够接受自己，能够接受新的生活，放弃一些抱怨。我在那个阶段，很孤独无助，我不知道要怎么办。在康复医院的时候，只是通过针灸、按摩这些手段在被动地锻炼身体，但没有人告诉我，回家以后要怎么生活。我要怎么去穿衣脱裤、处理二便，怎么从轮椅转到床上，怎么从轮椅转到马桶上上厕所，怎么穿鞋等这些。我该怎么办？我该怎么生活，怎么出行？那个时候我一片茫然，全靠父母抱着上下床，连杯水都是妈妈帮忙拿的，吃个饭也是坐在床上，自己完全不知道要怎么做。对于很多残障的小伙伴，无论是先天的还是后天的，一个共同之处就是，在某些低落的时刻，可能都会产生这样的想法，认为自己没有任何价值了，我是个累赘，我还需要别人照顾，那种感觉是已经找不到任何生存下去的希望了，只有那种特别绝望的感受。

走出绝望的感受。时间是一个最好的疗伤的东西，任何事情随着时间的消逝，也不是说想明白了，也不是说治愈了，而是会慢慢地释然一些。我会不断地问自己，我以后要怎么生活。在那个过程中，鼓励我最多的就是我的父母，那个时候跟父母一起生活，他们照顾我的起居生活，那个时候我改变最大的原因和动力也是父母，他们每天在我身边，我最愧疚、最对不起的也是他们。后来经过一些事情，父亲身体不好，需要去医院看病等，对我的触动很大。我觉得我不能再这样生活了，我不断地告诉自己不能再继续这样依赖父母生活了，一定要重新振作，一定要想一些其他的办法，自己去找一些方法，在绝望当中给自己一些理由，让自己活下去。我慢慢地自己学着做一些事情，比如自己穿衣服、下床等简单的事情，当父母发现我能自己做一些事情之后，父母的心情和状态也跟着好了一些。他们的状态给了我很大的支持和勇气，让我觉得我必须要做一些改变。我觉得我在生活中不能总是想自己，那样太自私了，我不能总是沉浸在自己的小空间里想自己的事情，还要考虑父母。我改变状态之后，父母有了笑容，心情也好了一些，这给了我很大的动力。慢慢地，我自己能做的事情越来越多了，也变得开朗了，可以去跟朋友联系了，家里亲戚来了，我也可以跟他们正常地沟通了。生活还要正常地继续走下去，我争取回报我的父母。

试着接纳自己的身体，跟自己讲和。 既然身体已经是这种状态了，我就试着去接纳，跟自己去讲和，其实我觉得这句话是特别合适的。我跟自己讲和是一个漫长的过程，一方面是时间，经历了四年多，另一方面是我有事情做了。2010 年网店刚刚兴起，朋友建议我尝试做网店，我上网了解了一下，觉得比较适合我。我们家是做大米生意的，有一些渠道，往大型超市销售大米，于是我慢慢尝试着开做大米生意的网店，做着还比较感兴趣。因为有事情做，虽然刚开始赚不了多少钱，但是这让我觉得我还能做一些事情，这个可能是我最初的一个点。后来我有一点儿找回自信了，发现原来我还可以做这么多的事情，我也可以外出，跟朋友见面，我也可以去做一些工作方面的事情。后来我就帮助父母去做一些生意上的事情，例如账目问题、后勤管理，有时候也会跟供货商、销售商沟通，到店面做一些管理工作，这让我慢慢地找回了自信。最重要的是，慢慢地我们的家庭回归了正常的生活状态，平时多了一些笑声。父母笑容也多了，哥哥压力也没有那么大了。我也愿意跟家人沟通了，平时也可以一起出去吃饭了。

告诉朋友如何跟自己沟通，一起脱敏。 我受伤之前，朋友很多，受伤之后，朋友越来越少，当时觉得很悲伤，但是在我慢慢走出来之后，我也在反思这个问题，为什么我的朋友会越来越少呢？因为那个时候我比较自闭，其实朋友不知道到底如何跟我沟通，是我先疏远了朋友。在这个时候就会出现一个问题，朋友想接近我，但是害怕哪句话触痛了我，他们不知道该如何做，慢慢地，时间久了，就疏远了。我发现还是要找自己这方面的原因，我现在跟很多伤友沟通的时候，也在提醒他们，特别是受伤时间比较短的，他们也会出现这样的问题。我也会跟他们说，一定要告诉你的朋友们如何跟你沟通，主动地引导他们，主动去脱敏，让他们知道如何跟你相处。现在我跟朋友出去，他们都不再小心翼翼地，不会把我区别对待。我来北京以后，认识了很多新的小伙伴，也都是很不错的。

六　生活重建，开启新生命

生活重建训练营——人生的转折点。2016 年，我通过朋友了解到了新生命生活重建训练营①，我特别想参加，那个时候虽然我在帮家里做生意上的一些事情，但实际上我很少跟除了家人以外的其他人沟通、交流，特别是跟有共同经历的残障伙伴的沟通几乎没有。我基本上没有接触过脊髓损伤这个群体，也没有经过正规的系统培训。脊髓损伤后，没有人告诉我回家后如何生活，如何转移，如何穿衣、脱裤，如何有品质地生活等，28天集中训练后我完全蜕变了，从半自理状态到了完全可以自理的状态。这是我很难想到的，也因为这个事情，认识了我老公，开启了我人生的另一个阶段。

同侪培训的魔力。我来到生活重建训练营，接待我的是位同侪老师，我一下子就被他身上散发出来的自信和快乐深深地吸引住了。我感受到了从未有过的平等和希望，以及从内心想改变的那种强烈愿望。经过一个月的努力训练，我和我的小伙伴都有了翻天覆地的变化，我的生活能力从原来的半依赖家人到完全可以独立生活。眼见着自己和其他小伙伴在短短一个月内完成了几年或十几年都不可能完成的蜕变，我内心无法平静，想到我刚受伤时候的无助，如果当时有这么一个组织，有这么一群伤友，也许我就不会浪费那么多年，我们的父母也就不会痛苦那么多年。我越来越坚定要成为一名同侪服务人员的决心，培训结束后我决定留下来服务更多的伤友。

别东北，来北京。我从小上学到工作都没有离开过东北，坐着轮椅来

---

①　"新生命"（全称为"北京新生命养老助残服务中心"），其前身是成立于 2014 年 5 月的北京市东城区脊髓损伤者中途之家，2015 年 9 月在北京市民政局正式注册，是一家专业化、职业化、社会化运营的公益性、非营利性市级社会服务机构。"新生命"以同侪服务（脊髓损伤者服务于脊髓损伤者）为核心，以"助人以自助"为理念，协助脊髓损伤者重新回归生活、职业和社会。"新生命"通过陪伴、激励、协助的社会化康复项目——脊髓损伤者重建培训，赋能脊髓损伤者生活自立、经济独立、回归社会，填补了我国社会康复范畴的空白，有效地在实践中探索出了一套从根本上系统化地解决脊髓损伤者的康复、照料、就业、融入社会问题的方法和经验，从根本上改变了脊髓损伤者及其家庭因伤致贫、因伤自闭的状况。——主编注

北京工作，家人有很多的担心和顾虑，因为我的身体是这种状态，又离家很远，父母是很不放心的，关于我来到北京后如何生活，他们会有很多担心。我没有说太多解释的话，而是用我来到北京之后的生活状态说话，用工作以后接触的朋友、所做的事情的事实给他们看，父母看到我的状态以后就会放心了，但这个还是需要一些努力的。

七　残障人士居家灵活就业

残障人士居家灵活就业。我来北京之后，最早的时候是在生活重建训练营里做了一段时间的个案辅导，目前在一家公益基金会工作。从 2017 年 5 月，我开始参与"职业重建"相关工作，主要负责的是针对全国重度肢体残障人士居家灵活就业项目——"移动外呼客服"，目的是推动重度残障人士的居家灵活就业。

残障人士就业难是长期存在的问题。就业途径相对单一、就业率低、就业质量不高，是残障人士在实现就业的时候不可避免的问题。身体条件相对好一些的残障人士能相对比较容易实现就业，但是就业质量不高，加上残障人士本身健康问题不能保证，因此工作稳定性差，风险相对较大，这让很多用工单位宁愿缴纳残保金也不愿意聘用残障人士。轻度残障人士就业已经困难，由于重度残障人士出行难、不宜长时间工作、身体方面的问题难以解决等，所以重度残障人士的就业更是难上加难。

残障伙伴工作的价值与职业重建。而工作对于残障小伙伴来说更加重要，工作不仅可以证明自己的价值，调整自己的心态，让自己的存在变得有意义，还能使自己在经济上实现独立，不依靠家人。在工作中，集体能让人有归属感，一起努力的氛围能激发人的潜力，"被需要"的情感需求能得到满足，在工作中能找到自己的价值。工作还可以激发人的责任感和使命感，让人以坚定的信念去活好每一天。所以从工作中获得的不仅仅是酬劳，更是一种肯定，可以提高自己的生活质量、实现人生价值、提升自己的生活水平，让生命变得更加自信、更有尊严。残障人士的职业重建任重而道远……

八 无障碍家居发烧友夫妻

2018 年，我和老公结了婚，就定居在了北京。

邂逅爱情。我爱人和我一样在北京一家公益基金会工作，他主要负责无障碍的推动工作。当时我想去参加培训，打电话咨询，就问到了他，他向我介绍了机构和培训的情况，后来我们有了进一步的交流。好多人问我，一个女孩子，这样的身体状况，北京离家乡哈尔滨又那么远，是什么样的动力让我离开原来生活的地方，到这个城市来生活。这是需要很大的勇气的，对于我来说，就是我有一个很大的触动，让我终于找到了我内心最想做的事情了。后来通过跟我老公进一步的接触，我发现，我也想改变，想有一个新的生活，新的环境，改变自己的一些状态。在整个交往的过程中，我老公说话的声音很好听，吸引了我。他是一个很严谨、很认真的人，不是说话很油、会去调侃的那种人，是很正的那种男生，我比较喜欢那种感觉。我是很传统的，经过来北京工作后进一步的接触，我觉得他还可以，于是我们就尝试着去交往，这对于我来说也是一种挑战。

父母的担心顾虑。我们交往也有一些阻碍，确切地说不是阻碍，而是父母的一些担心。毕竟是要离开熟悉的城市和生活环境，离开熟悉的家人和朋友，到一个陌生的城市生活，作为父母，他们看不到，一定会有很多的顾虑和担心，而且我们俩又都是坐轮椅的人，他们担心我们俩基本的生活怎么办，做饭、吃饭的问题怎么解决，年纪大了身体不好了之后怎么照顾对方等。我在家里一直就是自己拿主意，我父母很尊重我的想法和决定，我也会让他们亲眼看到我工作、生活的环境，他们也了解我的性格，知道我一旦下定了决心做一件事情，就不会轻易改变。

无障碍家居发烧友。我老公是理工男，属于设备控，特别喜欢钻研一些东西。我们两个人都坐轮椅，本来生活空间就比较小，有些地方我们是够不到的，于是他把手动的都设置成语音声控的，我们家的灯、窗帘、窗户、电视、空调都是语音声控的，这样我们的生活就更加便捷了！

工作伙伴。我和老公都快成工作伙伴了，工作基本上占据了我们 70%

的时间。生活太充实了，大部分假期也在工作。特别像我这种性格的人，别人经常说"看着都替你累，能不能休息一下"，但我总觉得一件事情没有做完放在那里，即使出去玩也会觉得不安心，所以就一定要把它完成。我们两个人因为工作等种种原因，总是忽略了一些重要的问题，比如我们的身体。其实我希望我们能劳逸结合，把工作和生活安排得更合理一些。

九　酷酷的我们坐在酷酷的轮椅上

车祸重伤后的那几年，我觉得非常绝望和孤独，特别希望能有一双手把我从那种情绪的深渊里面拉出来。后来，在生活重建训练营，眼见着自己和其他小伙伴在短短一个月内完成了几年或十几年都不可能完成的蜕变，我深深地感受了同侪社群伙伴的力量。成为同侪辅导员，参与生活重建和职业重建服务之后，我自己也成了曾经梦想中的那双手，为把跟自己有相似经历的伤友拉出深渊而努力着。

现在我时常想，世界给了我们苦难，但也给了我们创造和体验不一样精彩生活的机会。坐在轮椅上的我们，也可以很酷，我们可以坐着轮椅去上班、看电影，摇着轮椅无障碍服装模特秀、打篮球、跑马拉松、出国旅行，尝试各种高科技的智能无障碍家居。希望以后，能有更多的机会，跟伤友伙伴们一起去吃吃美食、看看电影、赏赏风景、聊聊人生，酷酷的我们坐在酷酷的轮椅上，一起创造属于我们的独特精彩人生！

第二篇

知识改变力量

过去的经历都是我人生的阶梯

韩　晶[*]

现在的生活是我一步一步走过来的，是我自己选择的，我很满意。以前我走过很多弯路，每一次都摔得头破血流，但是在探索的过程中，我逐渐想通了自己真正想要什么。一切都是最好的安排，过去的种种经历都是帮助我走到今天的阶梯。

一　童年：跟着长辈长大

我们家是双残家庭，妈妈的视力不太好，视神经萎缩，1 米以外的东西就看不太清楚了，爸爸和我一样是肢体二级残障，拄双拐。20 世纪 60 年代的时候，国家为残障人士在福利企业安排工作，我爸妈当时是一个单位的同事，都是在一个福利纸箱厂工作。他们结婚后，就有了我，因为我这个病是遗传的，所以爸妈就不敢生二胎了，家里只有我一个孩子。

我小的时候，是跟爷爷奶奶、姥姥姥爷生活在一起的，基本上是每年轮换一次，直到 13 岁左右才回到父母身边生活。我长大后喜欢看书，看到《红楼梦》中曹雪芹描写刘姥姥进大观园的时候，会停下来掸一掸身上的尘土，抹一抹头上的发髻，觉得特别生动、形象。我奶奶就是这样一个老太太，她特别爱干净、爱利索，虽然当时家里很贫穷，有的时候衣服上都是补丁摞补丁，但她每次都把衣服都洗得干干净净，用糨糊浆得特别板

---

　* 韩晶，先天性成骨不全症患者，培训师。

正，每次出门前都要用头油把头发理得一丝不乱。

父母那一辈人，基本上都是有很多子女的大家庭，我爸爸有 6 个兄弟姐妹，妈妈有 7 个兄弟姐妹。我爸爸虽然也是肢体残障，但我爷爷、奶奶从他小时候就没有把他当作残障人来看待，没有给他特殊的照顾，所以我爸爸从小就是在健康人堆里长大的，并没有把自己当作残障人来看待，胆量比其他的残障孩子要大一些，比较能闯荡。也正是因为爸爸的勇敢和执着，我才有了上学的机会。

二 勇气：我的求学之路

18 岁以前，我印象最深刻的就是上学的事情，真的是一波三折。面对学校一次又一次的拒收，是爸爸的勇敢和执着让我获得了上小学的机会，是我自己的勇敢带来了继续学习初中知识的机会，是热心邻居介绍的夜校老师，为我开启了文学阅读的大门，让我通过文学发现了更宽广的世界，对人情、对社会有了更多的了解和思考。一路走来，我很感激我求学路上每一个帮助过我的人，也很庆幸有勇敢的爸爸和勇敢的自己，在遇到阻碍时，没有轻易地放弃，而是迈出了那一步，去争取。

学校的第一次拒收。 我 9 岁的时候，家里就觉得我应该上学了。我看到邻居家的小朋友都去上学了，也很羡慕，于是我姥爷就去了离我家 100 米的小学报名想让我上学。校长知道了我的情况，让姥爷把我带到学校里去看一下，我当时很兴奋，第一次去学校的那天早上起得特别早，家里人也开开心心地给我梳洗打扮。结果到了学校之后，老师、教导主任和校长，很多人围了一大圈，围着我各种看、各种问，然后跟姥爷说，他们需要研究研究，让我们回家等着吧，就把我们打发走了，之后就再也没有联系过我们。这是我第一次感觉到，自己是跟别人不一样的，让我觉得特别难过。

学校的第二次拒收。 因为一直上不了学，在爷爷奶奶、姥姥姥爷家也没有人能看着我学习。所以到 13 岁的时候，父母就把我接回了他们身边一起生活，以便可以看着我学习。父母觉得我已经到了上学的年龄，周围其他的孩子都去上学了，我没有办法上学，都很着急，所以他们又陆续找了几家学校，但因为我的身体比较特别，所以学校都不肯收我。我是"70后"，上小学是在 20 世纪 80 年代初，那时候，国家和社会都不太重视残障孩子上学的问题。

爸爸给教育局写信。看着其他的小朋友都去上学了，我特别羡慕，但我没有机会，所以特别伤心。幸运的是，我有一个勇敢的爸爸，当时我爸爸给市教育局写信，说明了我的情况。教育局给我家附近的一个小学下达了一个文件，让小学想办法给我解决上学的问题。但我还是没能真正地进入学校里，而是学校派老师到我家里来辅导我学习。小学老师每周会义务到我家里给我上两次课，每次课两小时，别的同学每天到我家里告诉我当天有什么作业，一半靠老师教，一半靠自学。老师辅导的科目只有语文和数学，没有别的学科，等到六年级的时候，学校换了一个辅导老师，就不是经常过来了，那时候我很难过。

报纸上的大学生老师。小学结束后，其他的同学都上初中了，但是我还是没有机会，当时我也是挺难过的。父母看见我挺想继续上学的，也去附近的初中问过，但学校说不能收，因为初中的学习压力比较大，老师已经没有精力再去照顾特殊的学生了。后来我自己就急了，碰巧在报纸上看到一个家教的广告信息，是辽宁师范大学生物系的学生会发布的，他们有大学生利用业余时间做家教勤工俭学，我就瞒着父母，自己偷着给他们写了一封信。没想到学生会还挺重视的，学生会的会长亲自到我们家来看我，了解了我的具体情况之后，主动提出可以免费辅导，派了两个大学生老师到我家里辅导我学习。但大学生老师的时间比较紧，只能利用周末休息的时间过来辅导我。在三年多的时间里，辽宁师范大学学生会一共有三批老师辅导过我。第一批两个老师辅导了两个月，第二批老师辅导了我一年，第三批老师辅导了我两年，一共有 5 位老师，现在我跟其中的 3 位老师还保持着联系。第一批辅导我的老师，他们开始辅导我的时候还差两个月就大学毕业了，现在已经快退休了，我特别感激他们，也很庆幸自己当初鼓起勇气写了那封信。

邻居推荐的夜校语文老师。辽宁师范大学学生会的大学生老师辅导我的是代数，但是没有人辅导我语文，我还是不甘心。我家的一位老邻居知道我想学习语文，就帮忙介绍了一位夜校的老师。这位老师在大连大学做工会工作，他也是自学的大学课程，他平时利用业余时间在外面的夜校辅导语文和语法。老师只是象征性地收了我很少的钱作为学费，我跟着他学了两年的语文，现在跟这位老师也还有联系。

爱上读书，打开新世界。当时我很喜欢看书，但是没有渠道可以借。夜校的语文老师就帮我从大学的图书馆借了很多文学方面的书看，每周帮我借两本书带过来，还跟我一起去聊书里面的故事、主人公。我那时最喜欢的书是《简·爱》，看了好多遍，而且每隔几年就会重新再看一遍，每看一遍都会有不同的体会和收获。现在已经过去很多年了，但我依然很喜欢看书，看的比较多的是凡尔纳的科幻小说，加莎·克里斯蒂的推理小说，还有蒋勋关于中国文学、美术史的书。我特别感谢这位老师，在我18~20岁的时候带我看了很多书，通过阅读我开启了更宽广的世界大门，看到了关于爱情、关于未来、关于科幻、关于美学、关于社会的更多的、更丰富的存在，直到今天我都受益匪浅。

打开眼界，看得更开。蒋勋先生的书我买了好多，最喜欢的是《微尘众：红楼梦小人物》[①]，该书深入地分析了《红楼梦》里的众多小人物的心理，给了我特别大的触动和启发。我以前特别讨厌赵姨娘、薛蟠这些反面角色，但通过蒋勋先生的讲述，我认识到，对于很多像薛蟠这样我们特别反感、厌恶的角色，在他们让人难以忍受的行为背后，都有他们自己心酸的一些事情，可恨之人必有可怜之处。像薛蟠这种拿人命当草芥，以为有钱就可以摆平一切事情的人，其实真的就是一个被家里惯坏的没长大的孩子，他不知道别人是有痛苦的，是贫穷的，他真的是不懂、不知道，并不是他天性生下来就是恶的。

《微尘众：红楼梦小人物》这本书让我可以看到人的成长，人背后的

---

① 《微尘众：红楼梦小人物》是"蒋勋说青春红楼"系列中最重要的。碎为微尘的红楼众生让我们看到了自己的影子，读懂他们，就是读懂了我们自己的一生。曹雪芹在静观来来去去、碎为微尘的众生，各自有各自的因果，各自要了各自的冤业。《红楼梦》使人在宿命面前懂得谦卑，越多看一次，越懂得生命的不忍。蒋勋把《红楼梦》当作佛经，读懂里面处处充满慈悲，看到了一个个红楼小人物的艰难和生命的不忍；蒋勋一直觉得《红楼梦》是一部作者的"忏悔录"。《微尘众：红楼梦小人物》是一次对《红楼梦》的颠覆式解读。蒋勋穿透人生写出的红楼小人物，情感至深，令人追恋不已。

一些社会背景带来的不为人知的心酸的底色。我觉得，蒋勋先生有一种像菩萨一样的慈悲心，对人间所有的生命，都能带着一种悲悯的目光去看待。以前我的眼界比较狭窄，有很多不理解的人、不理解的事，无法接纳他人的很多做法，但现在就不会这样了。因为通过阅读，我感受到了人的过往经历、当下所处的情景，对于人的成长的影响，眼界放宽了，很多事情也就看得更开了。

保持阅读，尝试写作。我现在还是比较喜欢看书，办了个大连市图书馆的借书证。我现在住的地方比较偏，但还是会经常跑到图书馆去借书，路上需要两个小时的时间。大连坡道比较多，最初手摇轮椅出门爬坡比较费劲，换成电动轮椅后好了很多。我经常自己开着电动轮椅就跑出去了，借七八本书回来，留着慢慢看。好在现在大连这边地铁、轻轨、图书馆都是无障碍的了，有坡道，还是比较方便的。我也尝试过写作，会把自己的一些心情、感悟写成随笔，给市里的残疾人杂志和《大连日报》《大连晚报》《半岛都市报》投稿，收到过一些稿费，还是挺有成就感的。新媒体兴起后，也尝试过写微博、公众号文章，但后来比较忙，就没有再继续写了。

三　自我：意识的觉醒

自我能力的培养。小时候因为身体不好，一跌倒就容易骨折，所以家人为了保护我，会像菩萨一样把我供起来，什么都不让我做，但我潜意识里觉得自己要学会生活的能力，有一天要能照顾自己。

我的疾病，疑似成骨不全症，在成年之前，常常骨折。那些躺在床上一动不能动的日子，深深地折磨着我，也折磨着家人。因此，在父母的视线内，他们什么都不让我做，只让我在床上老老实实待着，别摔着，别碰着就好。可是不知道什么原因，在我心底，一直有一个迫切的愿望，我想要什么都会，什么都能和别人一样做得好。还在姥姥、奶奶家生活的时候，我就有意识地去学一些东西——五六岁的时候，我给爷爷缝了一个烟袋，那是我第一个针线活的成品，爷爷很开心；八九岁的时候，我开始洗自己的衣服，收拾个人卫生；十一岁的时候，在家里老人的指导下，我能给小表妹做一套棉衣棉裤；十四五岁的时候，我能趁着父母上班不在家，把家里的褥子拆了，用手搓洗干净，晒干后再重新做起来；十六七岁的时候，能自己包一顿包子，等着父母下班回来吃。后来出来工作、独立生活，我就从没被这些自理能力给难倒过。即使不会的，我也能想办法学会，包括一些办公软件、电脑打字，都是有了电脑后，我自己在家里学习的，上班后能立即运用上，一点也没浪费。

摆脱家庭的束缚。有很多人常常问我："当初你怎么想要出来工作的？"特别是都 36 岁了，别人都在想着退休了，我却从家里跑出来工作，之后还各种学习，这在很多人眼里是奇葩，是特例。每当听到这样的问题，我都不知道如何说起，因为一说起，话就太长，我又很难控制住自己的情绪。

我觉得我能有今天，其实最应该感谢的是我的妈妈。因为是她"逼"着我斩断在家里活到老死的念头，不断在外面的世界挣扎的。

在家里生活了 30 多年，看不到希望。那时候家里门前有台阶，虽然住一楼，自己也没办法轻易出去。而且每走一步，都得在父母或者家人的"监控"下，这让我对外面的世界一点兴趣都没有。在我看来，走到哪儿都得找人跟着陪着，去哪儿都得别人说了算，那不叫自由，至少不是我要的自由。所以我基本上一年能出一两次门就已经很难得了。那时候有了电脑，能上网了，我就成天活在网络的世界里，玩游戏，逛论坛，在 QQ 上和人聊天。这样的日子看不到终点，也看不到未来。一直到后来，妈妈进入更年期，开始各种抱怨和不满，觉得自己这一生活得没有价值，进而觉得全都是被我和父亲拖累的，导致她的人生很失败。那时候只要家里来亲戚、朋友、邻居，她都会毫不掩饰地当着我的面说："要不是为了韩晶，我早就离开这个家了，现在我的孩子也能大学毕业，也能挣很多钱给我花，也能让我当姥姥或者奶奶了。"每次听妈妈说出这样的话，都像在我心里插把刀，原来妈妈一生的不幸，都是我造成的，我的存在是错的。那时候，这种反反复复的暗示，给我带来了非常大的影响，我一度怀疑自己活着有什么意义？正在我不知道路在何方的时候，一位网友给我发来一条信息，是一个公司招聘残障人话务员。没有学历的要求，没有身体状况的要求，只要会打字，会说普通话就行。我当时像看到一根救命稻草一样，看到了唯一的希望。应聘那天，我四点半就醒了，结果外面下雨。妈妈听到我起床了，就过来和我说，"今天外面下雨，你爸不能送你去面试了，你别去了"。我一听，就像当头浇下一盆冷水一样，但很快我就坚定地说，"我一定要去，你们不送我，我自己打车去"。也许是我的坚定，感动了老天爷，六点多，雨停了。于是我第一个到达了面试现场，人家都还没开门。

努力为自己创造机会。 面试后，我遇到了一个难关，就是自己骨骼发育的问题，再加上长年自闭在家里，不与人沟通，导致说话发音不清晰。可是我遇上了一位好的面试官，她来自上海，如果我没记错，她叫王超，是一位美女。当时她和我沟通几句后说："你可以试试呀，没问题的。"就因为她的这句话，给了我新生活的希望。

工作刚开始，要经过两个月的培训，之后有考核。在培训的时候，具有 30 多年话务经验的老师找领导说，"在这 100 多个学员里，只有一个学员比较困难，就是韩晶。她发音不清晰，而且是因为病症造成的，这很难练习成为话务人员"。于是领导找我谈话，问我要不要考虑转成录入人员，录入只需要打字，不需要说话。可是我想都没想，我一定要做话务人员，如果考核不通过，被淘汰回家了我也不后悔。于是之后的一个多月，我拼命练习发音，最终以第四名的成绩通过了考核，被录取成为话务人员。当时我们公司老总打的第一个测试电话，是我接的，过后他和我当时的领导说："没想到，韩晶说话还挺好听的。"那是我第一次通过自己的努力，获得了别人的认可，为自己争取到了机会。

当后退无路时，只能往前。 作为一个在家里生活了 36 年的人，第一次到社会上工作，第一次和众多陌生人相处，我遇到的最大的困难，不是工作能力上的，而是人际关系上的挑战。特别是不会和同事以及领导相处，常常一个人下班后躲到没人的地方哭。但即使这样，我也咬牙坚持，因为我内心深处一直明白，自己不能后退，退回去就死路一条。但在工作一年的时候，还是有一个打击彻底击溃了我，让我第一次冒出辞职的念头，回家待了两个月。

那还是因为我的妈妈，当时妈妈生了一场大病，要进医院动个大手术。作为女儿，我特别希望能去医院陪陪妈妈，守护妈妈。我在去医院的路上，接到二姨的电话，二姨说："晶呀，你别来了。"我问为什么，二姨说："你妈妈同病房的病友问她：'你没有孩子、家人吗？怎么都没见他们来看你？'你妈妈说，'有呀，有一个女儿'。病友问：'那怎么没来啊？'你妈妈说：'她不在国内，出国留学了。'"当时我正在熙熙攘攘的马路上，听到二姨的话，有种五雷轰顶的感觉，眼泪"唰"地掉了下来。我疯了一样地哭着在电话里冲二姨怒吼："她为什么不说我死了？说我死了多利索？"当时坐着轮椅的我，在马路上疯了一样地哭。

我这辈子都不会忘记当时绝望的感受，突然觉得，自己在外面怎么挣扎、怎么努力、怎么拼搏，都没办法成为父母想要的那个孩子，我没办法挣很多钱给他们花，没办法出国留学，没办法让父母骄傲。那我这么努力做什么？那我为什么还要留在外面的世界受那么多的委屈？于是大约两个月后，当我和领导再次因为管理起冲突时，我提出了辞职。幸而，曾经培训过我们的那位话务老师拉住了冲动的我，建议我回家休息两个月，两个月后再说。重新回到家里的我，再次陷进以前的生活里，迷茫而压抑。好在，两个月后，单位接了一个政府类的业务，那是单位接的第一个正式的业务，很看重，便把我召了回去，做了这个项目的经理。

在这期间，还有许多阻力想要把我往家里拽，包括父母、亲戚，甚至当初转给我那个招聘链接的网友。他们都觉得，我在外面挣不了几个钱，还要让父母为我担心，不如回到家里守着父母、孝顺父母才是正道。可是我再也没有放弃过工作的念头，因为最终我想明白了，我的人生要自己掌握，不为父母，也不为任何人，只为了我自己。

这也是后来我会参与一些公益活动，总在努力地创造一些机会，帮助其他的残障朋友出来工作的原因。我总是希望，自己经历过的那些痛苦和挣扎，在别人的身上不要再重复，因为太艰难了。

四 工作：从话务员到客服管理、兼职培训师

今年（2019 年）是我工作的第 10 年，是工作让我从自卑到改变，从学习者一步步成长为培训讲师，打开了心胸，开阔了眼界。

呼叫中心轮友①话务员（2009年7月至2014年5月）。2009年7月，我找到了第一份工作，是中国第一个以残疾人为主的民营呼叫中心，我和同事们都是坐轮椅的。以前也从来没有哪个单位专门招聘残障人士，我们是中国第一批残障人话务员，后来很多公司都开始使用坐轮椅的残障话务员。当时我们在宿迁开过一个分公司，培训过一批轮友话务员，现在有些都已经是京东的客服了。当时我们有同事过去宿迁给他们培训，我当时给他们在网上远程培训，也有8个人来大连培训了一年。我在第一家单位干了4年零10个月，由于种种原因，公司发展不下去了，我和同事都离开了，但是都在其他公司找到了新的工作。我们都非常感激，是呼叫中心的工作带我们从家里走出来的。

网络客服培训讲师（2014年7月至今）。我的第二份工作是在一个做客服、公众号运营的科技公司。我主要的工作是带着几个同事做网络客服工作，有时候会给一些残疾人做一些职业技能培训，比如办公软件、淘宝相关的培训。我管的人比较少，我主要做培训，曾经在一个月的时间里培训了4个班，一共将近100人。主要讲的是Word、Excel基础的应用技巧，培训的是残联专职委员，他们负责各个地区残联和残疾人对接工作，他们对办公软件应用不是很熟练，教给他们怎么更便捷地处理文档和表格信息。我也是在工作中边做边学，最开始的时候也只是学会了一些最浅显的技巧，其实工作中需要用到很多办公软件的技巧。我经常在网上学，也找人问，一点点积累这方面的经验，在教他们的过程中不断地摸索，根据他们的需求寻找解决方案，在网上寻找一些教程。培训师的一些培训技巧我是自己花钱出去学的，花了上万块钱，报了一个商业培训的学习班，当时也是被工作逼的。只有8天的课程，学了两个月，每隔一周上两天课。在这个学习班，我不但学到了做讲师的技巧，还认识了很多同学，对我的帮助挺大的。后来，我找到了另外一份工作，通过这个工作参与组织了一些残障人士的培训，我自己也到处去学习公益、培训、演讲，认识了很多朋友。

---

① 轮友是"坐轮椅的朋友们"的简称，是坐轮椅的社群对自己和社群伙伴的昵称。——主编注

五 成长：公益与演讲

参与组织公益培训。有一部分职业技能培训，是工作安排，有一部分公益的培训是我感兴趣自愿出去参加的，我也参与过组织公益培训。培训面向的基本上都是残障社群，培训的内容有素质培训，比如情绪管理、沟通技巧、演讲等方面，找的老师就是我当时学培训师的同学，他们通过这样的培训来锻炼自己的培训技能，双方都有一定的收益；还有一些无障碍的培训，2017年我组织过一些残联专职委员的培训，让他们了解无障碍，教他们怎样督导无障碍；另外，还有残障权利意识的培训，都是我跟各类残障服务机构沟通，联系了一些老师进行培训。每个社区都有专职委员，他们对接残联和社区的参加人，对他们培训，能让其更好地为残障人士服务。当时也是一个公益组织的老师（我和这个老师是在残联组织的活动中认识的）承接的政府购买服务项目，我受老师的邀请，帮他组织了培训，他很信任我，让我全权负责设计课程、邀请老师、订酒店，当时组织了四期培训，一共培训了100多人。我前几年组织了挺多的活动，自从成立了一个头马俱乐部①之后，我就没有太多精力组织活动了。

创办翼之声头马演讲俱乐部②。演讲给我带来的改变很大，我是通过演讲一遍遍讲述自己的经历和故事，逐渐突破内心障碍的。所以我觉得演讲对于残障人士来说，对于心理的解压是有很大帮助的，具有心理疗愈的作用。后来我就跟我的培训师同学商量，一起做一个培训。我参加了北京一加一③组织的"受残障影响女性演讲培训"，结束后我获得了800元的小

---

① 头马俱乐部：Toastmasters International（简称"头马"）是一个非营利性的国际演讲组织，1924年在美国创立，目前在全球141个国家有16400多家俱乐部、352000多名会员。该组织在全球500强企业内部风行。如今在中国有三个大区，东北、华北属于D88大区，截至2018年5月20日，D88大区拥有俱乐部135家、3000多名会员。——主编注

② 翼之声头马演讲俱乐部，是一家纯中文俱乐部，由健康人士与残障人士共同组建，意在打造一个共融共生、相互促进成长的平台，帮助更多的人获得自信，使他们能够在任何舞台上挥洒自如、侃侃而谈。——主编注

③ 一加一残障人公益集团，创办于2006年，致力于推动中国残障人才和机构的可持续发展。——主编注

额资助基金，可以用来做相关的活动，我就用这份基金组织了一次培训。培训后有 8 个残障女性结业，感觉培训对大家挺有帮助的。培训完之后，我们的那位培训师，是一个老的资深的"头马"，他建议我们组织一个俱乐部，征求大家的意见，大家觉得可以试一下。于是由我和培训师同学发起，一共联系了 20 个人，注册了这家俱乐部，即翼之声头马演讲俱乐部。

头马要求注册人数必须是 20 人，翼之声头马演讲俱乐部，2017 年 3 月成立，已经有两年多了。现在的会员人数比以前少一些，因为有很多人是帮忙注册的，注册之后有些人来不了就退了，经常参加活动的是 15 个人。

与头马伙伴共学共成长。俱乐部的会议是每半个月一次，主要互动，和其他的头马俱乐部一样，有备稿演讲、即兴演讲、点评，每次演讲内容是不一样的。点评是互相点评，有的人这次不参加备稿，就可以做点评。我们也会邀请一些资深的头马俱乐部的头马大咖来做演讲经验、技巧的免费分享。头马要求得比较严格，不能以头马的名义挣钱，因为它是一个非营利的组织，会费按头马的国际标准每人每月收 7.5 美元。以前也总有人问："你们这些残障伙伴的会费谁给你们拿？"我说我们自己承担。因为我期待每一个残障伙伴都能在这个平台上赢得尊重和接纳，而不是一味地接受施舍。

平等参与，共融共生。每一个头马俱乐部都是独立运营的，每个城市的头马俱乐部组成小区、中区、大区，每年都会有比赛，获胜的团队会层层晋级，参加峰会比赛，会员可以看到自己一步一步成长。我们每年都会有选手进入小区比赛，还有一次进入了中区比赛。我们的目标是，希望有一天，有残障的伙伴能坐着轮椅到大区的舞台上去比赛，让更多的人看到残障社群，看到我们的需求，展现我们的魅力。头马本身就是一个包容性比较强的群体，我们大连还有其他的头马俱乐部，经常会有一些其他头马俱乐部的伙伴给我们一些支持，做一些点评、指导，或者来联合会议，让大家一起做演讲，一起做点评。大连有一个 No. 1 俱乐部，是一个成立了 10 年的俱乐部，有一些很优秀的会员经常来我们俱乐部玩，给我们一些帮助，它是以英语为主的俱乐部，主要是由大型企业、外企中比较积极、正向的一些朋友组成的。最近这两年对我影响比较大的就是头马了，在组织运营的过程中，我不断地学习、反省自己，寻找更多的沟通方式，反复琢磨怎么样跟别人协作，让我自己不断地学习和提升。

成为志愿者，展示自己的价值。头马 D88 大区 2019 年的峰会于 2019 年 5 月中旬在大连举办。作为东道主，我们俱乐部的伙伴们第一次参与到了峰会的志愿者当中。在这之前，我曾经申请过其他城市峰会的志愿者，但被拒绝了，因为他们担心我坐轮椅不方便。而这次，大连本地的峰会筹备组很有魄力地接受了我们做志愿者。于是我们俱乐部共有八九位伙伴一起，提前一天请假到会场所在地香格里拉大酒店，帮着装伴手礼。仅用了大半天的时间，我们会同其他俱乐部的头马伙伴们，一起完成了 600 份伴手礼的分装工作，大大缩短了预计的工作时间，赢得了会务组的一致感谢。

"坐"到峰会的舞台上。头马峰会的第二天晚上，有一个聚会，提前我就计划好了，要带几位坐轮椅的伙伴到舞台上去，要借此机会让更多的人看到我们的存在。我做到了，当天晚上，包括我们俱乐部的会员，以及其他俱乐部临时决定要参加的头马伙伴们，有近 20 人参加了我们的节目，一起合唱了那首《祈祷》。我想，大家之所以愿意参加我们的表演，是因为他们愿意和我们在一起，愿意相信通过我们的努力，可以让我们自己，让这个社会环境变得更友善、更美好。

改变，在不知不觉中发生。在以往历届峰会的舞台上，从来没有出现过用于轮椅上下的坡道，而在这次峰会上，在我再三追问和提醒下，出现了一条非常完美的坡道。我不知道这是不是这个全球性的非营利组织在各国的峰会上第一次出现坡道，但我希望这不是唯一的一次。让更多不同身体状况的朋友，站在同一个平等的舞台上，这是我们最大的期待。

走进更大的世界。在本次峰会上，遇到了很多外地的头马伙伴，我总能听到他们对我说"我在北京的峰会上见过你们""我在济南的峰会上见过你们""我在哈尔滨的峰会上见过你们"。我总是笑着和他们说，"是的，我们几个坐轮椅的都去参加过"。而 2020 年，我会带大家去太原峰会，2021 年，我还会带他们去烟台峰会。只要有机会，我就会带着这几位轮椅伙伴去更多的城市，让更多的人看到我们。

演讲与疗愈、脱敏。我去做培训残障人士演讲，是希望大家通过演讲能够进行一些自我疗愈，打开心胸，放下残障带来的种种压力，能够通过演讲释放出来，看到外面阳光的世界，让更多健康的人看到我们残障朋友的存在。这两年的俱乐部演讲，让很多人看到了我们的存在，他们一开始也是小心翼翼地跟我们接触，不知道说什么话、做什么事，怕伤害到我们，接触久了觉得都一样啊，没什么不一样的，他们也就放下了心里的负担。有时候他们过来跟我们一起做演讲什么的，也会跟我们开开玩笑，打打闹闹，感觉很正常，没有那么多隔阂了。

六　改变自己，影响他人

刚开始为了工作而去学当培训师的时候，课堂上有一句至理名言给我挺大的触动——影响他人做积极性的改变。当我和当时的上司说，我要去做影响他人积极改变的事，当时他很意味深长地和我说："我们很难改变别人，但我们可以做一些影响他人的事。"这句话仿佛一下子给我敲醒了，从此之后，我更多地去关注自己的突破和成长，去努力活成自己想要的样子。渐渐地，身边的一些残障朋友也会受我影响，去为了自己的人生而努力。同时，我也会坚持做自己想做的事，无论这件事在他人眼里看来多么不理智，多么不现实。比如常常会有人觉得，我这几年积累了很多人脉，这些关系可以在一定程度上帮助我达到某些目的，比如挣钱，比如获得某些社会名气，但我从不利用。我从没有和他们解释过什么，因为对我来说，那都不是我想要的。踏踏实实地做人做事，才是我。钱，够我生活就可以，哪怕生活和工作辛苦一些也无所谓；房子，够住就行，有花花草草，有朋友和书籍陪伴，就是幸福。

两年前，我从市中心搬到了一个比较偏远的小城。当时许多人都反对，认为这里交通和生活都不方便。可是对我来说，心安处，即是故乡。我喜欢这里，安静而悠闲的生活环境，徒步可达的大海，小区里那些色彩缤纷的花花草草和邻居大叔大婶和蔼的笑容，还有那自由而清新的空气，都让我无比喜悦。之后，每来一位朋友，都会爱上这里。渐渐地，受我影响，父母也搬过来了，亲戚也搬过来了，几位好朋友也搬过来了。

而我这几年在外面坐着轮椅到处跑的过程中，也在带动无障碍的发展，很多我长时间停留的地方，都开始有了无障碍通道。越来越多的人对于轮椅人士的出现，不再像以前指指点点，而是自然而然地接受。

七　陪伴：我们一起变老

我不养宠物，因为没有时间和精力。每天除了工作、学习、陪伴父母之外，常常会和一些朋友在一起。

九儿和小懒猫。我们以前都在呼叫中心做过话务员，那是我们的第一份工作，在一个宿舍生活，有时在工作中还会存在竞争，也会有矛盾，所以当时关系也没那么好，辞职后没想到关系却越来越好了。她们也是残障人士，一个脑性麻痹，一个类似"瓷娃娃"。她们辞职后都找到了新的工作。九儿后来到吉林跟他人合作开了一个公司，在那里负责呼叫中心的运营，做了三四年，现在也比较厉害，属于商业界的一个人才，特别聪明。小懒猫在 2019 年春节后进了外企 IBM，做财务相关的单据录入工作。她们受我影响都搬到了我这个小城，平时工作，休息的时候就聚在一起做饭、聊天、看电影、逛街、K 歌，仿佛已经看到我们在一起慢慢变老的模样了。

朋友眼中的我。在她们的眼中我就是一个"妈妈"，会保护、照顾她们，跟妈妈一样天天催她们吃饭、穿衣服。她们年龄比我小挺多，在她们眼里，我是阿姨、妈妈那个辈分的人了，她们跟我也挺亲的。小懒猫是我们头马俱乐部的成员，九儿刚从吉林回来，也想加入我们的演讲俱乐部。

性格的改变。我这个人比较内向，我说我内向，我养的那两只"宠物"都笑了。因为我小时候很少能出来接触外界，基本上都是一个人在家里待着，有点自闭的倾向。刚开始出来工作的时候不太合群，让大家觉得我跟大家挺远的。后来被工作所迫，不得不逼迫自己去改变一些性格，跟大家打成一片，当自己踏出这一步的时候，就会觉得，其实大家跟自己一样，没有谁比谁更年轻、更开朗，只要自己心里的这一关过去就好了。我觉得跟大家在一起玩挺开心的，自己的性格也在一点一点改变。

八　和解：寻找内心的力量

通过"合木计划"①，我学会了探索内心，不断探寻情绪背后真正想要的东西，想清楚自己想要什么，尝试自我觉察，跟自己和解，寻找内心的力量。

情绪低谷和自我攻击。我走过很长一段时间的弯路，大概两年前，有一段时间，我陷于了低迷的状态，觉得自己各种不好，各种不自信，招人讨厌，有很多的自我攻击，整个人的情绪和状态都跌入了低谷。

内心深处的阴影。后来我参加了一个叫"合木计划"的公益培训，两年的时间，每个季度去一次广州或者其他城市，有几个老师，特别是行动研究、自我觉察这两个课程对我帮助挺大的，让我更多地往内看，其实还是自己怎么看待一些事情。我觉得，那段时间我对自己有很多否定，是因为过去很多年我都处在被父母从小到大给我灌输的一些观念的影响中，"你什么都不会做、什么都不行"，让我陷在一个很自卑的情绪状态中。后来出来工作之后，看起来多少培养了一些自信，但是还有很多不好的情绪压在内心深处，没有真正得到释放和改变。

与自己和解。在我情绪特别低落，完全没有自信的时候，"合木计划"的培训老师跟我说了一句话，对我启发特别大。她说，"在过去很多年中，你的确改变了很多，但在你内心深处积压的自我否定还是没有改变，你可以看看你内心积压的负面情绪，看看你内心真正的需求是什么，寻找一下来自内心的力量的东西"。在她的启发下，我不断地探索自己的内心，每次当我情绪陷入低谷的时候，我都会去追问情绪背后我真正想要的东西，我会自己去弥补缺失的那一部分。也觉得自己是个成年人了，应该自己为自己负责，更多地从自己身上寻找原因，去弥补自己曾经失去的一些东西。

---

① "合木计划"是广州市恭明社会组织发展中心（恭明中心）推出的落基于残障群体和残障议题的公益项目。其主旨在于推动人的生活处境的改善、不同人群的相互融合，以及不同的社会群体共同承担和共同参与社会问题解决。——主编注

九 传递：长大后我就成了你

Eric 先生带我打开了眼界，很久以后，我才理解到他的良苦用心，也尝试着沿着他走过的路，把这份能量传递给更多的残障小伙伴。

尝试新事物。我工作以来，对我影响特别大的是我第一份工作的上司 Eric 先生，他是台湾人，主要住在北京，有卡内基培训师的资质。自从接触过他之后，我就对台湾人有特别好的印象。他给我最大的帮助在于，让我不断挑战自己的能力，不断挑战新的事物，我现在做的很多事情，都体现了他带给我的影响。他做我上司的时候，经常会带我们出去看电影、吃饭、K 歌，带我们去教堂，那时候我们不太理解他为什么要做这些事情，觉得这些事情跟工作没什么关系呀。

外面的世界。但我后来也会经常组织残障朋友做这些事情的时候，我才明白他的用心，他是想让我们走出来看看外面更大的世界，让我们感受其他健全人的生活是什么样子的，让我们真正回归到大的社会环境里，而不是仅仅生活在残障人的小圈子、小环境里，眼界大开，心胸才变得更宽广，眼光才能投得更远一些。突然明白他的用心了，也开始沿着他的路去做，就像那首歌里唱的"长大后，我就成了你……"，真的是这样的。现在不管做什么事情，有什么样的改变，我都会跟他说，因为我走的每一步路都有他带给我的影响。

十 收获：让彼此看见，让改变发生

这几年，我带着伙伴们参加一些活动、组织头马演讲俱乐部，让坐着轮椅的残障伙伴们越来越多地出现在社会大众面前，不知不觉在改变着我们自己，也在改变着他人。

感同身受的《绿皮书》。这部电影我看了两遍，还想再看。电影里黑人钢琴家承受着白人世界的巨大压力，一遍遍地出现在公众面前，并不是为了炫耀他的钢琴技艺，而是为了让更多的人看到黑人的存在，让不同种族和肤色的人能融合在一起。这也是我这几年坚持做头马俱乐部的原因，我想让更多的残障伙伴有机会和健康人在同等的平台上分享、收获和成长，让更多的人看到我们，了解我们。

姐妹们，我想对你说。现在的生活是我一步步走过来的，是我自己选择的，我很满意。一切都是最好的安排，过去的种种经历都是帮助我走到今天的阶梯。

最幸福的是当下。我觉得我最高兴的应该就是现在，身边有朋友环绕，有自己的工作和生活。我觉得现在的生活是自己一步一步走过来的，我很满意现在的状态。

如果可以穿越到过去。其实我真的觉得，就像那句俗话说的，一切都是最好的安排，过去的种种经历，都是帮助我走到今天的阶梯，如果没有过去的种种经历，我也不可能成为今天的自己。所以我觉得不管快乐也好，悲伤也好，对我来说都是挺好的经历，都能让我从中学到很多。有过去那些经历，我才知道我是谁，我想要什么，我想成为什么样的人，这也的确是我内心真实的感受。以前我自己走过挺多的弯路，也摔过挺多的跤，每一次都摔得头破血流才爬起来，但是这个过程真的让我知道，自己真正想要什么。

勇敢追求想要的生活。我想告诉所有的残障姐妹，一定要想清楚自己想要什么，之后勇敢去做自己想要做的事情，去过自己想要的生活，不要想太多，因为人生这么短，很可能在想的过程中，就错失了很多东西。每个人都只有这一辈子，结束了就没有了，死了之后都不会再重来，为什么不勇敢去做自己想做的事情呢？对自己的人生负责就可以了。因为有的时候，其实我们可能都有过这样的经验，你想的越多，你恐惧的东西就越多，就越犹豫，就越不敢向前迈出那一步。所以不用想那么多，想做什么就去做！

脑瘫学生的求学之路

小　妖[*]

我是先天性的脑性麻痹人士，我从小学到大学一直就读于普通学校。在小学的时候我遭遇过校园欺凌，但父母认为所谓"勇敢"，就是被嘲笑也不同他们计较，并且在他们眼中，"哭诉"也是不太成熟的行为。不同老师的处理办法也让我心中五味杂陈。因为中考没有合理便利，我错过了理想的高中，但我通过自己的努力考上了心仪的大学，在大学生活中收获了不少的乐趣与成功。

一　我是一名脑性麻痹后遗症人士

我是一名脑性麻痹后遗症人士，残障对我身体的很多方面都产生了影响。求学阶段，我拥有过许多外号，而我最喜欢的一个外号，是大学时一位朋友送给我的——小妖，朋友说，每个小妖都要经历很多磨炼，才能应对各种挑战。我喜欢这个外号，它几乎是我求学期间的真实写照。

我的肢体情况。我的左手不太方便，连抓东西都有些困难，右手虽然也不太灵活，但是跟左手比起来就好多了。两脚都差不多，长距离行走会比较困难，站时间长了就会站不稳，站一两分钟如果没有东西扶或者没有东西靠就会摔倒。其他方面的影响不大，但也会有一些不方便。

斜视与弱视。我的眼睛是斜视加弱视，但是弱视的情况不是那么严

＊　小妖（化名），先天性脑瘫患者，编辑。

重，现在已经修正不了了，一只眼睛视力是比较差的，看视力表只能看到最大的那个 E，其余的会看不清，另外一只眼睛视力还好，可以看到4.7，但是两只眼睛的差别是非常大的，如果没有戴眼镜，空间感就会很差，前后是看不清的，对于方位也难以分辨。在校对文档的时候，经常会看漏错别字，阅读可能会看不清字，所以阅读会有点慢。看颜色也不太敏感，对相近的颜色辨别困难，如果有很多颜色混在一起，我就只能看到混乱的一片，而看不出里面有什么颜色了。

口腔运动障碍。我说话的时候吐字也不太流利，如果是自己去表达会感觉有点辛苦。有时候还会流口水，因为口腔运动不好，我没有办法控制口腔中的肌肉。长大后好了一些，但还是会流，尽管次数不是很多。因为说话的机会多，再加上一直训练，我现在说话比以前好了很多，但是一旦让我说很久，我后面的状态就会越来越差。

听觉障碍。我的听力也有一些问题，只有一个人说话的时候，我会听得很清楚，两三个人说话也还行，但是如果一群人同时说话，我就听不清了。比如说认识一个新朋友，他跟我交流，一开始的时候，我需要一段时间来适应对方的声音。因为一开始我去听别人的声音会感觉到不适应，然后我需要去慢慢调整，等到后来才会集中精力。如果那个人的音色是我比较熟悉的我就会适应很快；如果那个人的声音我不适应，少则十分钟多则一个小时我才能适应。上学的时候，如果有些老师讲话的语速、语调和音色会让我听不清，那我一个学期的时间都适应不了，这种情况也是存在的。

身体情况影响出行。身体的特殊状况对我生活的影响还是比较大的，目前对我最大的限制就是独立出行。现在如果是去坐高铁、坐飞机，高铁站、飞机场那些建筑的合理便利是没问题的，高铁的温馨服务和机场的特殊旅客服务为我的独立出行提供了便利。但是像一个人去坐地铁、坐公交，这些地方的无障碍对我来说还是有困难的。尤其我是个女性，在这种环境下家人往往会担心我出门时的安全问题，怕我遭遇到危险。所以总体来说，我独立出行是比较困难的。

二 开心的幼儿园生活

普通的幼儿园。我从小到大都是在普通学校上的学，包括幼儿园的时候。那个时候我还没有觉得自己是特殊的，幼儿园的老师对我也特别好，没有让我感觉到和其他人不同。可能是年纪小的缘故，尽管在幼儿园不时会跌倒，但也并没有感觉很痛。所以老师让我参加户外活动，做操的时候会把我放到最后一排，同学们做什么动作我就做什么动作。记得在幼儿园的时候，我比普通同学都大两岁，当时我的自尊心很强。

无法参加"六一"节目。有一年，"六一"时表演节目，我看全部小朋友都去排练了，只有我没去。当时我听觉有点混乱，我很奇怪自己为什么听不清。但是当时就很倔强，就希望自己那一次能上去表演，但是我又不敢和老师说。在这种倔强的驱使下，我就回去骗我妈妈，说"六一"儿童节会有一个表演，全班小朋友都参加，我也不例外。妈妈得知老师能给我这样一个残障儿童上台表演的机会很开心，也很感动，但是这个时候我是在说谎。第二天妈妈和老师说起这件事，还向老师表达了感谢，这个说谎的事实也就这样被老师知道了，不过老师听了以后也没有揭穿我，而是给了我尝试的机会。第二天排练的时候，我害羞地坐到一旁，她主动把我拉到讲台那里，让我站在排练的队列里看我能不能融入，但是因为听觉混乱摆在那里，我手眼协调也不好，反正是融入不了，没有办法按老师的要求完成那个表演。

老师让我去了啦啦队。后来老师发现我表演不了就找我谈心，说其实我很棒，但这次的表演可能难度有点大，同学们也需要啦啦队，问我要不要去现场给别的同学加油，要不我一个人多寂寞，问我做啦啦队员好不好。当时，我想着也没有其他更好的办法了，就勉强接受了老师让我去当啦啦队员的建议，但我还是很不甘心。第二天我和妈妈又说了想去表演的想法，妈妈又去找老师沟通了，老师又给了我尝试的机会，不过还是演奏乐器，又给我试了一下但还是不行，最后我只能无奈地接受当啦啦队员的结果了。"六一"那天，每个小朋友都化了妆，老师也给我化了妆。虽然我没有去表演，但我和其他所有的小朋友都是一样的。不过长大后想想，其实当时小朋友表演的是音乐剧，除了敲击乐器，没准还可以给我安排个其他的角色，这样我也许就能更好地参与了。不过回想起来，我还是很感激我的幼儿园老师，因为他们没有因为我的残障而排斥我。

不想再用调羹。 我一进幼儿园读大班的时候就 6 岁了，小朋友们拿着筷子去吃饭，但是我的手拿不了筷子，我中午都拿调羹吃饭。每天吃饭的时候我都先找老师去借调羹，老师从小班借调羹给我，这就让我很不舒服。同学们都拿筷子，我想要不要跟老师说我也拿筷子，老师好像也考虑过，就跟我妈说，要不然以后就把筷子给我。用筷子夹菜一开始肯定是很难夹的，我每天就拼命夹，用 60 分钟吃完饭，可能有一刻钟从头到尾都是在夹一个东西，因为我夹不紧，只能随便扒几口饭，根本吃不饱。老师问我"吃饱了吗？还想不想吃饭？"我说"吃饱了"，然后就把剩下的饭倒掉，老师也没有揭穿我。

练习使用筷子。 老师在放学时和我妈妈说："她可能在学校没有吃饱，因为一直在尝试使用筷子，好像很不习惯。"然后我妈就配合老师，在家里买了小筷子。我妈原来觉得我用不了筷子，只能用调羹，毕竟我的手是这个样子。有了小筷子，我在家里也一直练习，后来我就开始用筷子吃饭了。但是用筷子会夹得整个桌子都是饭，就是吃不好，但是老师也不会批评我，从来不会说什么，不管是不是干净。后来到小学的时候我就慢慢学会用筷子吃饭了，当时没觉得什么，但是回想起就觉得很感动。

对妈妈撒谎。 还有一位老师教我画画，我画画时因为手画不好，老师就每天握着我的手去画。有一天我突然画了个花瓶，那个花瓶的线条都不是很好，但我还是拿给老师去看了，老师看了后激动得跳了起来，比我还开心。那时候经常我会因为写字去撒一点儿谎，本来我是做不到的，却骗我妈说我在幼儿园里做到了。我妈就去问老师然后发现我说谎，妈妈就很生气，就和老师一起教育我。

我没有不同。 小时候幼儿园经常会进行趣味体育游戏，看着同学们玩，我也很想尝试，有一次老师就在活动时小心翼翼地扶着我，让我走上运动器材，完成游戏。虽然完成游戏的速度要比其他同学慢很多，但是在我心目中，我就是和其他同学一样"闯关"成功了。就是这样，老师一直帮助我，所以我在上小学之前一直都不觉得自己有多特别。

三　小学的乐与忧

成绩不错的小学生活。 小时候父母没有考虑过让我去特殊学校学习，毕竟我能去的特殊学校都是启智学校①，我的智力又没有问题，所以小学的时候就在普校上了。我在普校上小学的时候，学习成绩还算可以。但是因为我的手部控制能力很差，所以我写字就非常慢。在小学的时候我写完全部作业基本上要到晚上九点钟左右，虽然比别的小朋友慢了一些，但是作业整体的量还是比较少的，所以在睡觉之前还可以写完。小学的时候其实是我残障程度最重的时候，但那时候父母就是想让我开心，我也并没有什么烦恼，就只是想把学习成绩弄上去。

班主任的善良教导。 我小学时换过三个班主任，第一个班主任是从一年级带到四年级的。在一、二、三年级的时候我和同学们的关系都特别好，那时候会流口水，同学们都躲着我，自己也不敢把这个小秘密说出去。我知道大家都是在躲着我，而且老师也是知道的。有一次在班会课，老师说了我的名字，还说："我知道她的作业本上有很多的口水，但这只是她的一个特点，你们的作业上都有我的批改你们不也是很喜欢我吗？没有什么影响的，而且她自己也会擦干净。"虽然那次班会之后，在同学那里也没有很大的效果，但明显我的心情放松了，而且和我做朋友的那些同学也更放松了。但欺负我的同学，并没有因为这两句话有所改变。

不同老师不同做法。 后来我们又换了个班主任，那个班主任针对这个事情就骂同学。老师说："就算她流口水，但是她也会弄得很干净的，你们摸别的感觉脏，但是你们要不要摸啊？"当时还是小孩就想不到什么，现在回想起来会觉得很不舒服，因为老师的话让我觉得，流口水就是我身上不可见人的缺点，是一种"不正常"。

家人陪同的春游。 在小学一二年级的时候，因为我走路不好，所以春

---

① 启智学校（School for the Mental Handicapped），是为有智力障碍的儿童、青少年进行学习的地方，是为智障儿童、青少年实施特殊教育的机构。——主编注

游基本上都是我爸妈陪着我去，或者是我伯伯、阿姨陪着我去。到了三年级的时候，老师们觉得我已经具备了独自去春游的条件，也同意不再让我家人陪同，但是我自己害怕走得慢、干扰同学们，老师就鼓励我和同学们多接触，让我和班长一组，鼓励同学们帮助我，有的老师还会选择把我带在身边照顾。

流口水被同学欺负。因为有的时候我会流口水，同学们就说有我病菌，碰到就会腐烂。生物课经常会讲到生物腐烂啊、分解啊这些，只要老师一讲到腐烂，全班同学就会在那里不怀好意地笑。上课的时候就经常会遇到这种情况，有时我还会被扔粉笔头。也是因为流口水的事儿，大家就喜欢把别人往我身上推。有一天，有两个同学打闹，一个同学把另一个同学往我身上推。看到这样的情况我肯定会不开心啊，我也反抗，但是我反抗的时候会控制不住我的动作，身体可能没有办法保持平衡。这时候有一个同学撞到了我身上，我就摔倒撞墙了，头被撞破了。

老师追责起隔阂。老师当时问我"是谁撞的"，但是当时的情况对我来说我属于受害者，老师用这种方式追问我，不管我指哪个同学都不好，因为确实发生了恶作剧。在老师反复不断地追问到底是谁的情况下，我无意识地随手指向了那个男同学，然后老师就开始骂那个男同学，骂得很惨。后来老师也没有去引导我该怎么看待流口水这件事情，只是让那个男同学买那时最贵的牛奶赔给我。那个时候老师说的话我记得很清楚，老师就是说因为我脑细胞受损，肯定比正常人要脆弱，撞上我就是摊上大事了。当时我也不会讲什么，但是长大后再想起来就是很不舒服。

老师应该引导同学。那个老师也没有探清人家撞我的动机是什么，可能是因为我流口水他们感觉很害怕。那时候大家都八九岁，就是闹恶作剧而已，撞到人之后过一天两天也就没事了。其实老师可以通过这件事，更好地引导同学们，小小地惩罚一下犯错误的同学就够了。现在想起来之前的事，因为我这边也在做残障方面的工作，谈到融合教育方面我就觉得老师没有尊重差异的理念，既没有尊重我的差异，也没有弄清同学们做这件事背后的原因是什么。我对这些事情其实也有一点自己的看法，因为经历了那么多的融合教育以后，我感觉学生的行为跟老师的引导是有很大关系的。如果老师可以很好地引导学生想这些问题的话，我和其他同学的关系可能会好很多，我当时也不会感到特别不舒服了。但是那时候，老师也没有这些相关的理念和知识。

校园欺凌无处可诉。其实我长大之后就很敏感了，对同学的很多嘲笑都很在意。我的班主任还比较好，会发现一些异样，其实任课老师也会发现一些异样，老师发现了这些就会来问我，但是我又不敢对着老师讲出来，害怕告诉老师之后，老师会跟我的父母沟通。因为父母一直教育我要坚强，觉得在意他人的嘲笑是很幼稚的行为，这样的看法，给了我一种无形的压力，让我觉得被嘲笑后，跟父母或者老师倾诉，是一件丢脸的事情，所以那段时间真的是很煎熬的，我忍着不敢说，没有发泄的地方。2018 年，有个电影叫《奇迹男孩》①，看完后我就跟我妈说，很羡慕那个奇迹男孩在学校受委屈回家可以放声哭出来。我觉得我的境遇就和他差不多，全班同学都躲着我。

四 初中学习遇困难

家人为我上学的付出。爸爸、妈妈和弟弟都为我上学付出了很多。我初一的时候，弟弟正好读一年级，我家附近就有一所中学，走路就可以到，这样我上学也方便，弟弟上学也方便。但是我通过电脑派位，得到了去更好的中学上学的机会，那所中学对于普通人来说并不远，但对于肢体障碍的我来说就很远。如果不搬家，那么我家楼下就是弟弟的学校，但是搬家了，弟弟离学校就有三站的距离，可能这个距离在外人看来并不是很远，但我和父母心里都很内疚，觉得忽略、亏欠了弟弟。但是爸妈还是竭尽全力地想给我提供一个好的学习环境。

学习压力变大。到了初中的时候，虽然科目变多了，作业的量也大了，但是我那时写字已经稍微快一点了，所以作业基本上也是可以写完的，只是会写到比较晚，大约晚上 11 点钟的样子。上初中时，因为班主任是数学老师，所以我的数学进步很大。只要我不会老师就教，反复教，在

---

① 《奇迹男孩》讲述了一位有面部缺陷的小男孩如何进入普通学校，并充满自信、积极面对生活的励志故事。——主编注

那个时候也没有学特教或者融合教育什么的，老师也是把我当成普通的学生一样对待，要求也很严格。但是理科因为空间思维差就很难学，我看不清再加上想象不出来，所以一些科目学起来就很困难。当时物理老师竭尽全力地想帮我，但因为不理解我的一些身体特点，而让我觉得很无助，我对物理学科也不太感兴趣，当时的物理就很拉我的后腿。

考试中的贴心安排。初中三年，我遇到了一个很好的年级组长（简称"级长"）。她虽然没带过我的课，却一直在关注我的成长。我那时学习比较刻苦，加上残障的身体，级长经常把我当作励志榜样教育其他同学。虽然每次我都能体会到级长的用心，但也特别害怕，"励志榜样"的光环让我更加受到同学们的嫉妒与排斥。虽然级长把我当成"励志榜样"的做法让我感觉很不自在，但她初中三年对我的教导让我十分感激，更让我感动的是，她总能贴心地注意到我的一些非常细节的需要，并且会寻找恰当的方式"不留痕迹"地帮助我。比如说初三有很多考试，考试的考场是按名次来排座位的，我们年级有十个班，第一名就坐一班，最后一名就坐十班这样子排。然后我每次考试就排在300多名那种，应该排到八班。八班在教学楼四楼，我要走楼梯上去是比较困难的，但是级长每次在考试的时候都让我在一班，我觉得这个安排还是很细心的。

与老师一起的春游经历。那个级长每次春游都会带上我，还有我的初中班主任也会带我。因为我初中的同学们去春游都喜欢自己玩，老师为了其他同学能够玩得尽兴就亲自带着我玩，所以我初中春游一直是跟着老师。也不是同学们不和我一起走，而是我走得比较慢而且不能和他们玩所有的项目，所以老师就陪着我慢慢走。中学的我，还常常想起小学一二年级时被父母陪同春游的那些时光，感觉跟着老师们一起玩自然、舒服了很多，因为不会觉得自己有那么特殊。

康复占据时间。初中时一直就是把上学的时间也用在康复上，小学之后因为我自己对学习也没有一个很清晰的认识，就是家里人跟我说以后能照顾好自己就好了。所以小学就是比较听话，做完作业就去康复这样子。其实小学作业相对比较少，做完作业如果不像其他同学一样出去玩，还可以把时间安排得过来。但是到了初中以后，一下子科目变多了，初中升高中就要考试了，所以学习压力比较大，当时自己就是想找个康复机构多学习，但是家里人就决定让我每天在家坚持康复训练。

与父母的矛盾。 当时家里人的理由是，普通同学也是要锻炼，只不过我的锻炼是以康复为主。但是我觉得自己写字比较慢，用普通同学的时间就是写不完作业，然后我就觉得康复不用占那么多时间，每天半个小时就可以了，但是我的家人就觉得康复每天至少要 1～2 个小时，然后就引起了矛盾，父母对我的要求就没有那么高了。

萌生去特殊学校的念头。 其实我在初一的时候，有一次就萌生了要去特殊学校念书的念头。当时家里人一直告诉我说以后能照顾好自己就好，把我能够稳稳地走路当成了一件大事。有一次我在做理疗，做理疗的那个老师就告诉我，说那里有个学生，身体情况跟我差不多，他每天都在努力地锻炼，现在他走路都已经接近普通人了。然后我就跟我妈妈提出，要去特殊学校上学，这样方便做康复训练，我妈觉得特殊学校可能不适合。当初在普校里，因为有关系很好的同学，还有班主任，也舍不得他们，所以这种去特殊学校的想法想了几天之后就没有再想了，因为在普校里读得还行。现在想想，幸好当时没有去特殊学校而是在普校读书，如果去了启智学校，他们不会按照普校的教材教的，只是特殊学校康复会做得好一点。现在还好，我也是在普校一读到底。

普通学校和特殊学校的选择。 其实有时候也会想去特殊学校，但是一去了解情况之后还是不想去了。现在我已经在普通学校，一直读到大学毕业，并且进入了职场。回忆起求学路上，对于就读普校还是就读特校的选择，感觉其实我自己并不会特别排斥或者特别认同某一方，只是我需要得到更多个性化的支持，我只是想尽量寻找一个适合自己发展的学习环境罢了。在我心里，有个美好的愿望——有一天，所有不同特点的孩子，都能在融合环境中快乐地学习和成长。

父母照顾弟弟。 小学的时候感觉父母还会对我有所期待，因为我还有个弟弟，和我相差 8 岁，我晚了两年上学，和弟弟相差了 6 年的学龄。我上学有很多障碍嘛，所以我爸妈就把他们的精力都放在了我身上。所以小学的时候父母就比较配合老师，虽然我学习不算太好，但也能跟上普通同学。但是我上初中以后，我的弟弟上了小学一年级，刚刚上学也是比较调皮，又加上爸妈比较关注我，所以没有教弟弟学习，也没有盯着他什么的。我弟他上学跟不上，爸妈就被老师叫去谈话了，就说孩子成绩非常不理想。爸妈回家后就把我和我弟叫到跟前，说以后我的学习他们也没办法管了，因为要去管弟弟。这些话说完了以后父母就没怎么去管我的学习了，就只靠我自己了。后来弟弟要上高中了，看到父母经常过问弟弟的学业，我的心里还是会隐隐有"嫉妒"的感觉，但我从心底里知道，其实父母花在我学业上的精力要比花在我弟弟身上的精力多得多，只是因为在我想学习的时候，在乎成绩的时候，父母却经常和我强调"你将来照顾好自己才是最重要的"，这让我很心酸。也许对于当时的我来说，父母过问成绩，是对我最好的肯定，因为这可能代表了父母觉得即使我有残障，但通过努力将来也能和其他同学一样，走自己想走的路，过得很好。

学习遇到困难。其实初中的科目对我来说不是很简单，有很多的科目就比如说地理，要看地图，这个对我真是太困难了，还有生物解剖图啊这些，我眼睛看不清，经常需要别人的帮忙。在小学还有我的父母帮助，上了初中他们突然就不管这些了，其实我当时就有点不适应了。还好初中时的老师都比较不错，遇到什么障碍他们都会尽力单独教我，如果还不会就没有办法了。

中考没有合理便利。中考的时候，考试没有因为我写字的速度慢而给我延时，结果我没有写完那个中考的卷子。成绩出来的时候，我的老师也说，这个分数和我真正的水平，就是如果可以因为我的残障而提供合理便利的情况下，是差很多的。因为后面的很多题我都是可以做出来的，但是因为我手的这个情况，我是真的无法写完卷子。所以中考的时候，我差了1分，就没有考上我心仪的高中。

五　普通学校还是特殊学校？

被特殊学校拒绝。我初中升高中的时候，还穿插了一个是选择特殊学校还是普通学校的故事。其实去特殊学校人家也不一定能要我。因为我初中升高中的时候，我妈想让我去技校，让我去那种特殊的职业技术学校，当残疾学生，循环这种情况。高中的老师就是问了一下我的情况，我妈说是脑瘫，老师跟我妈妈说，"脑瘫的孩子有多重障碍，就业的过程中比聋哑的孩子、单纯肢体残疾的孩子和视障的孩子都困难。脑瘫的孩子什么都不好做，我们不想收"。其实这件事对我来说，打击还是蛮大的。

重回普通学校。当初我妈从学校回来的时候，还不想告诉我是这么回事。但是我很聪明，我去翻了我妈的邮箱，翻到了我妈给社工发的一封邮件，就是讲了这件事，说不知道我以后的路应该怎么走。后来我就想，那个技校不要我，那我就去读高中呗。反正我自己也是想着要读高中，那就去普通学校好了。其实当初初中毕业的时候我妈蛮想送我去特殊学校的，因为当时我家附近没有什么职业技术学校，我妈就想到如果我要去职业技术学校是不是要住宿，如果要住宿，普通学校的环境是不是能够适合我。一想普通的学校应该是不行所以就给我去找了特殊学校，没想到去了特殊学校咨询又被人家给拒绝了。然后就这样了，所以初中毕业就考高中，我就又回到普通学校了。

六　高中学习同样辛苦

放弃考上的学校。我心仪的是一所重点高中，而且最重要的是离我家很近，所以一直想上那所高中，也一直为它奋斗。但是最终我考上的那个高中实在是离我家特别远，我又没有办法每天来回跑，最后就放弃了那所学校。然后父母想方设法让我上了我家门口的那所高中。

交不齐作业的生活。高中的时候，科目变得更多了，到了后面我就真的有点儿跟不上进度了。因为我的阅读速度没有那么快，还有我回家写作业基本上是写不完的。我妈妈也去学校跟老师说我这个情况了，所以有时我不交作业老师也会体谅我，不说什么。因为我如果一直熬夜写作业会很辛苦，而且我的身体本来就没有那么好。我妈妈就不希望我再那么刻苦地学习了，她还是更关心我的身体状况。因为上了高中之后连原来康复的时间也被我缩短了，顶多每天晚上康复半个小时。高二的时候，由于缺少锻炼，在一次复查中康复治疗师告知我，我的身体机能开始快速退化了，如果不加强锻炼，我能走路的时间就不会太长。从那以后，不再用父母监督，我开始每天主动锻炼两小时，而且课间在走廊里也会做力所能及的康复训练。

不想听话，想学习。 但我还是很想学习的，虽然我的作业基本上都不能每天完成，可我妈妈希望我可以多休息，到时间了就让我去睡觉。但是我有的时候会偷偷地开灯把老师留的作业写了，写完了第二天我还不敢交给老师，因为如果被发现我写得太多了，老师告诉我妈，也会让我妈担心的。但是我还是想写，写完了第二天上课的时候就直接听老师讲，也不交作业。其实如果老师不收你的作业，有的时候是很容易偷懒的。比如今天累了，不想写了有的时候就不写了，因为转天老师也不会说，我觉得这个因素也有些降低了我学习的积极性。

考上心仪的大学。 高考的时候，我就成功地申请下来了合理便利，所以高考的时候就专门为我延时了，最后我就考上了心仪的大学。我上的这所大学离我家一个多小时车程，是住宿生，每个星期回家一次，由爸爸负责接送。

七 无比精彩的大学

选择了社工专业。 考上了大学在挑选专业的时候我发现其实大学里的专业都是和残障无关的。最后我选了社区管理与服务，就是社工专业，是因为我觉得这个专业比较好就业，因为我身边就一直有一个负责我的社工姐姐。大学里专业课学的都是一些活动的策划、开展倡导有关的知识，后来我发现我对它也不太感兴趣。

校园活动收获乐趣。 但是大学生活我觉得还是很充实、很精彩的，因为我比较喜欢写作，我就去参加了社团，成了一名校报记者。当时我去的是记者团的采访部，后来还当上了这个采访部的副部长，在这个社团里面我交了特别多的好朋友，我们经常一起在学校里到处跑，还挺开心的。而且在大学里，我还在网上写歌填词，写了一首有关我们学校的，然后那首歌在网上获得了 8000 多次点击率。

一直更换的室友。 到了大学的时候我生活就好很多了，跟同学们的关系都还可以，和室友的关系也不错，我的好朋友基本上都是班里和我一起参加省赛的几个人，还有社团里的伙伴，我们关系特别好。学校因为我的情况把宿舍稍微改造了一下，我们学校是学生每年都要换一次宿舍的，但是我就一直住在那个宿舍，没有跟同学们一起搬，后来宿舍里的人就不是我的同班同学了，我就和学妹住在一起。三年里我的室友换了三次。

生活习惯有所不同。因为我的动作比别人慢，所以我每天早上都会起得比别人早。我尽量让自己不发出声音，可是由于我控制不好我的肌肉，有时候还是会碰到一些东西发出声音，然后宿舍里有的同学就会不太高兴，而且她们都睡得比较晚，但我的身体不太好所以不能那么晚睡。我每天晚上想睡觉的时候她们都还没有睡，那我也没有办法，睡不着只能等她们要睡了我再睡。我白天除了上课就比较喜欢待在图书馆，不是每天都在宿舍里面待着，所以说我跟她们的沟通可能也没有那么多吧。而且因为我是在本地读的大学，我周末的时候都会回家，有时她们有些活动之类的我就参加不了了。但是我从家里要是带了什么东西来学校，也是会和大家一起分享的，虽然我们没有特别的亲近，但是也没有发生过她们欺负我之类的事情，大家就是普通同学。

室友的热心帮助。虽然我早上吵醒室友她们有时会不太开心，但是我记得我有一次早上起床的时候流鼻血了，当时我特别害怕，我就摇醒了一个跟我关系还不错的室友，她醒了之后看见我流鼻血了就把整个宿舍的人都喊醒了。我还怕大家早上被叫醒会不开心，但是她们都马上起来帮我冲水、拿纸巾，一点怨言也没有。当时我还是挺感动的，就是我有什么需要帮助的大家也会马上来帮助我，被吵醒也没有不高兴或埋怨我。

八 参加省赛争取荣誉

大学的时候我跟几个同学还代表我们学校参加了一次省赛，最终拿了三等奖。那次省赛我和队友一起完成了比赛中的案例展示环节，结果表演效果特别好，我们都还挺开心拿到三等奖的，也算是我们争取来的一个荣誉吧。

团体赛没有延时。在大学里考试的时候，因为我手写字不好，所以老师会给我延时。当时省赛有很多个比赛，在选拔赛的时候因为是团体赛所以是不可以延时的。因为比的是团体合作，所以我这个障碍需要团队里的其他人帮我一起克服。

残障同学去比赛。然后老师觉得我有那么多的不方便，如果选我去可能也取得不了很好的成绩，老师也犹豫了很久到底要不要选我去，最后跟我说，每一个通过自己努力拿到省赛资格的人都值得被尊重。后来就更惨，备考的时候工作量很大，我身体最差的时候会手脚抽筋。在印象中这个机会也不容易，我也不想放弃。我们团队同学也有考虑团队里有一个这样障碍的同学还能不能赢。但是我的老师一直在告诉我，你靠着自己的努力在选拔赛中获得了第一名，所以不用担心你和其他同学是不一样的。

包下一辆面包车。因为这是省赛，是要去另外一个市参加比赛的，去比赛的时候同学们都是坐高铁去的，因为高铁的成本低，但是因为团队里面有我，所以学校专门开了一辆面包车带我们去，真的是特别感谢老师。因为感觉我没有什么不同，包括我们通讯社记者团的老师，学校里的记者都需要跑，但是我的老师从来没有怀疑我能不能做到，一直都是帮助我、支持我去完成任务。老师说校园记者的大无畏精神最让人敬佩。

九　融合教育教师先行

根据我这些年上学的经验和感受来说，我觉得老师的观念在融合教育中有非常重要的影响。尤其是学生还都是小孩子不懂事的时候，遇到学生的不同之处老师应该如何去和同学们解释，对待校园欺凌的现象老师应该如何去疏导沟通，还有老师是不是可以帮助班中与众不同的学生去接纳自己，为他们建立起自信，这对这些同学还有班上的普通同学都会产生深远的影响。

轮椅下的美国留学路

Mywa[*]

大二的时候我出了一场车祸，从此再也无法站立。由于身体的残障，我被退学，我又用了 7 年的时间拿到大学文凭。但我希望可以继续完成我的学业，我又先后在国内外攻读了两个硕士学位。在我国，融合教育还有很长的路要走。

一　20 岁时的事故

在 20 岁的时候，那时我还在上大二，发生了一次车祸。这场车祸带走了我的母亲，也给我带来了脊髓损伤①。后来就是我父亲一个人照顾我，非常辛苦。

无法站立。车祸造成了我脊髓损伤，当时我受伤以后基本上就是躺在床上起不来的状态，后来才能坐起来，才慢慢用轮椅。所以我刚受伤的那些日子一直都住在医院，后来又在医院做了很长时间的康复。那段时间所有的事都是家里人去办的，我也没有办法出去。

---

[*]　Mywa（化名），脊髓损伤患者，教育工作者、译员。
①　脊髓损伤，是脊柱损伤最严重的并发症，往往导致损伤节段以下肢体严重的功能障碍。——主编注

二　大学毕业用了九年

我本科的故事还是挺长的，本科学位拿的是英语语言文学。当时我受伤的时候是在大二的暑假，差不多也是 20 年前了。我拿到的第一个学历是在我受伤的 7 年之后，但是这 7 年我也不是只花在这一个学校里面，就是因为在各种制度上没有什么支持吧。

被迫退学。我受伤之后，我上的大学说我最多可以休学两年，休学两年以后如果我不能站起来，那就不符合高考体检标准，那我就不能回来上课了。那么就是说休满两年之后就要退学了，因为脊髓损伤是没办法再站起来的，站起来走路的可能性非常小，所以后来我就退学了。

家人奔波。当初我受伤后一直住在医院里，我从受伤到退学，基本上不是我自己去学校办这些事情的。因为我那时是不可能长途旅行的，六七年以后我才有了一次长途旅行。然后在很长一段时间内都没有进行过长途旅行，飞机和火车那个时候我都没有办法上去。

无法转学。我受伤期间很多事情都是家里的人去联系的，大概听家里人说的一个情况就是当时连高教司，就是教育部高教司都联系到了，就是希望能够通过转学让我完成学业。因为我家里的情况是没有人照顾我的，我家里人都在老家重庆，但是我读的学校在北京。家里人觉得如果没有人照顾我，我回北京完成学业会有一定的困难，所以就想让我转学到本地的大学。我当时读的是重点大学，也是 211（大学）。然后我想在本地的大学里，找一所一般的本科就好了，但是高教司说不行，他们说所有的大学都是通过高考统一录取的，不让我这样子转学。

打开一扇门。其实我是在 2002 年退学的，我在 2002 年春季就进入网络学院了。因为当时我就读的大学休学只让休两年，所以我在 2002 年的秋季退了学。因为当时刚好碰到一个很好的老师，他鼓励我说，"你去不了学校的话也可以通过网络来学习"，所以我就选择了网络学院。其实我受伤以后在康复中心住了很久，但是我一直想着回去把学业赶紧完成，所以我当时还挺心急的，就觉得先读着再说吧。

网络学院。我当时上的大学没有开网络学院，还没有发展网络教育。国内最先一批发展网络教育的是北京外国语大学，因为我当时读的专业也是跟英语相关的，所以后来就报的北外的网络学院，在那里完成了第一个学位。

当时其实有两个方向，一个是教育，另一个是商务。因为我最开始学的是外经贸，外经贸的话主要是商务，包括金融和市场营销两方面，所以在北外选方向的时候我还是选择了商业方面的 Business English① 专业。

政策突变。当时网络教育也是刚刚兴起，然后政策也一直在变。网络教育也是有春季学期和秋季学期，我本来 2005 年初就应该毕业，但是当时的政策突然变了，所以我 2007 年的时候才拿到毕业证。

三　考研有难事

对网络学院产生怀疑。在网络学院刚开始的时候读得还蛮愉快的，但是一直觉得在网络学院学习跟同学之间的交流很少，学习比较孤单，这也是网络学院的一个特点。另外，也是因为一个文件，我推迟了两年才拿到那个学位，于是我就对网络学院产生了一些怀疑，但是我当时还是想拿到一个在校的全日制的学位，所以当时我就又考了本地一个学校的研究生。

高翻专业。我当时报的专业是高翻专业，当时为什么报这个专业呢，是因为我当时对于翻译的理解是去应用。理论的话我觉得学再多是没有多大用处的，所以我当时就报的 MTI（翻译硕士专业学位），就是翻译系的研究生。而且高翻只需要读两年，翻译理论的话，第一个是我对它不感兴趣，第二个是它要读三年，我觉得时间太长了，家里人照顾我的话也比较辛苦。

考试顺利。考研时我找到了考务部门，然后考试地点是在一楼，我跟他们协调了一下想换个桌子，因为如果是用轮椅的话，那些固定的课桌就进不去，然后他们帮忙把我换到了最后一排，这样子轮椅就能够进去了。

---

① Business English，商务英语课程，以适应职场生活的语言要求为目的，内容涉及商务活动的方方面面。——主编注

面试被质疑。高级翻译学的话，一个是笔译，一个是口译。口译的话又有交替传译和同声传译。然后当时面试的时候，翻译系的系主任就觉得我坐着轮椅是进不去同声传译的那个"小箱子"①的。我们行内的人一般都把那个同声传译室叫作"小箱子"，就是坐在里面一边听主讲人发言，一边把自己的翻译通过小箱子里的各种设备传出去。因为他觉得我坐着轮椅是进不去那个小箱子的，然后就不同意我学这个专业。当时好像一共是五个老师打分，他就是不同意。这个也是我的导师后来告诉我的，因为我的导师也是那五个评委里的一个。但是我的导师就是帮我争取说，"就算她进不去同传的箱子，高翻里也包括了笔译和交替传译，所以这也没有什么啊"。但是那个系主任也不是说不要我，他希望我转专业转到翻译理论专业，翻译理论是我当时很不想学的一个专业，当时我就想学高级翻译，而且高翻专业一年只收15个人。然后专业成绩公布的时候，其实面试和笔试的分数我都是排在前三的，但是那个系主任就是因为我这个身体条件不想让我学高翻，因为他觉得我进不去那个同传的小箱子。

终于入学。后来也是通过朋友的关系，因为有朋友在报社，然后他就帮忙报道了这个事情，这是一方面，另一方面也是通过父母的一些社会关系，去找了当时在英国和澳大利亚都留学很久的一位老师。那个老师当时说这个没有问题，他说只要我的专业成绩没有问题，他们不会以其他任何理由拒收我的。所以当时我觉得一方面是通过媒体的力量吧，另一方面就是通过这样的一个关系，然后刚好碰到这样一位比较有意识的老师。所以虽然算是有波折，但是最后还是顺利地入学了。

四　山城的研究生

景区的学校。因为那个学校是在重庆，重庆特别陡的那种坡很多，然后刚好我考的那个学校就是在一个小山坡上面，山坡底下是教室，山坡上

---

① 在会议进行的时候，同声传译员会坐在隔音的狭小房间（俗称"小箱子"）内，使用专业的设备，将其从耳机中听到的内容同步口译为目标语言，并通过话筒输出。——主编注

就是宿舍。如果想进宿舍的话，全部都是楼梯。而且那边有个景点，我们学校还在风景区的旁边，那个景点叫八百梯。如果要进宿舍的话，基本上都是要走那个八百梯的，所以我是没有可能进到学生宿舍的。

搬家到校门口。当时自己是花钱，在山底下的学校旁边租的房子。当时家里人是跟我一起去住的，那个时候我独立生活的能力还比较有限，我爸爸当时就搬到学校门口来照顾我了。

友爱的同学。我跟同学们的关系也蛮好的，所有的同学都很帮忙。而且刚好学校研究生上课的那两栋楼基本上都是有电梯的，如果哪栋楼前面有楼梯的话，同学们都会来帮忙。如果在教室里面的话，同学们一般都会帮我把轮椅的位置留出来，感觉同学们都挺帮忙的，因为我们班上的人本来也不多，就只有 12 个同学。

学校的无障碍设施。学校除了有电梯之外，其他的无障碍设施其实基本上没有，楼前基本上没有坡道，而且厕所里也没有马桶。好一点的地方就是学校的厕所门比较大，坐轮椅的人也能进去，因为好多地方厕所的门都特别窄，然后轮椅都没办法进去。

自己动手，丰衣足食。后来我在我经常去的那个教室旁边的卫生间放了一个那种老年人在家里只有蹲便的情况下用的那种像轮椅一样的临时坐便器，跟保洁阿姨也打了个招呼，然后就没什么太多问题了。到了研究生那个阶段，感觉同学们的态度都还比较支持，对我还挺好的。

反对我读高翻专业的老师。很有意思的是，我是我们学校里唯一的一个残疾人，在我毕业典礼的时候，当初那个反对我进入高翻专业学习非要把我弄去翻译理论学习的老师，其实我也上过他的翻译理论的课，因为我们必须要修他的课，后来我和那个老师的关系还挺好的。在毕业的时候，他说他一直不太相信我能够完成学业，完成高翻的那些课程。但是我完成得很好，就是通过自己，可以让别人对残障的观念有一种无形的改变。我相信那个老师以后再碰到这种情况的时候，可能他不会再做出以前的那种举动了。

不是不人道，而是不知道。后来我又跟那个老师聊天，发现其实他的出发点不是别的，而是担心我完成不了学业，万一完成不了学业的话，怕我被耽误了，所以他觉得翻译理论专业更适合我，他就完全没有站在残障者自己的角度来考虑问题。后来找工作，那个老师还帮我写了推荐信，包括我在他的那门课上面也是拿了全班最高分。所以我觉得有句话很有道理：不是不人道，而是不知道。

五　美国留学的惊喜之旅

出国是件遥远的事。受伤以后，我当时觉得从重庆到北京重新去读书都不太可能了，那是一件非常遥远的事情，所以关于出国读书在受伤以后我就基本上没有想过。

偶然的奖学金。去国外读研究生其实是很偶然的一个机会。因为我研究生毕业以后在一个驻外机构工作过一段时间，那时候刚好之前的一个同事转给了我一个小广告，他看到了广告里面的残障（Disability），我看到的却是教育（Education）。这是一个奖学金的项目，就是残障人士教育项目（Education for the Persons with Disability），是个关于残障人士教育的一个奖学金。我当时也没有想太多，直接就申请了，但是没有想到真的能够申请下来。因为申请这个奖学金还需要托福成绩，要求托福成绩在 1 月就要拿到，因为还有一个奖学金的审核过程。但是我 3 月才拿到成绩，就是因为之前都没有办法报考，不知道哪个考场是坐轮椅可以去的，所以中间协调这个事情耽误了特别多的时间。当时中国好像只申请下来了一个或者两个人。在法律方面，奖学金批下来的人数会比较多，而且只需要读一年。而融合教育要读一年半，而且只有我们那一年有，前后的一年都没有这个项目。

开心与焦虑共存。所以我能够申请下来还是挺偶然的，也跟这次博士申请上的感觉是一样的，一半是高兴，然后另一半是焦虑。高兴的是申请到了奖学金，焦虑的是不知道能不能完成这个学业。

雪城。我去的是雪城大学①，在纽约州。因为这个学校是奖学金指定的，当时雪城大学的融合教育在美国算是比较强的。

---

① 雪城大学（Syracuse University）又名锡拉丘兹大学，是美国著名的综合型、研究型大学，该校成立于 1870 年，坐落于美国纽约州雪城市内。——主编注

美国课堂。在学习方面，中国的课堂是以老师讲为主，但是美国的课堂是以学生讲为主。在美国，老师就起一个引导学生的作用，他会告诉学生去看什么书，然后每个星期 50～100 页 A4 纸的那种阅读基本上是少不了的，50 页算少的，一般三门课加起来差不多 100 页。而且阅读的话，光看还不行，还得把它总结出来，然后在课堂上让学生来讲，还有许多的课堂活动和讨论。我觉得如果你要是不看书的话，课堂的讨论是完全没办法插上话的。

学校不提供住宿。当时我去美国的时候，爸爸已经退休了，然后爸爸是跟我一起过去的。在美国，学校只为大一和大二学生提供住宿，而且是必须要住宿舍。其他的学生必须自己找地方住，包括大三、大四的学生和研究生，还有博士生也必须自己找。但是学校可以提供一些资源给你，然后让你自己去找。

贴钱租房。当时我就在学校附近租的房子，房租也是挺贵的，特别是第一年的时候，因为我们刚过去并不是特别清楚当地的情况，所以我们当时签了一个特别贵的租房合同。因为没有这方面的经验，而且那个租房合同签了以后还说中途不能终止，所以第一年就特别贵，基本上奖学金都不够，还要自己贴钱。

性价比不高的公寓。在美国那边的话就是公共设施比较完善，那些公共的地方轮椅都可以去，因为《美国残疾人法案》规定了所有的公共地方都是残障人可以去的。但是租房子的话，房子属于私人的区域，所以大部分我们国内所说的那种外国人住的大 house 那种房子，那种别墅都是私人区域，那是法案没有规定的，所以大多数地方都是轮椅进不去的。但是在那边的话，大多数的学生是住那样的房子，而且那样的大房子比我们去租那种公寓要便宜差不多一半。但是因为所有的那种房子轮椅都进不去，所以我们就只好租公寓。公寓又比较小，而且又比较贵，所以第一年的时候为了这个房子还是蛮辛苦的。

第二年，有了经验。在第二年的时候租到了便宜很多的房子，但是离学校很远。比原来那个公寓离学校要远一些，不过学校有免费的巴士，刚好租的房子是在那条线上的。学校的巴士轮椅上下车都是没有问题的，就是自己跑起来可能辛苦一点，但是会节约一大笔钱。在那里的生活质量还是蛮好的，因为像公寓的话虽然很贵，但是设施还是比较好的。如果租那种大房子的话，基本上所有的家具都没有，都需要自己去弄，公寓的话就是什么都有，从这一点上来说，生活质量还是挺好的。

轮椅大家庭。 我过去的时候特意查了一下那个大学的资料，刚好查到雪城大学也是在一个小山坡上面修的，我就感觉我是从一个山城到了另外一个山城。所以我去的时候就专门买了一台电动的轮椅过去，我在国内这边从来没有用过电动轮椅，但是出去的时候买了一台电动轮椅。过去以后才觉得那边非常方便，我一天到晚开着一个电动轮椅，跑得比谁都快，然后在学校里面到处跑。因为经常除了上课以外，也需要尽可能地去参加一些社团的活动。所以在那里我就参加了好多活动，经常开着那个电动轮椅在学校里到处跑，而且一点都不孤单，因为不止我一个电动轮椅在跑，有很多电动轮椅都一起在跑，有电动的也有手动的，大家在学校里窜来窜去的，所以到处都会看到各种不同外形的人。

全面融合理念。 在教育学院里因为正好在做一个这样的研究，刚好有这样的项目，所以残障者在这个学校里还是很多的。而且他们还招收了一些智力障碍的学生来读大学，雪城大学宣称自己是全纳教育（inclusive education）① 的大学，其实美国这种全纳教育的大学也不多，但是雪城大学算是其中一个。所以各种残障类型的人在校园里都能看得到，而且奖学金会选在雪城大学，也是因为这个学校的理念是全面融合的。

家庭的支持与焦虑。 我在国外读研究生的时候，家里人都还比较支持，但是非常焦虑，可能比我还焦虑。他们在很大程度上担心的就是我生活上的问题。

六　残障学生在美国

残障人服务处（ODS）。 其实在美国的话，学校是有一个残障人服务处（Office of Disability Service）的，就是学校的残障服务办公室，专门为

---

① 全纳教育（inclusive education）是 1994 年 6 月 10 日在西班牙萨拉曼卡召开的"世界特殊需要教育大会"上通过的一项宣言中提出的一种新的教育理念和教育过程。全纳教育作为一种教育思潮，它容纳所有学生，反对歧视排斥，促进学生积极参与，注重集体合作，满足不同需求，是一种没有排斥、没有歧视、没有分类的教育。——主编注

全校的学生提供残障方面的服务。而且学校的这个残障服务办公室是有保密义务的，就是我可以说我有残障，我需要从这里得到什么样的帮助，但是如果没有我的同意，那办公室是不可以把我的信息透露给授课老师的，他们有一整套这样的制度。

新政。我去美国的那一年是 2016 年，刚好是特朗普上台的那一年。当时觉得美国社会那种大的导向，特别是学校管理层的态度就不像以前那么好了。我去的时候，刚好学校的残障服务办公室新上一个主任，那个主任的风格就跟之前的主任完全不一样了。原来那个主任就是学生说我需要什么样的帮助，OK，马上就会有，包括那种实时字幕什么的，虽然非常贵，但是他说这是我们学校应该负担的，那肯定就会有。这个新的主任来了之后，就不太一样了，他定了一条规定说，残障人服务办公室提供的服务必须是跟学术紧密相关的才行。

学校的支持与斗争。如果是遇到我这种情况，我学术上其实不需要太多的帮忙，我需要帮忙的可能是生活上的事情，但是学校的残障服务办公室根本就不管。但是学院的领导还比较好，给我提供了一些支持，我感觉还不错。我们当时在学校也有学生自己的团体，来争取我们自己的权利。我一进学校就去参加了那个团体，一直在跟学校的残障服务办公室争取我们的权利，还有学校管理学生事务的另外的部门，也是一直在跟他们做一些抗争，希望他们可以改变这样的一个制度。

我们要去超市。对于一般的学生（不是残障学生），每个周末学校需要提供班车让他们去超市买东西，学校会提供几个班车，因为在雪城那个地方交通不是很发达，只有一班公交汽车，中间要等 30 分钟，就是这种概念。所以对于学校来说，提供班车也是为学生服务的一部分，周末都是由那个班车载学生去超市买东西，比如说去沃尔玛或者 Sam's Club① 之类的。但是那个车里面有的不是无障碍的，所以当时我们也去跟学校争取过这件事，因为去超市买东西真的是最基本的一个生活的方面的需求，这个要求我们跟学校一直提，提了很久。后来学校购买了一个外包的服务，残障学

---

① Sam's Club（山姆会员商店）是世界 500 强企业，沃尔玛旗下的高端会员制商店。——主编注

生如果周末要去买东西的话，可以打电话提前跟那个无障碍的车预约。我们一直在争取这件事情，直到我走的那个学期这件事才落实，这件事情落实下来花了一年多的时间。

自发维权组织。我们有一个维护残障人士权利的小组，这个组织是由一个法学院的教授发起的。所以参加这个组织的也有一些学校的教职工，另外一部分是在校的学生。比较活跃的还是里面的学生，其目的是推动残障人士权利的维护。我参加的一件事情是去超市的无障碍大巴车的购买，还有一件事情是学校的 blackboard 的修改。因为全校学生提交作业都是去那个系统上面提交，包括交作业和下载教授的资料都是需要在那个系统里完成的。

漫长斗争路。我去的时候刚好是那个系统改版，改了版以后，系统的读屏好多地方就是读不出来，那么视障学生根本就找不出来他要交作业的那个点，经常会因为这个把作业提交晚了，提交晚了的话老师就收不到，老师收不到最后的结果就是他们没有分，所以这是我在的时候我们争取的另外一件事情。这件事情到我走的时候还没有落实下来，一直在联系，因为学校也是从外面的公司买来的这个软件，学校也一直在联系那个公司改，但是那个系统一直没有改过来。

非残障在战斗。这个组织里有残障学生和非残障学生，给我的感觉是，2/3 是非残障的同学，1/3 是残障的同学。这个组织是由硕士生和博士生组建的，本科生的话他们自己也有一个组织。这边我认识的基本上都是研究生，本科生也有一两个特别积极的，他们也想参加我们的活动。学校规定本科生不能参加研究生的组织，或者研究生也不能参加本科生的组织。但是我们也不会拒绝本科生来参加我们的活动。

残障文化中心。我们学校还有一个残障文化中心（Disability Cultural Center，DCC）。残障学生办公室相当于学生处下面的分支机构，这个 DCC 不属于学生活动下面的，它属于另外一个领域，但是它们有一些交叉点。残障学生办公室是主管学生学业方面的，比如说考试之类的，还有视障学生需要记笔记或者听障学生需要那种实时的字幕和其他一些服务。DCC 主要组织一些学生的活动，比如社团的活动或者其他的一些活动，然后营造一个比较好的校园融合的氛围。除了这两点，我会觉得我和其他同学在学校里没有什么差别，就是到点就要去上课了，下了课就要做作业了，其他就感受不到什么差别了。

教室与卫生间。对于我个人来说，如果是上学的话，第一点是教室我能进去，第二点是卫生间。首先，如果教室在六楼而这栋楼没有电梯，那我这些课基本就不要上了。在这方面的话，国内的老师其实都很帮忙，他们会以老师的立场去帮我要求，如果有我的课的话，他们会把教室尽量设在低楼层。其次是卫生间，卫生间真的很重要。卫生间的门首先要够大，我的轮椅可以进去，如果是坐便我会更方便。

七　大学与残障

好大学更开放？ 我现在觉得有些好的大学对残障反而态度不是那么友好态度。我不知道那些特别好的大学是不是都对完美有一种执念，就是对那种所谓的"正常"有一种不正确的定义，我不知道它们对正常的定义是什么，反正我觉得它们对这些词的理解不完整吧。

教授穿越校园去厕所。如果光从大学的排名看，不是那么靠前的学校也拥有一种更加包容的心态去包容更多不同类型的学生，满足他们不同的需求。其实这个问题在国外也有，包括美国，那些常春藤学校，像耶鲁、哈佛。因为在雪城的时候，有一个客座教授，他当时已经50多岁了，他自己也坐轮椅，跟我的情况很相似，所以当时我跟他也聊过很多。20世纪60年代的时候，他是哥伦比亚大学第一个坐轮椅毕业的残障学生，他的专业是生物伦理学。他现在除了在雪城大学讲课之外还会去耶鲁大学讲课，然后他就给我说了一个他的故事。那个夏天他到那个学校里去讲课的时候，他讲课的那栋楼没有卫生间，然后他要从那栋楼出来，到另外一栋楼的二楼才有一个无障碍卫生间。我就会觉得包括美国在内这种很好的学校好像历史越悠久，各个方面的设施或者是对残障学生的态度感觉越难改。

融合与支持。我记得福建自强学院的一个老师，他之前也是学英语专业，毕业以后因为他留在高校当了老师，所以学校给了他很多支持，他说他希望在中国建立一个全融合的那种学校。我觉得如果是我，我会希望在全中国的高校都设立一个类似于残障服务办公室那样的部门。那么学校就会给这些残疾学生提供必要的支持，所以我觉得每个学校都应该有这样的一个办公室来给残障学生提供支持，包括我们现在能够看到的一些残障，其实还有很多隐形的残障，我们现在都没有足够关心到。

融合教育的推进。我回来一直想做融合教育的事情，但是一直没有找到一个很好的切入点，但是也一直在做。我也跟我们这边的精神病协会有些合作，经常去给一些自闭症儿童的家长做一些讲座。其实很多事情都应该是学校去做的，但是现在都落到了家长头上。一些智力障碍的小朋友在普通学校读书进行融合教育，即使他们可以进入普通学校，但是学校还要求家长去陪读，而且还是很有沟通技巧的家长去跟学校沟通之后才能做到这一点。所以对家长的培训主要是针对家长怎么去跟学校做沟通，还有怎么样让小朋友准备好上学，这其实都是应该对学校做的培训。所以在这样的培训中只好换一个角度跟家长来讲，然后让他们再去跟学校沟通。

八　康复生涯

车祸后的康复。车祸之后我在医院的康复科住了两年多，就是我报了那个网络学院的时候还在那个医院里面学了半年，然后才出院的。回家以后，有很长一段时间是请保姆来帮我做在医院里的一些简单的康复。但主要以物理疗法①为主，很少有作业疗法②方面的康复。当时应该是作业疗法不到位，所以在跟社会融入的这个过程中我自理方面的能力不强，其实跟那个时候的康复关系挺大的。

康复的弯路。我当时去的那个康复科是西南地区第一个康复科，当时他们好多要做康复的都到北京的中康。当时刚好遇到西南地区开了第一家，然后我们就到那边去了，我现在回想起来也许当时咬咬牙去中康而不

---

① 物理疗法（Physical Therapy），是指应用自然界和人工的物理能量防治病残的方法。——主编注

② 作业疗法（Occupational Therapy），是应用有目的的、经过选择的作业活动，对由于身体上、精神上、发育上有功能障碍或残疾，以致不同程度地丧失生活自理和劳动能力的患者，进行评价、治疗和训练的过程，是一种康复治疗方法。——主编注

是这里可能更有利于恢复。因为那个时候这个康复中心非常新，不管是治疗师还是医生都完全没有经验，所以那时候就是各方的经验都不足导致了我后来回归社会就包括生活自理能力方面都走了很多的弯路，浪费了很多时间。

父亲的压力。我去那个康复科的时候是全自费，我大二受伤的时候还是学生，然后也没有工作，也没有医保，所以我刚刚受伤的时候在康复科都是自费的，项目还挺多的，但是家里人也从来没跟我说过花了多少钱。因为当时家里人的观念就是不论花多少钱只要我能好起来就行。我爸爸一个人还是很辛苦的，因为我出车祸的时候，我妈妈是跟我在一辆车上，我妈妈当时就过世了。所以我爸爸一个人负担这些还是很辛苦的，我现在也在尽自己的力量帮我爸爸减轻点压力。正好当初我受伤的时候，我爸爸的一个同事，看见我英语这么好，就劝我去教小朋友英语，当时我去做了也没想要赚多少钱，但是至少觉得爸爸没有那么辛苦了。

残障污名化。后来我就一直是自己训练了，在国内的时候，我对自己的残障身份是不太认同的，感觉残障已经被污名化了，认为所有的残障是很穷的、很丑的或者很傻的状态，所以在国内的时候我不太愿意去接触残障的群体。我认识的残障人士，基本上就是在医院康复科认识的那些病友，除此之外也没有新的残障朋友了。

身份认同。反而是到了国外之后，我有了很大的一个改变，就觉得认同了自己残障的身份，也会看到别人的情况跟我差不多，怎么会活得这么自由自在？所以我会有意识地去请教他们很多问题，比如说生活上的，然后也会自己回来练习。

脊髓损伤小组。我们学校还有个医学院，里面就有那个康复科，我从学校过去就 5 分钟。然后在康复科碰到的医生，他们的一些理念对我影响挺大的。他们也有一个脊髓损伤的小组，每月会聚一次，大家会做一些分享，我在那里看到了很多的东西，就不光是在学校里学到的东西。那个小组里面有一些颈椎受伤的人，他们手的功能也不是特别好，特别是手指，但是他们可以开车，自己上下车都没有问题，可以独立出行，我觉得在他们身上也学到挺多东西的。

美国的康复科。在美国的话，学生是有医保的，我去康复科会报销

90%，虽然自己只付 10%，但还是很贵。我到了那边其实是想看一看他们的康复科是什么样子的，所以我基本上就一周去一次，在那边做了一些作业疗法，然后觉得受益颇多。它们那边有独立生活中心（Independent Living Center），他们也会给我提供一些建议。

小城市无项目。雪城不是一个很大的城市，虽然是纽约州的第三大城市，但是城市人口只有 10 多万人，不到 20 万人。当时独立生活中心对于轮椅使用者就像我这样的人，以前有一个生活上的训练项目，但是现在已经停了。在旁边的另外一个郡才有这个项目，自己开车过去要两个小时，所以后来我就没有去。

健身房里的康复。当时去医院的康复科，那个作业疗法的治疗师告诉我说，其实我们可以到学校的健身房去做康复，而且学校的健身房是免费的。后来我就又找到学校专门分管学生体育娱乐这部分的一个办公室，他们那里有很多的健身器材，这些健身器材有很多包括一些力量训练的器材都是坐轮椅的人可以用的，还有就是去游泳。我觉得在那里除了跑步机我上不去之外，剩下的我基本上都可以做。康复医生那边我会一个星期去一次，医生会教我一些动作什么的，然后回到学校的健身房我就自己去练。

九 读博的焦虑

我考研和去国外读研究生的时候，家里人还是挺支持我的。我现在准备继续读博，但是美国现在也是像我之前说的，特朗普上台以后整个大的导向都不太好了。虽然我收到了录取通知书，但是我并不知道会不会顺利地过去。另外读博士的话，家里人也开始激烈地反对了，这也是个非常现实的问题吧。反对的话，其实就两方面原因，一方面还是担心生活上没人照顾我，我自己一个人能不能行；另一方面就是家长的那种担心，他们会觉得我年纪太大了，然后又是女性，就不要再继续读了，应该是考虑个人问题的时候了。

十　求学之路，不忘初心

完成学业的愿望。 我觉得从我个人的角度来说，因为当时我受伤的时候是大二，我一直就是想要回去把这个学业完成，其实就是一个很简单的愿望吧，然后这个愿望一直支持我走到现在。我希望你们可以不忘初心，一直要记得自己想要成为什么样子，一直走下去。虽然我中途碰到过很多的问题，有时候觉得困难是有的，但是咬咬牙就过去了，一直坚持就好了。

被退学的低落期。 其实我被那所大学退学之后的那段时期一直还蛮低落的，但是幸好找到了一个网络教育。网络教育要毕业的时候，又跟我说现在毕不了业，所以那段时间我就特别厌学，甚至跑到淘宝去开店，那差不多是在 2005 年的时候。

以考代学。 但是那之后还是我的老师，他鼓励我说，"你要是现在上不了学，你可以看一看能不能去考个什么证啊"。当时有一个翻译证书，就是全国翻译资格证那个考试出来了，后来我就去考了一个。所以我在没有学上的时候，就以考代学，就那样继续坚持下去了。

坚持后的果实。 后来我考了那个翻译资格证的二级证书。我毕业的要求其实就是能通过那个二级证书，但是我入学之前就已经把那个证书拿到了。所以我觉得一直不要忘记自己心里面想要什么，就一直坚持吧，坚持总是会有结果的。

我找到生活的信仰，从此豁然开朗

乔 乔[*]

我叫乔乔，今年（2019 年）29 岁，是一个脑瘫的姑娘。我不知道口述史应该是什么样子的，但是也许通过讲述我小时候的经历、长大以后的变化，以及我对残障女性、残障公益事业的思考，可以赋能与我有类似经历的少数派，让他们被社会大众看见、听到与记录，能更具生机、更有尊严地活在这片土地上。

一 父母带我边求医边旅行

我出生在湖南岳阳洞庭湖边上的一个小城市，在一个国企的厂矿地区，叫巴陵石油化工厂区。

两年多的中医理疗按摩。小时候，应该是从 2 岁到 4 岁的时候，两年多的时间，我一直在接受气功治疗，每周一到周五，爸爸、妈妈都会把我送到当地的一个自学气功的师傅家里面去做气功按摩，中医的理疗和按摩使我的肌肉放松。那个时候我康复还行，恢复得还不错。那个时候因为爸爸、妈妈两班倒，没有时间每天送我去做康复，所以一周至少有一次会是我的大姨带我去做康复，所以我们和大姨家的关系一直都很亲近。

父母带我边求医边旅行。在我三四岁的时候，我能记起来的是，父母会带我到各地去求医，当然也包含短途的旅行，例如去毛泽东爷爷的故乡

---

* 乔乔（化名），先天性脑瘫患者，社会工作者。

韶山，那是我仅有的关于旅行的记忆，当然可能还去过一些其他的地方，可是我已经忘记了。

爷爷为我做木头轮椅。 小时候爷爷、奶奶都非常疼我。爷爷是用竹子和木头做东西的手工能手，可以说是一个手艺匠人了，他会用竹子编竹篮框，也会做木头椅子。爷爷给我专门做了一个木头的小轮椅，就是推婴儿的那种婴儿车，但是手不能够去转。爷爷还帮我做了一个小的木头坐便器和木马，因为当时还没有儿童的马桶，爷爷就专门给我做了一个。后来听奶奶说，当时爷爷最爱以及最担心的，就是我这个有残疾的小孙女了，他在我9岁时去世了。

妈妈怀孕了，我既害怕又期待。 4岁多的时候，我妈怀孕了，那个时候的我觉得全家的关注重点突然间从我转向了我的妈妈，小小的我可能内心已经有了一丁点的不安感，因为全家的关注重点到了妈妈的肚皮上。因为国家有独生子女政策，所以我的亲戚家里没有一个可以生二胎的，就只有我妈妈怀孕了。家人告诉我，我即将会拥有一个小弟弟或者小妹妹。那个时候我的内心其实是有疑惑的，因为害怕父母和家人给的爱可能会被剥离，但是我又很期待一个新的小生命的降生，感觉之后有一个跟自己长得很像的弟弟或妹妹来到家中，是一件奇妙的事情。

爸爸带我去郑州考察医院。 我5岁多的时候，弟弟降生了，全家所有的关注重点从妈妈身上转到了弟弟的身上，突然间，我觉得有一点失落，但是因为年纪小也没有想太多。在做手术以前，我爸就带我一个人先去了一趟郑州旅游，顺便考察做手术的医院。那个时候可以说是我有记忆以来，第一次去一个相对的大城市，第一次吃到麦当劳和西餐，第一次去游乐园，我记得当时好像还去了少林寺。我和我爸两个人在郑州还有一张留影，但是当时我的表情并不开心，我想大概是因为那个时候弟弟刚刚出生，我有一种父母和亲人的爱被拿走一半的感觉，也可能知道自己要做手术了，有些害怕。

花巨资做脊柱治疗手术。 在我弟弟差不多四五个月的时候，爸爸、妈妈就给他断奶了，就带我去郑州做手术了，我记得当时我在医院里面待了快三个月才离开，我应该也遇见了和我情况类似的孩子。我不记得是郑州的哪一家儿童医院了，但据说是全国最早开发脑瘫儿童治疗脊柱手术的医院之一，当时应该是 1995 年和 1996 年，爸爸、妈妈花费了近 2 万元给我做手术。那个时候，对于普通的月薪只有五六百元的工人来说，应该已经是很大一笔钱了，所以他们就提前给我弟弟断奶了。我妈现在和我聊起来，说弟弟童年的时候经常感冒，体质不好，怀疑是不是断奶太早。

渴望关注的乖巧与叛逆。这种父母之爱被拿走的感觉，应该一直持续到我 18 岁上大学。因为从弟弟出生的那个时候开始，我就感觉到自己是不是生活在一个重男轻女的家庭里呢？我是不是需要非常努力才能得到大人的关注呢？所以我的应对策略是变得很乖，努力学习，也不用大人管。青春期的时候又有一点点的叛逆，但是因为身体的状况，也叛逆不起来，顶多也就是上课看看小说，买很多"青春疼痛文学"的书。学习的时候没有那么认真，但是也会和父母顶嘴，最大的愿望是 18 岁可以考一个离家远一点的大学。

二　我的校园生活

因为康复错过幼儿园。因为我小时候一直都在做物理康复治疗，所以我也没有上过幼儿园，我的父母认为幼儿园可能会拒收我这样的孩子，而且那里也没有康复的课程。很小的时候，我真的很羡慕别的小朋友上幼儿园，所以后来当我上小学的时候，我的弟弟上幼儿园，我就会和爸爸、妈妈一起去幼儿园接弟弟，我可以玩很多幼儿园的设施，那个时候觉得自己真的好开心。一直到长大以后，我看到游乐园里的秋千什么的都觉得很好玩。

在小镇上学前班。我刚做完手术的那两年，尤其是我妈生完我弟弟，我弟弟在 6 个月到 2 岁的那段日子，因为家里人要照顾我弟弟，没有人带我，所以我就被转到爸妈老家的镇子里面。因为我父母是高中同学，所以爷爷、奶奶和外公、外婆都在一个镇子里，我就在那个镇子里面过了一年。在小镇上的童年，有很多的玩伴，真的很开心，并没有太大的被隔离的感觉。因为我是城里来的，所以我有很多好吃的零食，小伙伴们都非常羡慕我。他们送我到镇上的小学上学前班，但是因为外公、外婆、爷爷、奶奶也不知道怎么教我读书，所以我在学校基本是不学习只玩耍的状态，事实上什么都没有学到。但其实我小时候，还是很聪明的，因为妈妈会给我寄说故事的磁带，基本上每个故事我一听就都记下来了，所以我小时候的表达能力也非常好。

小学的学习经历。 7 岁我就开始上学了，虽然入学的时候并没有太多的挑战，智力测验也过关了，但是因为我的身体情况，我爸爸、妈妈还是担心我在学校会被某种程度的隔离，所以就带着我提着礼物去了我当时班主任的家里面，希望拜托他可以照顾一下我。我们那个地方的小学叫岳化二小，上一年级的时候，因为我比较聪明，所以觉得课文都很容易，就理解背书，除了写字练字让我最头疼以外，其他的对我来说都太简单，我甚至想过自己要不要跳级，因为我本来就比别人晚一年入学，但是我爸爸还是希望我可以跟着这个班级的进度。小时候最讨厌的就是课堂练习写字，还有老师罚抄课文，当然老师这样做也是为了给孩子一个更加自律的环境来练习。记得小时候的数学老师非常严格，没有考到 95 分都会面临被尺子打手掌的惩罚，但现在想想，严厉的老师自然造就了小学坚实的基础，还有非常好的自学能力，当时我们小学那个班出来的学生都进了重点初中。

小伙伴们之间的比较心态。 小时候我也有非常要好的小伙伴，因为都住在一个厂矿大院里面，父母都是双职工，大家都认识，所以我小时候和我的邻居、同班同学都成了小姐妹闺蜜团。那个时候非常流行动画片，所以我们写完作业以后会一起看动画片，也包括西方的一些，例如《狮子王》《白雪公主》等迪士尼系列的动画片，那个时候，大家看的都是 DVD。因为都是独生子女，大家家里的条件都相差不大，但是也有家里条件比较好的，有特别多的零食，小朋友们就都爱去他家一边看动画片一边吃零食。小时候我很自卑，以为自己不会被邀请，但事实上每次也有被邀请到。我做手术花了很多钱，所以我家的条件在大院里面并不好，我家的零食也没有其他小朋友家多，我们家在小朋友里面的人气也不如别人家。不知道为什么那个时候的父母，还有小朋友，从那么小开始就会有一个比较，谁家比较有钱，谁家的爸爸、妈妈和孩子玩得来，谁家小朋友的衣服更漂亮，现在看来当时大家的想法和成人社会没有什么不同。但是我不喜欢当时被比较的心态，因为我是无论如何也不可能成为他们的对手的。

父母对我安全出行的担忧。除了有一些不懂事的男同学会给我取外号之外，我还是有一些好朋友的。学校的春游，虽然老师、同学对我的安全也有担忧，但还是会带着我去科技馆和游乐场。其实我去也都是自己争取来的，因为我的爸爸、妈妈也会担心我，如果老师一个班要带三十几个孩子，是不能够一对一关照到我的，万一我摔跤了怎么办？万一我掉到河里了怎么办？这是他们担忧的。但是作为父母，他们总不能陪着孩子去参加学校的春游吧，所以一开始他们是拒绝的。但是因为缺乏安全感的我从小就学习到了说服父母和说服他人的重要性，我首先开始说服我的老师，说我的爸爸、妈妈是同意我去春游的，然后我回家说服我的爸爸、妈妈，说老师是同意我去春游的，而且还找了一个同学的姐姐模仿老师的声音给我爸妈打电话。我现在想想也真是感谢那个同学的姐姐，通过这样的"欺骗"手段，我得以和同学去春游，去小河边捉虾子、钓鱼，那个时候的时光还是很美好的。

一个人去看风景。甚至小学四五年级，当爸爸、妈妈吵架的时候，我会自己拿着存的压岁钱，然后一个人打个摩托车跑到郊外去看风景，当然这个事情我爸爸、妈妈是不知道的。但是因为我胆子小，是不敢一个人在外面过夜的，都会留了摩托车师傅的电话号码打电话叫他接我回家。所以即使再叛逆，我也没有离家出走过的经历。

三　女性平等意识的启蒙

为什么没有女狮子王？小时候看动画片，有一部叫《海贼王》，给了我很多的启迪，尤其是里面的路飞，他是一个非常有勇气而且环游了世界的人物。我在看《狮子王》这部动画的时候，看到小狮子辛巴如何一步一步地成长为负责任的首领，也觉得非常励志，当时我在想，为什么辛巴是一个男生却不是一个女生呢？为什么女生不能做狮子王那个角色呢？小小的我内心就开始有这样的疑问。

我也想成为优秀的女性。四年级的时候，我们学习历史和政治，那个时候爸爸有时会看《新闻联播》，10岁的我就会问爸爸："我们国家的领导人有没有女性啊？女性是不是也可以成就一番事业？"爸爸说，"有啊，吴仪副总理就是女性，可惜她一辈子单身"。一辈子单身是什么意思？年幼的我当然不懂，但是我想我以后也要成为吴仪阿姨那样优秀和厉害的女性。

不一样，就要被区别对待吗？ 爸爸也经常会给我讲张海迪阿姨的故事，张海迪是如何成为20世纪80年代那一代的青年偶像的故事。可是事实上我并不太知道什么是残疾人和励志，我只知道我和别人不一样，因为我会被区别对待。我在大院里面很多游戏都不可以玩，有小朋友和学校里面的同学会叫我鸭子。但是我又觉得，我跟别人都一样，我除了跑得不如别人快、跳得不如别人高，在爬山、游泳、去山上摘野草莓、学习这些方面，我都不比别人差，最多只是写作业比大家慢了一点点，为什么我就要被别人嘲笑？为什么我跟别人不一样呢？小小的我，心里面一直都有这样的疑惑，而且对自己这些不一样的地方非常生气。

为了让别人看得起我而努力学习。 因为没有人告诉我："你可以成为不一样的自己，你也可以成为有魅力的自己呀！"那个时候，老师和父母对我的要求是，只有当你的学习成绩好，你才可以成为同学的励志偶像，你才可以成为弟弟的榜样，甚至家族也会觉得你作为一个残疾孩子，你在某一方面比别人要更加突出，这才是你的作用。但如果你成绩不好，又有残疾，那么你很可能就会成为家族里面最没有存在感的那个孩子。那个时候的我也深刻地认识到了这个道理，并且开始觉得我一定要好好学习，是为了别人学习，让他们看得起我，但是我真的有享受到学习的乐趣吗？我并不觉得。我自己真正喜爱的是阅读历史故事、人物传记——我最爱的这些，才是我享受的部分。

四 懵懂无知的青春期

微妙的情窦初开。 初中的时候，处在情窦初开的阶段，我想每个女生可能都有一些初恋的经历。但我没有初恋，只有暗恋。那个时候暗恋的对象是一个很有才华，下象棋很好，长得很可爱，很拿我当哥们儿的男孩子。那个时候觉得能够和暗恋的人成为朋友，真的是这个世界上最好的事情之一。我们成绩差不多，会互相鼓劲加油，看谁下一次考试考得更好，下棋的时候也会不相上下。但是，由于残疾的原因，我们永远也不会到达表白的那个程度，即使他可能也知道我喜欢他，虽然我不能确认他是不是也喜欢我。年少的感情就好像是一杯温开水一直放在那里，你需要的时候，你不会觉得很热，也不会觉得很冷，你会觉得很舒服。

慌慌张张的月经初体验。我上初中的那一年，我第一次来月经的时候我被吓坏了，我拿衣服包着校服裤子匆匆忙忙地回家了。但是我们学校的性教育还是很好的，初一就已经开设了生物课程，从中解释了男女的差别。那个时候来月经的女孩也挺多的，而且男生也知道女孩子会来月经，所以也没有人会嘲笑我们。从性教育的角度来说，我的初中还不错的。

对青春文学的爱与痛感同身受。初中的时候，大家都特别喜欢看郭敬明的小说，尤其是他主编的《最小说》杂志，还有一个文学奖，叫新概念青春写手文学奖。那时候，我们最爱看的杂志还有《花溪》杂志，就是一些少男少女之类的文章，后来还有偏文学性质的《萌芽》杂志。因为我一直都是一个文艺少女，所以家里面订了很多的文学杂志，我在买书上毫不吝啬自己的零花钱，导致我们家里面有整整两大书柜的书。有一个书柜的书，全是我小时候买的"青春疼痛文学"，里面都是一些矫情的少男少女的文字，还有一些言情小说。当时看郭敬明写的"疼痛文学"，也有注意到文字里面涉及了校园霸凌、早孕等情况，还有"90后"孩子的爱与疼。他们在青春期的挣扎，即使我的个人经历没有那么刻骨铭心，但是校园暴力中的嘲笑其实有看过甚至经历过，所以会感同身受，跟着故事情节与主人公一起哭一起笑。可能是因为看了太多这样的青春文学，所以之后自己在文学创作和写作的过程中，我的风格会和他们的风格有一些类似，温暖却坚定。

惊悚的校园霸凌。虽然我初中到高中主要精力都在学习上，但也是在看小说的过程中度过的。我自己没有经历过严重的校园霸凌，但是班上有倒霉的女生经历了这样的事情。当时，大家流行写日记，闺蜜团也非常流行写日记。当时我和另外两个女生是闺蜜团，我们有一本女生的秘密日记是上锁的。我们会写下我们喜欢谁、讨厌谁，就好像现在的微信群主一样，我们会发表自己的看法，包括一些不满的情绪也会写在日记里。后来，我另外两个闺蜜写了对当时校园里的一个"小团体"的不满，甚至用了一些不好听的、恶俗的词语在日记本里面。但是，那个团体的人发现了日记，她们团体的领袖也是我们班上的一位"大姐大"，所以，"大姐大"就把那些女生叫到天台上去打了一顿。因为我是一个非常理性的人，看了很多书，所以就在日记里劝那些女生，虽然我们的情绪很重要，但是我们也应该要保护自己。后来，当她们把日记撬开，发现我们并不是在攻击别人，而是劝阻的那种，所以就没事了。

五　接纳自己，重建关系

高考紧张影响发挥。高考的时候，其实是我非常紧张的时候，因为脑瘫的缘故，紧张起来自己就控制不好自己手部的肌肉，所以导致作文、文综这一块，虽然脑子里面知道答案要点怎么写，但展开却已经写不完了，所以考试的时候发挥得并不好，最后考了一个师范学校。我是 2009 年参加的高考，当时也并没有给残障人士高考延长考试时间的政策。

因美剧提高英语水平。在高考选专业的时候，爸爸、妈妈是很希望我去学计算机的，但是我对计算机不感兴趣，反而在英语方面比较突出。在我十多岁的时候，家里电脑买得早，那时还可以从谷歌浏览国外的网站。后来，高中的时候，我就一直看《老友记》《天真少女成长史》《绯闻女孩》等剧，因此英语也比较好，尤其是听力和口语。上课的时候，英语老师都问我的口语怎么这么好啊？我就说因为我经常看电视剧，从初中开始就是美剧的粉丝了。读大学时，我理所当然地选了师范英语专业，但爸妈担心我当英语老师，可能会遇到很多挑战，所以就建议我辅修了一个财会专业。

开始大学生活。我的人生转变，应该是从 19 岁上大学开始的。那个时候，我有了信仰，遇见了最好的老师，也开始接纳了我自身障碍的一个状态。我当时报的是一个距离不近不远的地方，坐火车 3 个多小时即可到达，在我们省的南边。每年五一、十一这样的假期我回家还是非常方便的。

成为独立的个体。爸爸、妈妈帮我收拾好一些东西后，送我到了学校。当然，我也看到一些非常独立的孩子，自己带着行李过来上学。我爸因此还跟我做了独立教育，说别的孩子不需要父母送过来，但他们特意拿着大包小包，一路陪伴我过来上学，我真是太幸福了。后来，我妈告诉我，分开的那一天，他们两个人从我们学校离开，眼睛红红的，都快哭了的感觉。听完之后，我很惊讶，也很感动，但这是我自己的决定。我觉得从那一天开始，我就是一个自由且独立的个体了。

宽松的大学环境。上了大学以后，我们真的很自由，没有人再去督促读书，所有的学习节奏要靠自己把握。寝室里面都是看韩剧的女孩子，我也不例外。幸运的是，由于我英语基础一直不错，而且又是个美剧迷，所以与学校的外教关系特别好，当时外教老师就成了我的好朋友。我们每周都有一次英语角的活动，再加上两节外教的课程，和外教在一起的机会也是非常多。

聆听外教的分享。我的外教，也是一个腿脚有一点跛的外国女老师，年纪30多岁，看起来很年轻。但我很感兴趣的是，作为一个老外，而且有一点残疾，她怎么会来中国，而且是到我们这样的城市来教书呢？她就给我讲了，她觉得上帝爱每一个人，而且如果可以用她的经历来鼓励更多的中国学生，是一件特别棒的事情。

通过信仰和爱，我接纳了自己。我们成了无话不谈的好朋友，在此之后我也遇到了另外一些特别棒的外教，基本上每周包括周末都跟他们在一起玩，我的英语口语也快速进步，我也开始接纳了自己的残障状态。因为他们信仰基督教，我也开始去了解什么是信仰，什么是爱。我知道了我们人生而平等，每个人都值得被爱，也应该接纳自己的障碍。每个人生来也都有应该做的事情，有自己的使命，所以，我的人生态度在大学的这段时间改变了很多。

在矛盾中成长。在我的原生家庭中，小时候因为自己残疾，再加上家里有一个弟弟，我会和弟弟有一些争论。然后爸爸、妈妈会很烦，他们期待我们可以自己解决问题。可是事实上，如果没有父母的帮助，两个小朋友是无法成熟地处理一些问题的，在此过程中其实是有一些挑战的，所以我和弟弟从小的关系是互爱互虐。长大以后，我出去上大学，开始远离家里，反而更有安全感和归属感。

重新认识与定义爱。大学毕业以后，我一直在外地工作，与家人的关系是不远不近，每周可以打一两个电话。爸爸还是非常担心我的开销不够，有时候还会给我寄一些生活费。我也开始关注到，家庭内部成员之间的关系和儿童时期的经历，其实会让我有不安全和矛盾的感觉。我想到小时候因为残障，其实我是想去索取更多，我想在家庭内部获得重视，所以我会和弟弟去争吵，引起父母的关注。大多数家庭成员出生后，父母没有和小孩子有很多沟通，因此会让小孩子有一些不安全感；甚至后来在和爸爸、妈妈沟通的过程中，我也感受到其实父母不会主动表达自己的情感。所以在后面的过程中，我会去主动表达我的心情，还有我对他们的感谢。付出爱是修复内部原生家庭关系很重要的一点，然后你才会去收获爱。

学会与自己相处。在重新构建与不同的人的关系中，我与从前的老师和同学的关系也在逐渐修复，自己也越发成熟起来。在我了解了一些心理学知识以后，也开始去关注自己和周围一些人的人际关系，以及我处世方法的一些问题。我想可能大部分的残障人士，如果他们在没有学会和这个世界好好相处的时候，他们首先要学会的是和自己好好相处。学会和自己相处，才能学会和他人相处。

六　酣畅淋漓的旅行

人在旅途。大学的时候，我最喜欢的课余活动就是旅行，攒下一些零花钱和朋友们去旅行，简直是最开心的事情之一。我天生的性格就觉得凭什么大家说腿脚不方便就不能到处去玩呢？

趣味香港行。第一次去香港，是在 19 岁高考结束后，我和妹妹两个人一起前行。当时在大城市里面，我们都不会坐地铁，也不清楚去哪里买什么东西。不过我们做了一些攻略，所以也去了一些地方，虽然绕了一些路，但是也很好玩。后来还去迪士尼了，我们觉得太棒了，两个人一起成为童话世界里的小公主，充分满足了我们的少女心。这也是我们第一次出远门，一起去看一看这个花花世界。

如果我是一个旅行家。上了大学，我自己在国内跑了一些地方，有一次一个人跑了江、浙、闽，那是真真实实一个人，没有跟任何朋友一起。那次旅行去了 10 天，经过了上海、苏州、嘉兴、杭州、福州。那是我第一次一个人去比较大的城市，第一次看到西湖。我前期准备了一些历史资料，后面又做了一些行程安排，所以感觉自己是完全按照喜欢的电视剧的取景地在走，也有了一点旅行家的感觉。后来我把这篇游记发在了网站上，再加上当时给自己拍的很多文艺照片，获得了不少的点赞。我想，如果在未来的岁月中，我没有成为社工，那么我会成为一个自由的旅行家。当然，最重要的一件事，就是先努力好好赚钱了。

奇妙的圆梦之旅。后来在工作中，我也有很多的机会可以去全世界玩。在 2018 年，我去美国参加了一个残障访学交流的项目，那对我而言是一场圆梦之旅。因为小时候爱看美剧，在美剧里面的场景，居然真实地在自己的眼前展现，真是一件很奇妙的事情。因为我的人生态度就是要活得精彩，所以在国外的时候，我会对着不一样的景点，学电视剧里的人物拍照打卡，这样不仅让自己的旅行回忆更有趣，也让我的朋友圈看起来很有趣。

许愿美好人生。我印象中还有一件非常深刻的事情，就是和朋友在阳朔骑摩托。因为后来翻车，两个人摔到了水里，彼此看着对方哈哈大笑的场景，一直记忆犹新。还有后来，我和朋友在香格里拉的雪山顶上许愿，那一次还差一点缺氧。我们买了两罐氧气，背着坐缆车登上了山顶，那应该是我人生中到过的最高的山之一，海拔有 5900 多米。在山顶看到湛蓝湛蓝的天空，就跟天上的神仙许愿说以后一定要有一个很棒的并且可以实现理想和愿望的人生。现在回想起来，我确实一直在这样的路上走着。

七　走入"被需要"的公益圈

特别的归属感。大三的时候，我偶然间通过一次志愿活动，去了我们学校附近的福利院。在那里，我第一次见到了那些与我一样有障碍而被亲生父母抛弃的孩子。看到他们的时候，我第一反应是在这 21 年里，第一次见到和自己差不多的残疾孩子，油然而生一种归属感。但是，我又觉得很伤心，就在那里稀里哗啦地哭了起来。我的志愿者领队问我为什么要哭，我说我也不知道，只是觉得我好孤单。到了后来，我再看见这些孩子，就自己下定决心，在不久的未来可以为他们做一些什么事情。

进入福利院工作。大四的时候，这个福利院跟国际机构合作，刚好在招助教和翻译。我就去面试并顺利通过，在 2014 年底才离开。

一个充满爱的环境很重要。在这个机构工作的过程中，我感受到了孩子们的善良，看到他们的微笑，感受到他们对于养育阿姨的依赖，以及对于美好生活的向往和爱。经历了这些，我发现爱不是只有原生家庭才能给予，重要的是在一个充满爱的环境里生活。福利院有很多的外国义工，长期留守机构的外国义工团队有十多人，整个办公室大概有一半是外国人。每年都有外国的学生和一些志愿者团队会过来带孩子。我们也会和这些团队有一些工作的对接，在这个过程中我充分利用了我外语好的优势，也锻炼了我的活动组织和筹划能力。

一种被需要的感觉。这些外国人一开始以为我是在这个福利院长大的孩子，对于我的英文这么好，他们并不意外，因为觉得福利院的孩子常年和外国人待在一起，英语自然也是好的。但是我告诉他们说并不是这样，只是有一天如果有人需要我的帮助，我可以出现。我有一种被需要的感觉，所以加入了这个团队。而因为机构也给了我一些外出交流的机会，例如在香港也有一些交流和实习让我拓宽了眼界，当然在那个过程中我也了解到了香港性别机构，还有社会工作机构和残障机构。

不安分与寻机遇。2014 年底，我辞职了。2015 年，我在湖南省残联旗下的残疾人职业培训学校当过一段日子的班主任。但是不安如我，觉得这样的安逸我已经不想要，因为我觉得可能还有更多的事情等着我去做，然后我就通过参加北京一家非常大的残疾人机构的训练营，在北京开始做残疾人社会工作相关的服务。

八 我是一个残障的女性主义者

深入残障与妇女的交叉议题。大学的时候，我就已经接触了女性主义思想，也在网上关注了一些讨论。所以到北京以后，我觉得如果可以把残障和妇女两个议题结合在一起，做一些项目，应该会是一个很不错的新的尝试。在 2017 年，我们做了一个残障姐妹的小组，从小组开始发展，在 2019 年，我们正式注册成为机构。

赋能更多的残障女性。有时候我会说我是一个残障的女性主义者，我希望残障妇女可以成为妇联和残联体制上一个特别关注的群体。我希望之后能慢慢探索，可以做想做的事情，让更多的少数派被看见和听到，同时也可以赋能他们，让他们说出自己的需求和故事，可以更具生机、更有尊严地生活在这个国家，生活在这一片土地上。

第三篇

工作的力量

把视障人能干的活全干了

徐漠汐*

我在残疾人艺术团工作过，家里还开过按摩店，我在公益机构实习过，还做过主持人、做过采访，也做过后期的音频剪辑。我在呼叫中心工作了 7 年半，现在一家共享办公独角兽公司奋斗。我未来还会尝试更多的工作，因为我的宗旨是尽量把视障人能干的活全干了。

一 眼病限制了我儿时的梦想

小时候想做演员。小时候我就经常看电视上的那些演员，觉得那些美女特别漂亮。我记得小的时候我家来了一个亲戚，是个特别小的阿姨，我就缠着她让她给我画大美人，我就想长大了一定要做个演员。当然这是我很小的时候，那时候我还没上学呢。

小学练习舞蹈。后来，上学之后我想过各种各样的事情，但是没有什么固定想做的。今天我看到唱歌的人特别好我就想去唱歌，明天看见跳舞的人特别好我就想去跳舞。在我上一年级的时候，那时候我的眼睛还没有生病，是正常视力，我就去学跳舞了，直到小学四年级我眼睛不好了，那时候我就有些跟不上了。所以我就专业学习了四年的舞蹈，这也给我上高中后练习舞蹈奠定了基础。那时候就一直想也许我长大之后可以做一名舞蹈演员，或者是做个舞蹈教师。

* 徐漠汐（化名），视力障碍者，运营专员。

梦想被限制。我是视力障碍一级，在小学三年级下学期到四年级的那个暑假我患了眼病，是视网膜色素变性①加黄斑变性②。那个年纪，正好是一个人的人生观萌芽的阶段，所以有好几年的时间，我人生的梦想都被限制住了。直到上了初中以后，我喜欢上了听广播、听小说，这些文学作品给了我很多启发，让我对世界和生活有了一些新的认知，人生观和世界观慢慢地形成了，才逐渐有了突破这些障碍和限制的想法和勇气。

我眼睛的情况。在刚开始看不见的时候，我还可以走路，但是书本上的字看不见。因为我这个眼病最大的特点就是，第一是它没有中心视力，用咱们老百姓的话说就是视线不能集中，它能看到周边的东西，但是中间的东西看不见。然后再加上它色弱，就经常会分不清黄色和绿色，再比如蓝色和紫色，就是这些比较相近的颜色我都看得不是很清楚。学习需要在家里妈妈提前帮我读课文，然后把生字用大白纸抄成火柴盒那么大的字才能勉强看清楚。

学生时期的梦想。再长大呢，我就喜欢上了医生这个职业，觉得医生好伟大，想去做一名医生。到了初中的时候呢，我就想当个作家了。因为初中那个时候，人生观和世界观慢慢地发芽了，也会经常思考人生了。那时也长大一点了，我觉得我可能看不清楚了，就会受到很多限制。我很喜欢听广播的，因为家长觉得看电视对眼睛不好。那个时候，我经常去听一些广播剧啊，有声小说啊，然后我就想我是不是可以去当个作家。受到这些文学作品启发之后，我发现我写作文越来越顺利了，所以初中和高中的作文我写得都还不错，差不多考试作文都是满分，老师也经常表扬我。上高中的时候，我就特别想做一名老师了，也可能是因为那个时候老师不懂得如何对待一个视障学生，所以我经常受委屈，学校也没有给我提供过什么合理便利，所以上课看黑板，考试看卷子都靠猜字形，很多题不是我不会做而是看不见就空着，这个很无奈的。当一名老师是我到现在一直以来

---

① 原发性视网膜色素变性（RP），也称为毯层视网膜变性，是一种进行性、遗传性、营养不良性、退行性病变，主要表现为慢性进行性视野缺失、夜盲、色素性视网膜色素病变和视网膜电图异常，最终可导致视力下降。——主编注

② 黄斑变性是一种慢性眼病，它能引起中心视力的急剧下降，而中心视力是日常活动所必需的，如阅读、看时间、识别面部特征和驾驶等。——主编注

没怎么变过的一个想法。再后来就一直在上学，对于梦想的追求就没有那么明确了。

我想做一名女企业家。直到我接触残障，接触公益比较多的时候，我才发现大家融合就业很难，而且融合教育也发展得很慢。从那时候起我就有一个梦想，我非常想做一个女企业家。我可以自己去创办一家公司，然后可以把很多残障人士招进来。再然后我要开一所开放的大学，让那些残障人士到我的大学里来，都来上课，等毕了业之后就可以直接就业了。这就是我的一个梦想，这个梦想大概产生于 2010 年。那时候我还和我的好朋友说自己特别想当一名女企业家。因为九几年的时候有个节目叫《半边天》，里面采访的都是一些特别杰出的女性，就包括女企业家。当时我就觉得，女企业家特别厉害，但是当时也没有太多想法。当我自己找工作受阻，想去考研究生也受阻，没有任何人给我提供什么合理便利、无障碍设施，那时候我就在想，我是不是可以做个女企业家，把这些都做好。

二　人生是不断变化的过程

我觉得人生它本来就是个循序渐进的学习的过程，有很多东西潜移默化地影响着你，它肯定会使你的人生有所改变。

大学没有选择。我上大学的时候，那时也只有长春大学招收视障大学生，是长春大学特殊教育学院①。我们上学的选择面特别窄，就只有两个专业可以选择：一个是去学音乐表演，另一个就是中医按摩专业。中医我不是很感兴趣，所以我就只能去学音乐表演那个专业了。

音乐老师梦。我学音乐表演的话，可以去盲校做一名音乐老师，但是想进盲校很难。如果想进残联的话，残联也没有对残障人士完全打开这扇大门。

残疾人艺术团。所以那时候我就想着，如果能去残疾人艺术团也挺好的。但是后来发现，残疾人艺术团并不是想象的那样，是一个追求艺术的

---

① 长春大学特殊教育学院于 1987 年建立，面向全国招收盲、聋和肢体残疾学生。——主编注

天堂，它更主要的是去做公益演出，这并不是我所喜欢的。

《感恩的心》。给我感触最深的一次是我们去演出，然后那个团长就让我们唱《感恩的心》，这基本上都成了必唱曲目了。在唱这个歌的时候，有听障舞蹈，就是一些听障女孩在后面伴舞，用手语去表现这首歌曲。然后那个团长经常会让我们上台说一些非常煽情的话，有一次还是在外面的那种演出，算是一个比较大型的演出，团长说要找一个形象比较好的作为代表上去讲话，然后就选中了我。他们就跟我说，你要说什么什么，你要感谢大家，要感恩这个、感恩那个，然后还要说自己什么看不见啊之类的话。反正一定要说那种很激动的话，但是我当时是真的说不出来。因为我当时觉得我们的演出应该算是水平比较高的，我是从内心非常感谢大家的，但我觉得应该不需要那么露骨地全都说出来吧，而且煽情不是我的长项，所以我就拒绝了，当时就换了另外一个小女孩上去。然后那个女孩一上去就带着哭腔，一边说"感谢叔叔阿姨来看我们的演出"，还说"我的眼睛什么都看不见，但是我能感受到你们的爱"。当时就有很多人在下面哭，捐款啊，我就感觉这种表演形式特别像是一种高级"要饭"的行为。因为我感觉它对你的自尊和人格没有一个很好的保护，或者把你的缺陷无限地放大去展现给大家，使大家迸发出无限的怜悯心，然后到某某机构去捐款。因为经常被拉去参加捐款或者义演，我很不喜欢，所以我当时就毅然决然地离开了艺术团。

但是在这里我有了一些人生感悟，因为如果没有这些你看到过的东西，没有经历过这些让你不舒服的事情或者虚情假意的事情，我可能就不会造就以后想去做公益、想真正地为残障人士去倡导这样的信念。

接触公益组织。残障公益我其实一直在接触，但都没有特别深。在2007年的时候，有一家残障公益机构——一加一工作室在北京招收实习生，那时候我自己想换一个工作，正好那时候他们搞了一个训练营，我也考取了普通话的证书，我当时就觉得可以去试一试。去了之后我就渐渐地接触到了公益组织。

残障理念的学习和应用。了解了公益之后，对我来说有了一些理念上的改变，了解的一些概念让我更明确自己正在做的应该属于哪些理论中的哪些观点。因为有的时候有些事情我们是会去做，你做的这些事情可能在

《中华人民共和国残疾人保障法》里面，或者是在《残疾人权利公约》里面已经存在，但是你可能并不知道它的存在。接触这些理念会让你变得更专业化，在以后学习或者找工作的过程当中，你可以有理有据地去和你的企业谈判，你可以去告诉他们，他们可以用什么角度去看待残障人士，我可以在这个企业里做什么、什么事情是我自己做不到的，他们需要给我提供哪些合理便利，你就可以从这种更专业的角度去跟他们聊，他们也会很理解你。就不像以前一样，只会说你看我虽然看不见但是我有学历，你要给我提供读屏什么的……这样说就很苍白。但是如果你了解了这些法律法规，你又了解到很多案例的话，你的说服力就会更强，这些东西会支持着你，你可以跟他们说我们的政策是什么，跟他们解释那些法律，他们就会更理解你。

倡导融合就业。我现在也会经常跟公益组织去学习，我还会和公益组织一起外出培训。我们还会给一些社会企业进行培训，就是关于让他们了解残障人士怎样就业、怎样融合就业，做这些融合就业的普及性的工作。前几天我们就去大连给他们做了这个培训，除了一些一线城市，其他很多城市、很多地方的人他们其实还不是很理解，那里有非常多的企业不知道应该怎么做，但是这些企业其实是非常想招收残障员工去他们那里工作的，但他们也没有什么很好的办法，不知道怎么去做。我们这些倡导者可以把他们都汇集起来，然后详细地跟他们讲一下，让他们对残障有一个初步的认知，让他们在他们的企业中挑选一些残障员工可以做的岗位，或者设置一些这样的岗位去招收残障员工。

三　我要把视障人能干的活全干了

因哮喘换工作。我现在的工作基本上是延续了之前的那个工作。因为我从 2011 年到 2017 年都是在呼叫中心上班，在保险公司做一线的销售、电销。但是中途我得了哮喘，我就没有办法长时间地接听电话了，然后我休息了大半年，后来我就找到了共享办公的这个行业。这个行业是我比较好奇的，因为我不太清楚创业公司是怎么工作的，还有想了解共享办公是个什么样的状况。所以我就抱着一个学习、好奇的心态来了，也是想探出另外一条路，看看这条路究竟能走多远。

共享办公公司。共享办公是个特别开放的公司，没有特别死的一个规定，比如说你一定要做什么，这里每个部门都有互相合作的关系。我原来主要就是在运营部门，做运营相关的咨询。那么现在，我已经转到客服关系处理这边了。因为做运营也有一部分是有客户关系的吧，所以说这也是延续我之前的一个工作。在这边我主要跟全国 44 个城市、300 多家社区进行沟通，起到客户和社区之间一个沟通桥梁的作用，包括一些投诉、咨询、客户需求申请等这方面的工作。

四 融合就业的机遇与挑战

记人名。我作为视障者在这个工作中的挑战其实还是挺多的，首先我觉得我记住每一位同事的名字和他所在的部门包括他的职务和声音就很困难。原因是公司里的人比较多，然后有的部门的人跟你可能不会有太多的交集，也许我们一个月只会说一句话，但只通过那一句话我就根本做不到捕捉他声音的特色，然后就没有办法跟他的名字挂钩。所以我来这个新公司的时候大概用了两个多星期的时间，才把这些人的名字和他们的职务、部门包括他们的声音记住。我现在的工作需要跟很多团队去打交道，而且这样的公司是比较新型的，所以有的问题可能就需要多个部门一起来协调解决。我第一天去开会的时候，就拜托大家一件事情，就是我作为一个视障者我要把困难毫无保留地告诉大家。因为如果你不说出来，大家是不懂得的，所以不要不好意思说这些。如果你先把你的需求说出来，那么大家就会习惯你的这种需求，然后去慢慢改变这个环境。

你是谁？所以我第一天上班的时候我就跟大家说，"我是一个视障者，因为我不能通过五官相貌来判断你是哪一位，如果大家在走廊里相互见到，我希望你们和我打招呼的时候能把自己的名字带上，这样时间长了的话我就知道你是谁了，我也能把你和你的声音做一个匹配"。而且我还和领导说，"如果我在公司里见到您了，我真心不是不想和您打招呼，我是的确看不见您"，这个其实真的很重要。

没打招呼的尴尬。因为我原来就有过这样尴尬的事情。之前我在那家小公司上班，领导开会的时候就当着全体员工的面就说，"你们这些视障员工应该提升自己的素质，怎么见了领导都不打声招呼"。然后开完会之后我就去单独找了领导，我跟他说，"首先很抱歉，然后跟您说一下，没有跟您打招呼可能是我的一个失误，但是也请您理解，因为我们看不见您走过来了。而且我们没有打招呼不代表我们不尊重领导，所以我的心里还是有些小委屈"。我就跟他说，"如果下次您想让我们知道您的存在，您可以先跟我们说话，然后让我们知道您在这，那我们就不会因为看不见您不跟您打招呼了"。所以我觉得这个对我们视障者来说也真的是一个挑战，可能这个和领导的格局也很有关系，当时在那个小公司，那个领导就是这样的。

视障者的职场劣势。我觉得不管是国企还是私企或者其他的外企，可能领导都会很希望自己的员工仰慕自己或者真的把自己当成领导，所以不能跟领导主动打招呼，也是视障者的一个小小的劣势吧。

包容开放的工作环境。但是来了这个新的公司之后，我发现我是第一个障碍员工，然后我们的毛总真的是比较包容。毛总是一个思想比较开放的人，所以他才能成为创业公司的董事长。首先他有创新精神，可能就要打破一些旧的东西，所以他就不让我们叫他董事长，他希望我们叫他庆庆哥。

残障与多元。毛总的孩子在国外上学，我就跟他聊过，他说他们的班级里有很多障碍的学生，有各种各样的障碍者，还有他也经常去国外，所以他就对融合包容有很深的体会。所以当公司有视障员工来的时候，他会感到很高兴，他觉得我们这家公司更多元化了，然后大家也会看到不一样的员工跟大家做着一样的事情。久而久之大家就不会觉得很好奇，这也会完善企业文化。所以我是这个公司第一个招进来的障碍者员工，然后现在加上我有四个障碍者员工了。但是我都不认识，因为我们不在一个部门，还没有机会认识对方。因为大家不会公开你的隐私，不会说你是谁、是什么障碍，所以我们就不太了解，只是在开会的时候听到过说现在有四位障碍者员工在我们这里。

"隐藏身份"。其实就像我们现在有很多同事，他们其实也不知道我看不见。比如说我们在其他城市的分公司，我就经常跟他们沟通，而且在全员的网络会议中，我也跟他们沟通过。但是大家都没见过面，只有在公司开年会的时候，很多外地的高管来北京开会然后才能见到我。见到我之后看到我带着导盲犬才知道，"啊！原来你看不见啊，但是你能在微信上跟我们打字聊天我们完全想象不到啊。"

图片转 word。不过有的时候，我的一些同事会给我发截图过来，我就会跟他说很抱歉我看不见图片。比如有的社区出了很多问题，然后他在和我反馈问题的时候就会经常给我发图片。那么我就会跟他讲，我说，"不好意思，我是视障者，你能把图片的内容用文字帮我提取出来吗？给我讲一下图片的内容"，等等。他们也会马上表示不好意思，然后再转述给我。还有的时候会有人给我发很多 PDF 的文件，就是有插图的，那么我会选择让他们直接发 word 文档。这些事情都是需要沟通的，不过如果没有涉及这些图片的话，我也没有必要特别去提及我是视障者什么的，但是如果在沟通中我遇到了这样的障碍，那就跟他说一下，跟他讲我需要他给我做什么样的事情。因为很多东西你换个格式，换个其他的方法就可以很容易地解决了。

同事贴心，无障碍。不过现在我们部门的人，我身边的同事一般都会注意到这些问题。因为有的同事会提前来问我说，"姐姐我发给你的文件你觉得哪种格式接收起来会更方便一点"，那我就会直接跟他说我的需求，比如说我想要 word。然后如果有图片的话他会帮我把那张图片描述一下。

工作环境小问题。平时工作中其实还有一些鸡毛蒜皮的小事，因为有很多人不了解你，有时就会产生误会。比如说我去倒水的时候，有时看不清饮水机旁边其实站着一个人我就直接撞上去了，那他可能就会有点不太高兴，因为我从外观上也看不出眼睛不好，别的部门的人也不了解我的情况，会觉得"哎呀！你撞我了"。但是当我说我眼睛不好的时候，他就会觉得很抱歉。还有一个就是有的人经常会给垃圾桶挪位置，因为像我们一般放东西的地方都会很固定，但上班的时候就会经常找不到垃圾桶，经常会发现我周边的垃圾桶不见了。就像有一天早晨的时候，我在泡茶，在我撕开那个茶包袋的时候我就下意识地想往脚底下一扔，但是我用脚一踢，发现垃圾桶没了。保洁阿姨就会经常给垃圾桶换位置。

多接触、多了解。我觉得这些问题还是残障员工不够多，这些问题出现得也不够多，所以他们才会觉得这个人眼睛睁得大大的怎么还会撞我。但是如果周围的人知道这个人眼睛不好，他能意识到这一点，那就不会经常发生这种尴尬的事情了。我觉得很多事情都是潜移默化的，我要慢慢灌输给大家一种对待障碍者的态度。

五 小事情，大障碍

办公软件何时才能使用？ 还有我遇到的一个困难，这个是比较难解决的，就是在公司用的系统平台和它自身的软件开发是没有经过无障碍优化的。比如说我们的财务系统、管理系统，或者公司的 OA① 这些办公软件，它们真的都没有无障碍。这些公司想替你解决，但是它解决不了。

成本问题，不愿做。因为这种软件有可能是公司整体购买过来的，开发权和维护权是在另外一家公司那里的。如果是按照国际惯例，或者国际的法律法规规定，哪怕是这个公司只有一名视障员工，只要他有这种需求，那么公司就应该提供合理便利，说白了公司就应该花钱去请他们的工程师把这个改掉、优化，但是很多公司真的是因为考虑成本的原因，就不愿意给你去改。因为他们的理念还没有上升到这个程度，所以这个是我目前比较苦恼的。

软件无标准。因为这不仅是成本问题，还很麻烦。如果这个软件或者系统是买过来的话，公司还要去找原来软件的工程师，需要这个工程师来跟你沟通。因为这个要工程师了解到哪里需要改，哪里不需要改，你的具体需求是什么。所以说这也是咱们最现实最大的问题，如果每一个软件工程师都能按照国际无障碍标准来写一个软件的话，那么就不存在障碍了，也不用后期找来找去，改来改去了。最关键的是这些工程师，他们根本就没有达到那个信息无障碍的标准，所以说才需要去改。

---

① 办公自动化（Office Automation，OA），是将现代化办公和计算机技术结合起来的一种新型的办公方式。——主编注

争取无障碍工作环境。 有的公司有自己的办公系统，不只有系统、有软件，有的还有自己的平台。比如说我们之前的保险公司，就有一个自己的保险的一个管理平台，因为我们要管理客户数据，还要给客户拨打电话，还要去存每次我们通话的内容。这个系统、这个平台每个公司都不太一样，那么这些东西就很难达到无障碍标准。前几家公司都是在我不断争取下，终于改掉了。我记得我的第一家公司是花了四万块钱把这个平台修改了。然后第二家公司因为它们本来就有程序员，这套平台就是它们自己开发的，所以它们的工程师是加班了一个星期才把这个系统平台改成了无障碍的，他单独给我做了一个页面。还有下面的公司我也是和它们的工程师一直在沟通，也是改了很长时间。因为那个软件我每天都在用，不用不行的，所以他们才必须改。

使用率低，"不用改"。 我现在的这个公司，比如说财务系统不是我每天都需要用的，可能我一年才会用一次，那么就没有办法改。所以这些东西他们改不改和你的使用率也有关，还有一些其他因素，比如说这个软件是找人开发的，或者是整体购买过来的，所以也没有能改的人，也是有很多现实原因。

视障员工，干不了？ 其实是会有一些企业因为这种问题而不愿招收视障员工的，因为如果来了视障员工的话，有很多系统就都需要去改。我认识很多呼叫中心的人，很多人都跳槽到别的公司了，所以我就会有一些渠道。开始在保险公司的时候，不只是我一个人去的，我们一共有 12 个人都在那个保险公司。但是后来大家可能觉得销售有压力吧，就逐渐都走了，然后就剩下我一个人了。我在这个行业里待的时间比较久，所以认识的人会比较多，有很多朋友想要找工作，我就会带他们去各家公司，看哪一家公司可以接受视障员工，看看哪一家公司的办公软件可以用，所以我那个时候就跑了很多家公司，遇到最多的情况就是软件不能用。

不能修改，要放弃？ 比如说我之前到过一个电商公司，他们是做电视购物的。他们本来想让视障员工来做一些客户维护和回访的工作，但是他们那个软件完全不能用，结果最后我就拒绝了，所以说很多视障者都因为信息无障碍不达标而不能去工作。现在用手机也不是完全无障碍的，所以这个问题是很苦恼的。

六　跳出圈子，不断尝试

脱离残障群体的工作。我觉得很重要的一点是，我来了这里工作之后，脱离了残障的群体，我是来到了一个普通的公司上班。所以对我自己来讲，我就不会觉得自己和他们有什么不一样的地方，我们都是平等的。还有就是可以丰富自己的阅历，因为在这么多的工作当中，我会不断学习、探索，会知道哪些事情是我能做的，哪些事情是我努力了也根本做不了的。

外面的世界很精彩。而且最主要的一点，我觉得我做了这么多的工作，换了这么多的工作环境，的确会提高我的人际交往能力。因为之前有很多视障者，他们都是从事针灸推拿工作的。可能一个按摩店，比如说有些很小的按摩店，可能就只有四五十平方米，而且里面可能就六七个人，都是盲人，所以他们就不知道外面的世界是什么样子的，就会很枯燥。但是如果大家能够跳出这个圈子，去外面看一看才会觉得自己不仅能做针灸推拿，还可以做很多的事情。所以对我来讲，就会让我看到很多不一样的事情。

升职加薪靠自己。其实做了这么多的工作对我最大的改变就是让我觉得我没有和其他人有什么不一样。因为工作都是一步一步往上爬的，我也觉得自己的能力在一步一步提升。因为最开始在呼叫中心的时候，我只是一个小白。我们的底薪也是按星级涨的，由一星到六星。最开始我的底薪是 1800 块钱，但是我的业绩越做越好，到后来的时候底薪就升到了 4500块钱。这让我感觉到我一直处于一个上升的状态。

别怕换工作。换工作时，公司也会越挑越大的。一开始我在一个特别小的公司，领导也是一副很牛的样子，你在走廊上没有跟他打招呼他就会觉得很不舒服。所以我从那样的一个小公司，一点点地走到了一个非常大的公司。一层楼的坐席可能就有五六百人，公司也是很好的。我还记得我原来的那个公司有个电梯是没有语音播报的，所以到了哪层楼我都不知道。后来我就找到了物业，我说"你看这个电梯，怎么连语音播报都没有？"我说"咱们电梯肯定是有这个功能的，你去问问领导"。结果物业第二天就把语音功能给我打开了。然后到这家公司的状态也是一样的，这儿的情况会更好一些，他们也会更好沟通，因为一切都是多元的、新鲜的。这边的电梯没有盲文和语音播报，我原本是在地下一层和客户一起工作的，后来我们搬到了八层的办公室，让我苦恼的事情就来了。因为那个电梯没有盲文，你进去想上八层自己根本没法按，而且我也不能每次都让别人帮我按电梯。有的时候电梯里也没有别人，这种情况就很尴尬。所以我每次就从底下开始数，单数双数的数，二、四、六、八那种……特别麻烦的。后来我就找来那种写盲文的小贴纸，自己写下来然后贴上去。但是有一个缺点就是，这个盲文贴纸总会有人去摸，会有人好奇，或者保洁搞卫生的时候会把它给擦掉，所以我就经常去骚扰他们。结果就在前些天，在我上班的时候，物业前台的小哥看见我就跑过来跟我说："呆萌姐姐，你以后不用贴那个盲文帖了，因为咱们公司把电梯的按钮都更换成新的了，现在每一个按钮上都有盲文了。"后来电梯又安装了楼层语音播报，我还发过朋友圈。

感受更多文化。所以我不停地去换工作，不停地去换新的环境，每一个公司都有自己的企业文化。我在这之中可以接触不同的文化，接触不同层次的人，所以对我来说会有不同的改变。这些东西给我的感觉都是不一样的，所以我会感觉到自己一直是一个上升的状态。这样的话，焦虑感会降低，也会提升我的自信和生活质量。

事业和安全感。当人处在上升状态的时候，焦虑感就会降低，因为我的安全感提升了。如果在一个小公司，它本来就摇摇欲坠，今天有奖金明天没奖金，那人的焦虑感就会很强。或者说我的各种要求都得不到满足的时候，它就会用各种理由去拒绝你，比如说"我们公司没有钱啊，这个系统没人会改造啊，你就将就将就吧"。或者说"这个合理便利我们不能提供啊"，让你没办法自如地工作，那么你就会很焦虑。

企业文化影响生活。像我之前上班的时候，每天早晨6：50就要坐公交车，那个时候是最堵最挤的时候，我和导盲犬根本就上不去，而且每天都是这样，这就让我很焦虑。下班的时候也是，我要等好几辆车才能上去。但是现在的公司就比较好了，它会让我错峰出行，我可以比其他的员工晚打卡半个小时,这样有半个小时的时间,就避免了很多危险的事情发生,我也不用去特别挤了,我的导盲犬现在也不会经常被人踩了。所以说这种合理便利在上升状态的时候,当我接触的企业文化越来越好的时候,我就会有更多的安全感。

只有大公司待遇好吗? 按照国内的情况来说,大的公司可能会更有实力,它也会按照国家的法律法规来办事,但是也要看公司的人是什么样子的。因为再大的公司,如果公司里的人不认可视障者的话,那也是没什么用的。就像我之前去过的一家公司,是很大,而且招收了140名残障员工,但他们统统都是轻度的肢体障碍,视力障碍一个人都没有。但是有很多小的公司,它们没有什么成本的压力,它们也不需要用什么特别的软件,而且工作本来就轻松简单,领导也很不错,觉得你来到这里挺好的,也可以激励大家一起努力工作,这样也是非常好的。

七 我与导盲犬呆萌的故事

不想捆绑亲人。我原来的工作真的特别辛苦,在没有领养导盲犬之前的出行还特别费劲,原来我爱人和我爸爸会经常送我去车站,然后我爱人下班的时候会辛苦一些,要多走一段路到我的公司来接我下班,所以那就是我长期以来的一个模式,这也就促使我下定决心在2017年的时候领养了一只导盲犬。因为我觉得独立出行真是太重要了,我实在不希望我把家人的时间和我都捆绑在一起,我也希望更有自由。我不希望我妈或者我爸在家里看电视的时候,我这里突然有个急事,就要他们立刻带我出去,然后他们就要恋恋不舍地把电视机关上,陪着我走了,我不想让他们再这样了。独立出行真的是很重要,人生就在这些小事上一点点地改变。

与呆萌一起上下班。我现在上下班就可以自己走了,我上班需要坐一趟公交再倒三趟地铁。因为我家在卢沟桥,然后公司在大望路,路程大概是两个小时,现在都是和我的导盲犬呆萌一起走的。

导盲犬被拒。不过带着导盲犬出行,最困难的时候就是会被拒。有的时候比如说我去坐公交就可能被拒,有时候司机可能会不理解吧。虽然这个法律在 2015 年就已经出台了，《残疾人保障法》还有《无障碍环境建设条例》里都规定了导盲犬可以引领视障人士去任何的公共场所，但还是执行得不够。有很多人他不知道或者是没有仔细去学习或者他本身就很排斥狗，所以有时带着导盲犬出门就很困难。

外出沟通困难。 还有就是有些餐厅，比如说我家楼下的餐厅，开始也是不让导盲犬进来，后来我和他们解释了，很多店就同意了。但就是有几家店坚决不允许我带导盲犬进去，包括我公司附近的餐厅和我出去游玩的时候，我入住的宾馆或者景区之类的，还包括商城、超市和银行等，他们都有过拒绝。有的和他们沟通就可以，跟他们说一下这个法律啊，他们都可以理解你，但也不是每个地方我都能找到他们的领导，这样沟通就特别困难。

地铁站凭空增加要求。 我记得有一次是这样的，我在 2017 年的时候曾经就被一个地铁站给拒绝了。之后我就在那个地铁站一直待了 7 个小时，我一直在跟他们说这件事，但是当时他们给我的理由是这个狗没有戴那种防止伤人的护具。我就问他那种护具指什么，他说必须给狗戴一个那种像农村里牲畜戴的那种"铁嚼子"。我就问他什么是"铁嚼子"，他说就是用铁丝做的那种口罩。我当时就特别费解，因为导盲犬在中国已经十几年了，从来没有发生过任何一起咬人事件，而且在导盲犬培训基地，他们在培训这些狗狗的时候也从来没有给它们戴过这种东西。所以他这种要求其实是不合理的，这个"铁嚼子"是他凭空想象的，他并没有去实地调查这个导盲犬实际上是怎么工作的，然后就自己添了这样一条。因为我原来正常的这样走这样做从来没有发生过这种情况，但是那天地铁站的工作人员不知道是怎么了。当时我就为了找他们站长等到了夜里 11 点多，才把这个事情给说了。

善用法律沟通。 我记得还有一次是我们出去搞活动，在一家餐厅门口，当时也是发生了这种情况，我当时就叫来了他们的董事长助理。像这些地方我们就可以找到这样一个执行者，但是有的地方就找不到执行者，所以我们要让他执行起来就比较困难。因为你找到执行者之后，他会了解情况，我们可以把法律法规给他看，那么在通常情况下还是比较顺利的，因为大家也都是知法懂法的。但是如果遇到那些不讲理的人，那我们也没办法了，除了我们去媒体曝光或者去起诉之外也没有太好的办法了。

八　我想创办无障碍公司

因为我早年的经历和我认识的许多视障朋友都没有办法找到心仪的工作，所以我希望自己可以创办一家公司，为大家提供合理便利，让每个人的能力都充分发挥出来，不再因为软件不能用那种小问题而不能施展自己的才能。

不依附别人，对自己负责

杨文文[*]

现在并没有达到自己最理想的状态，但相比在福利院的时候，还是会知足现在所拥有的一切，感恩一路走来不遗余力帮助我的朋友们。我也希望，尽自己最大的努力变得足够优秀，去回馈别人对我的好。

一　福利院的童年

我叫杨文文，出生于 20 世纪 80 年代末陕西的一个村落里。自我儿时有记忆以来就与奶奶相依为命，而爸爸、妈妈的角色对于我来说，是模糊不清的。为数不多的记忆是奶奶不放心把我一个人留在家里，她便背着我去地里放羊，颤颤巍巍地走在崎岖的小路上，时时护住我，生怕把我摔着。

四五岁的时候，不知道自己怎么就被送到了县城的福利院，初次来到一个陌生的环境，面对那么多的人，更多的是胆怯——那个时候，我还不清楚这些意味着什么。

随着年纪的增长，我开始意识到自己与其他孩子的不同，小伙伴们可以活蹦乱跳地走路，而我畸形的双腿无法站立，只能靠屁股和上半身的力量一点点地在地上蹭着移动。小伙伴们三五成群地在院子里爬高爬低，玩得不亦乐乎，我只能远远地看着他们，心中是说不上来的滋味儿。

---

*　杨文文，先天性小儿麻痹症患者，面包烘焙师。

追不上伙伴们的脚步，我只能一个人玩儿，时常能听到福利院里的姑姑们闲聊天儿，她们也会有一搭没一搭地跟我聊上那么几句。从她们那里得知，我不能走路的症状叫小儿麻痹症，但没有人告诉我为什么会得这样的病。

日常的行动都是坐在地上用屁股蹭，由于长时间与地面摩擦，裤子基本上两三天就会磨出大大小小的洞，屁股擦破皮是常有的事。姑姑每次拿着我的裤子，都会叹气，只能在裤子上缝了又缝，直到那条裤子再也不能穿。

一直这样蹭下去也不是办法，有一位姑姑从角落里拿出一个小板凳，然后递给了我，她让我尝试用手撑着板凳，借用胳膊的力气，让腿半蹲，先往前移动小板凳，再跟着用手挪动双腿。我按照她的方式去做，发现竟然真的管用！虽然整个动作很吃力，但是当我身体成功离开地面的那一刻，我感到十分欣喜，我不用再像之前那样，狼狈地在地上摸爬滚打了！

说起来，福利院是一个为我们遮风挡雨的大家庭，我和其他孩子的吃喝拉撒睡，都是由姑姑们尽职尽责地照料。尽管比不上那些有父母疼爱的孩子们幸福，但在有吃有喝、有哭有笑的福利院里，我们像是屋后的小树苗，在四季的轮换中一点点长大。

年纪尚小的我，看着福利院里每天不停地有人来，有人走。社会中的爱心人士会前来看望、领养他们喜欢的孩子；也有一些长大成人，具备一定能力的孩子，顺利地参加工作，融入社会……这些人是我唯一和外界有所接触的机会，他们身上有与众不同的东西，让我觉得，外面的世界一定很精彩。

一晃到了该上小学的年纪，福利院的姑姑们着手准备送我上学，让我不安又好奇。不安的是又要进入一个陌生的环境，不知道学校会不会像福利院那样，有小伙伴一起学习、吃饭、玩耍；好奇的是，终于有新的朋友认识了，或许有一些好玩的事情等着我。

"你怎么了啊？"

"你为什么这样走路？"

"你和我们不一样，你是残疾人！"

上学的第一天，就被同学们的各种问题给问住了，我支支吾吾地说不上话来。

老师见我不方便，把我安排在一个出入便捷的座位。即使如此，当我移动的时候，还是能感受到同班同学几十双灼热的眼神，对我倍加关注。面对窘迫的场面，我不知该如何是好。

好在，同学们对我的好奇慢慢地减弱，我也逐渐适应了学校的环境。身体的障碍让我没办法像其他同学那样，一起嬉笑玩耍，我更多的时间是用来学习，这也让我后期在自学方面，有了扎实的学习基础。

记得有一次，我用小板凳移动在人来人往的路上，不起眼的高度差点被人踩到，我惊慌地喊了一声。那个路人闻声低头看向我，立马又后退两步，一副惊恐的样子，好似看到了什么可怕的怪物。没等我开口，他便迅速地绕开我，径直走去。那个眼神，使我毕生难忘，正是那一次，让我对自身的残疾有了新的体会。很长一段时间，我都不愿意出门，排斥和任何人接触，没有人知道原因，本就不爱说话的我，反而让姑姑们更觉得我性格古怪。

上小学二年级的时候，学校以环境不方便为由，更害怕担责任，拒绝我入学。从那个时候我就明白，只有通过学习，才能改变人生。由于福利院的集体生活，领导们不能单纯为我的事情去破例处理，所以也就不了了之了，这让我感到失落极了。

因为教育意识薄弱，再加上姑姑们忙着照看其他孩子，根本无暇顾及我上学的事情，我再次陷入福利院的环境里。每天除了看着大人们忙来忙去的身影，我不知道自己还能做点什么，没有任何想法。

这样的状况一直持续到十四五岁，正是懵懵懂懂的时期，我不期而遇地来到了人生的转折点，让我看到了福利院外更广阔的天地。

二 Jeff 带来的人生转机

福利院常常有不同社会背景的爱心人士到访，来做志愿者，也会有国外的爱心人士不时地来到这里。起初，我对金发碧眼的外国人感到好奇，因为他们长得和中国人一点儿都不一样，说着听不懂的英语。

其中，有一位外国人不定期地来福利院探访，我对他颇有印象。当他主动找我聊天的时候，我有点意外。我们语言不通，尽管他会说一点中文，我也在复杂的环境下，锻炼得能听懂一些基本的英语对话，但是面对陌生人的接近，我像匹惊慌的小马驹，紧张得要命。

我们简单地聊了起来，他告诉我，他叫 Jeff，目前在中国生活。印象最深的对话，是他突然用不太流利的中文问我："你最想干什么？"我想都没想直接告诉他："我想站起来走路。"害怕他听不懂，又连手带脚的比划出来。

虽然，经过长久以来的锻炼，我已经可以丢掉小板凳，仅靠双手抱腿的力量，蹲着走路。可是站起来，和正常人一样去行走，仍旧是我一直以来的愿望。单纯的我在期待，去医院就能治好我的病；或者，一定有其他的方式能够让我站起来走路……无论如何，要比现在情况好吧？我心里想。

Jeff 若有所思地冲我点点头，我不知道他是什么意思。

自那次对话之后，我们相互留了联系方式，Jeff 自然成了我为数不多的朋友，经常来找我聊天，询问我的近况如何。说起来，与福利院里照料我们衣食起居的姑姑们不同，她们纯粹是为了工作而工作，但是 Jeff 更像是一个长辈，常常鼓励我表达出内心的感受和想法，并给我带来很多启发。

从 Jeff 的行为举止上，我可以感受到他的真诚，所以我渐渐地放下防备，变得和他无话不谈。尽管有时他会听不懂，语言不通可能成为我们之间交流的障碍，但是来自心灵上的沟通是无国界的。

每次聊到以后的生活时，我都会和他滔滔不绝地说，说等自己站起来，要去做很多很多的事。突然，Jeff 郑重其事地跟我说："你可以去国外看看，或许那里的医生能治好你的病。"

"啊？"我被 Jeff 的话惊到了——这是我从来没有想过的事情，我连离开福利院的能力和机会都没有，有谁会带我出国看病？看病的费用又到哪里去弄？

一想到这些，我激动的神情立刻黯淡下去，Jeff 看出了我的担忧，安慰我说："没关系，我们一起想想办法。"

原以为他只是随便说说，但没想到 Jeff 竟然真的开始行动了。他找福利院的领导聊给我看病的想法，领导最终以种种冠冕堂皇的理由拒绝了。不放弃的 Jeff 提出，他要承担所有的费用带我去国外看病，只需要福利院协助帮我办理护照等一切手续。福利院的领导无话可说，倒也是配合。

每一天我都在焦急地等待着 Jeff 的好消息，担心出任何差池，让我的希望破灭，那段时间似乎过得很慢。庆幸的是，一切还算顺利，从办护照、拿签证、订机票等都由 Jeff 一手操办，包括所有的费用。

直到去往佛罗里达州的航班起飞，坐在机舱里的我仍然不相信这一切竟然是真的，这是我第一次真正意义上离开福利院，而且不远万里来到了国外，简直就像做梦一样！

即使兴奋，也难掩机舱里的高压带来的不舒服，旁边的 Jeff 不断安抚坐立难安的我："放轻松，睡一觉就到了。"

经过长达十多个小时的飞行，我们终于到达目的地，周遭的环境明亮而又嘈杂，我不知道自己置身何处，紧紧地跟着 Jeff。

佛罗里达州是 Jeff 的家乡，居民们也和 Jeff 一样，洋溢着热情的笑容，这让我感受到了与中国不同的风土人情。同样，Jeff 兴高采烈地带我去吃三明治，去吃西餐，去吃他家乡的美味，都是一些我从来没有吃过的食物，有点新鲜，又点不太习惯。

待我整顿休息过后，Jeff 便带我去了已经为我提前预约好的医院看病。首先，被安排去做各项的身体检查，面对从来没有见过的医疗器械，我心里是有些害怕的，但是一想到这样做就能够站起来了，我还是乖乖地配合着。

等医生拿到我的相关报告，才开始为我诊断。医生和 Jeff 用我听不懂的英语沟通着，听了医生的话，Jeff 看起来表情有些凝重，我在一旁直勾勾地望着他们，等待 Jeff 的转述。

和医生沟通完毕，Jeff 直言不讳地告诉我："医生说，检查报告透露出你身体的状况并不乐观，如果动手术的话，只有 10% 左右的成功率，而且不一定会达到你理想的状态。"

我的身体已经成年定型，导致我错过了最佳的治疗时间；再加上长时间以不正确的姿势行走，加重了身体的变形，所以动手术是一件风险率极高的事情。Jeff 说，甚至可能会瘫痪，成为植物人。

Jeff 的话给我致命一击，我不知道该怎么形容当时的心情。考虑到对自己负责，我放弃了手术的念头，也是从那一刻开始，对于身体上的残疾，我彻底地妥协了。大概，这一生只能蹲在地上，像只蜗牛似的一步步去挪动自己的身体……

满怀期待地来到异国他乡，而收到的消息犹如晴天霹雳，特别是看到忙前忙后的 Jeff，我更是多了份歉疚。我思绪万千也只能硬撑着，假装没事的样子，不想让 Jeff 再为我担心。

水土不服的我，吃不下饭。Jeff 二话不说就带着我到唐人街，特地去了一家中国餐馆，给我点了热腾腾的汤和面。很长时间没有吃到的面，就着汤吃到胃里暖暖的，在这一刻，我竟想念起曾经时刻想要逃离的地方——原本以为自己再也不想回到的福利院。

在佛罗里达州待了差不多两周的时间，Jeff 带着我重新回到了福利院，完好无损地把我交付给姑姑们。尽管没有实现心中的愿望，但是能够走出国门，长了见识，也算是不小的收获。这一切都要感谢 Jeff 的付出，才让我能够有一次非同寻常的体验。

福利院的生活一切照旧，自从站起来走路的想法破灭之后，我整个人像是抽空了思想，没有任何的想法，安安静静地一待就是一天。这个时候，耳边就传来一些闲言闲语，无非是我年纪这么大，应该出去找工作了等。

看到我一蹶不振，Jeff 说我该有新的生活，不能再这样生活下去了，我拥有着无限的可能……不知道 Jeff 是不是在安慰我，但是他的话，的确重新点燃了我心中蠢蠢欲动的小火苗。

我已经是个成年人，不再是依附姑姑们照顾的小孩子，心中突然冒出许许多多的想法，却不敢说出来，怕被别人觉得是妄想，即使想要说出来，又没有人听。唯独在 Jeff 面前，我才会吐露心声，告诉他，我想离开福利院，去外面生活，体现自己生而为人的价值。

Jeff 问我有没有具体的想法。我愣住了，不知该如何作答。别人还能出去工作，而我这样行动极其不便的人，除了偶尔帮姑姑们做些杂务活儿，没有任何的生存技能，离开福利院还能去哪里呢？

这一次，Jeff 没有立马给出我答案，他让我没事多看看书，多学学知识，这样日子才不会过得无聊。

就在快要自我放弃，认定待在福利院才是唯一的选择时，Jeff 再次让我的生活有了新的转机。他说："有一家做西点烘焙的团队在招人，你愿不愿意去尝试一下呢？"

"他们找的是健全人吧？我这个样子哪行啊？"

Jeff 很认真地跟我解释，说那是一家接纳残障人士的公益组织，以开面包房赚来的费用作为日常开销，他们会教残障人士如何做面包，让人力循环起来。我听了之后，立刻有了兴趣，但又担心自己的身体情况，会不会像当初上学的时候，被人拒之门外呢？

"不会的！"

"真的吗？"

得到 Jeff 的肯定之后，我兴奋地欢呼起来。

"不过，工作的地方是在河北廊坊。"Jeff 又问我："你愿意去吗？"

我顾不得多想，连连点头，恨不得立即收拾行李跟 Jeff 去河北。Jeff 缓缓地说，暂时他还不能带我去，等他安排好了再带我过去。

Jeff 不止一次地给我带来意想不到的消息，并且每一次都不遗余力地帮助我实现目标，他的热心肠让我十分感动和温暖。如果 Jeff 没有出现在我的生命里，我的生活不知道会是什么状态，但我可以毫不保留地说，我现在生活中所有的转变，皆是因为 Jeff。

三 崭新的生活方式

Jeff 一向是说到做到的人，他越来越像是我的家长，跟福利院沟通，代我处理所有的事务。对于我来说，Jeff 是一个神奇的人，他再次让我如愿以偿，来到了那家具有公益性质的面包房。

店里的装潢偏向西式，摆在橱窗里的面包看上去精致又美味，他们主要对接高档的咖啡厅，以及供应酒店，老板是个外国人。负责人一边带我去看操作间，一边介绍了他们面包房的基本情况，说在这里工作可以管吃管住，工作时间是朝九晚五，每个月还有基本工资。

听到这些福利条件，我万万没有想到，对没有任何社会阅历和经验的我来说，能有个容身之处就是知足，没有过多的要求。

这除了经营着面包房，私下更像是福利院，却比我们的福利院环境好许多倍。我看到有小朋友坐在那里画画，五颜六色的画笔在纸上绽放开来，画得特别好。这样熟悉又美好的氛围，让我下定决心留下来。

负责人简单地了解了我的一些基本情况之后，对我说我可以使用轮椅，这样会让我舒适一些，做事也方便有效率。随后，她又指出这里的一楼是操作间，住宿在二楼，询问我是否能够克服困难上到二楼？

平时上一个台阶就足够费力的我，迎难而上地去挑战了自己。在 Jeff 和负责人的见证下，我缓慢又笨拙地上了一个又一个台阶——比起在毫无希望可言的福利院里待着，这些身体上的考验又算得了什么呢？也许正是这样的毅力，负责人最终同意我留下来。

新的环境，新的朋友，新的生活圈，一切都是崭新的，我彻底脱离了过去的自己，也意味着接下来的日子，凡事要靠自己去争取……想到这些，反而让我更有动力去生活。

在正式入职之前，面包房的阿姨给我推来了一辆使用过的轮椅，让我坐上去试试。这是我第一次接触轮椅，缓缓地坐上去，双手划动起轮椅的手推圈，轮椅就自如地移动起来。就像小朋友的玩具汽车，对我来说哪里都是新鲜的，我终于能够行动自如，不再局限于一个地方。

突然坐在轮椅上十分不适应，因为方向把握不好，没有安全感，但明显感到比之前蹲着走要省力、方便许多。阿姨告诉我适应适应就好了，以后我就可以坐在轮椅上工作了。

初次工作，我是以学徒的身份，只能先做最基础的一些工作。但是，做饼干和蛋糕远没有我想象得那么容易，并不是把所有材料混合在一起就制作完成了，而是需要道道工序，就连面粉和鸡蛋的比例，以及先后顺序都是精心配置的。

由于学历连小学水平都没有达到，食材的配比换算，让我犯了难。虽然师父会手把手教我如何去做，但是师父也不能时时刻刻在身边指导我，偏偏我又是一个很要强的性格，能不麻烦别人的就不会去开口，别人说过一遍之后，如果我记不住，也不会再去问第二遍，那样会让我觉得很难堪。

于是，我每次都是先记录下来怎么做，私底下再用计算器研究配比，一次次地练习，这是一个很笨拙又有用的方法。幸好，生在一个日新月异的数字化时代，后期都是利用手机 App 直接换算就能得出答案，这帮了我很大的忙。

在工作空闲的时候，面包店的工作人员会悉心教我书本上的知识，我也会利用网络去学习一些知识，也包括英语，因为，我们的工作人员也会有外国人。这样的交流环境，让我意识到英语的重要性，和他们日常对话，是锻炼英语的好机会。现在，我已经能够进行基础的口语交流。

工作和生活的环境与在福利院完全不同，让我有了更多的自主能动性，可以选择自己想去做的事情，可是很多事情当我去做的时候，年纪已经成为上限。例如在这家公益组织里，同样有一些无处可去的小孩子，他们会受到应有的教育，公益组织甚至聘请专业的老师给这些孩子上钢琴课、绘画课等，进行一些兴趣爱好的培养。每次看到那些有才艺的小朋友，我都是由衷地羡慕。

而福利院只是管着我，让我吃饱穿暖，带来的都是一些负面的能量，也许正是这个原因，才造就了我越被打压越想要证明自己的不服输性格。如果能回到过去，我一定会告诉自己，不要那么自卑，要勇敢说出自己的需求和想法。

大部分人在应有的年纪经历着应有的事情，比如在童年时期受到父母家人的疼爱和教育，在大学的时候谈恋爱，在工作的时候体会社会中的人情冷暖……机遇也会相对比较多。而我的经历非同寻常，属于机遇比较少，所以成长起来缓慢，但是一切都在变好。

原以为自己什么都做不了，但来到面包店，让我学到了很多技能，也找到了生而为人的存在感和价值感。从最开始笨手笨脚地去做学徒，到现在一笔订单的制作可以独立完成，这让我有了满满的成就感；以及看到自己精心制作的点心放在橱窗里，被喜欢的顾客买走，也是一种幸福感和认可感，这是之前从来没有过的感受。

在此期间，Jeff 不定时地询问我的近况如何，我常常都是报喜不报忧，想让 Jeff 看到自己慢慢地变得独立、自信的一面，不让他继续为我担心。

在面包店的工作让自己变得充实起来，但我仍然会挂念福利院的姑姑和朋友们，每隔一两年我还是会回去看看他们，尽管我不喜欢那个地方，但是毕竟我在那里长大。

每次回去，我都是以自己最好的状态示人，有意想要去证明一些东西，但是福利院的姑姑们完全不会在意这些，反而我听到的都是负面的言论。首先，我坐轮椅这件事，福利院的姑姑们表示十分不理解，她们认为我明明可以走路干吗坐轮椅？依赖轮椅会让我缺乏锻炼，我的腿会更加的废……或者说，她们是在忌讳轮椅。

她们看不到我坐在轮椅上干脆利落的工作状态，看不到我通过轮椅可以自由出行，回来看她们，不知道我原来走路的方式给我的身体造成多大的损害和负担……她们什么都不知道，就完全不顾我的感受，对我妄加评论。

慢慢地，我开始体谅福利院工作人员的不容易，可能是因为工作上、生活上的不顺心，至于她们说的那些话，或许每个人都有不同的想法。当然，也会听到她们出于关心，说我到了谈婚论嫁的年纪，该找个合适的人家，嫁出去。

虽然在面包店工作很长时间了，但我还是没有真正踏实下来，心底会渴望能够拥有一个幸福美满的家庭，只是现在还不是时候，自己还有许多的事情没有实现，还没有准备好以更成熟的心态去迎接婚姻。

当姑姑们热心地给我物色对象，准备代我谈婚论嫁的时候，我逃回了河北，继续我的工作。

四　对残障有了新的认知

工作除了能够提升自己，同时收获了朋友。有一位比我小的"90后"男生，应聘到面包店工作，从他那里我看到了另一种生活状态。

嘉华是个"瓷娃娃"，是一种成骨不全症的罕见病，极其容易骨折，所以他的身体变形很严重，严重到让我觉得难以接受。他小小的身体像个两岁的小孩子，坐在一个庞大的轮椅上，其实他已经20多岁了，但是他看上去很乐观，也感染到我。

我们搭班做饼干的时候，会一边儿工作一边儿闲聊。嘉华告诉我说，在来面包店工作之前，他在北京参加了一个公益项目，培训罕见病、残障青年独立自主，走向社会的这么一个课程。这个课程给他的生活带来了很大的改变，他学习到很多东西，也结交了一些优秀的小伙伴……

嘉华总是不由自主地向我提及在北京的生活，听着他在北京的故事，我忍不住好奇，想知道究竟是怎样一个课程，会让嘉华如此滔滔不绝地推荐给大家呢？

在一个歇班的周末，嘉华邀请我去北京参加他们那里的一个活动。于是，我和他一起踏上了去北京的高铁。

来到活动现场，我才知道那是一群来自五湖四海的男生、女生，身患不同级别和类型的残障，他们带着内心的炙热来到北京，为了追寻自己想要的生活，一如我当初离开福利院那样坚定。不同的是，他们一起唱歌、跳舞，分享自己对生活的所闻所想，他们嬉笑打闹的样子，是打心底的开心，仿佛他们的背后有一道光，同时也把我的生活照亮了。

曾经，我以为自己是全天下最不幸运的那个人，没有父母的呵护，没有健康的身体，没有体面的工作……而接触了嘉华和他的朋友们之后，发现他们都比我坚强，彻底颠覆了我对生活的认知，以及对自身的残疾也有了更进一步的了解和接纳。

利用周末不上班的时间，我报名参加了嘉华所说的那个公益项目，作为旁听生和小伙伴一起上课，体验与之前完全不同的社交圈。之前会觉得不被人理解，但是和残障小伙伴分享交流之后，他们所说的一些情况，也是我会遇到的，那个时候我就觉得自己不再是孤单一个人。

平时的生活和工作，几乎都是和健全人在一起，和健全人在一起会感到压力，觉得自己身体不够完美，会给对方添麻烦之类的。而我的健全朋友们没办法与我感同身受，他们在我的身上只是看到我很坚强，很乐观，一些片面的自己，真正的内心世界是他们理解不了的。

我从课程中学到如何和残障的身体去融洽地生活，这带给我勇气去尝试更多的事情，常人能做的事情，或许我用自己的方式一样可以完成。同时，知道了在大环境中，我们所遇到的障碍是需要社会大众共同去解决的，就例如在面包房工作，那里的工作人员为我提供的一些合理便利，以及无障碍的操作间。

参加了残障项目的相关培训之后，我竟然和嘉华一样，开始向面包店里的残障小伙伴推荐这项课程，他们虽然能够独立生活，但是内心并没有真正地接纳自己，希望这项课程能帮助他们走出心里的阴影。然而，他们却怀疑我被洗了脑，或许每个人的想法不同，我毕竟不能把自己的想法强加到别人身上。

和残障的小伙伴成为朋友之后，我们经常相约一起出去玩，参加公益活动，我的业余时间一下丰富起来，也变得开朗许多。看到他们在各个领域追寻着自己的目标，我也在寻找方向的路上，丝毫不敢松懈。

小伙伴问我，未来有什么计划？我充满畅想地告诉他，自己先要成为一名优秀的西点师，未来能有一家属于自己的面包房。

五　残障就业所面临的瓶颈

生活的状态是流动的，人不能停滞不前。

说起来，我的工作进入了瓶颈期。在面包房工作了差不多有 7 年的时间，因为我是一个追寻完美的人，所以常常以高标准要求自己，从最初打下手的学徒，到现在可以独立承担订单的制作，去带新人，似乎这已经是我在面包房能达到的最高的高度了。

可是，我觉得这些还远远不够，我不想单纯地像流水线似的做那些糕点，我想要做一名优秀的西点师，想要赚钱，所以就要不断地学习和进步，才能够实现心中的目标。于是我想到去报班，继续深造，让自己能够更加专业，不只是单纯地做蛋糕，而是能够融入更多的创意和设计。

我不能像一些朋友那样，为了追寻梦想就孤注一掷，面包房的工作不能丢，不然个人温饱就是个问题，再加上学费又是一笔不小的开支，一个个现实的问题摆在我面前，让我不知道该如何是好。

也有朋友建议我在网上投简历，去应聘其他的西点店，从中学习经验。我照做了，简历投了之后，陆陆续续地收到一些招聘意向的消息，前面都谈得好好的，当我主动提起自己的残障身份时，对方就十分客气地婉拒了，说他们的操作间没有无障碍设施，轮椅来回出入不方便……所以，每次都是不了了之。

这的确是一个很现实的问题，我现在所待的面包房，因为是提前考虑到残障人士的使用情况，所以我才能够工作起来得心应手。

当我把这个情况告诉我的残障伙伴时，他立马提出来，这个问题是普遍存在的，既然想在烘焙的领域做出成绩，那就该主动去解决这个问题。他教了我一个锦囊妙计，让我下次电话沟通时，不要暴露自己的残障身份，等到真正面试的时候，就知道问题真正出现在哪里了——究竟是物理造成的障碍，还是刻板印象的观念问题？那个时候再根据自己的情况，提出解决方案。

听完之后，我颇受触动，决定下次试一试。如果说残障对我最大的影响是什么，可能就是物理环境吧，无障碍设施的不完善，给我的生活造成了很大的困扰。

就像朋友说的，事情摆在那儿，总得需要一个人去解决。

因为应聘屡屡碰壁，也打消了我的一些积极性，甚至想要去做美甲，毕竟女孩子都是爱美的。可是想到自己在烘焙领域已经做了那么久，并且开一家面包房一直是我奋斗的目标，就这么轻易放弃，有点儿不甘心。

面包房也不是说开就能开的，虽然自己一直在面包房工作，但是里面很多的东西我并没有去留意，更多的是把精力放在了如何做好甜点上，自己又不善于经营这方面；并且，开店的费用还差得远，仅凭自己那点儿微薄的收入，实在是不好实现。

我现在并没有达到自己最理想的状态，但相比在福利院的时候，还是知足现在所拥有的一切，感恩一路走来不遗余力帮助我的朋友们。我也希望，尽自己最大的努力变得足够优秀，去回馈别人对我的好。

六　自先沉稳，而后爱人

除了工作上的发展，不经意间到了谈婚论嫁的年纪，身边的朋友不免催促我赶快找个归宿，劝我不要挑了，找个愿意照顾我的，条件差不多的人嫁了。他们说的不无道理，却从来没有人认真地去听我的想法和意愿。

我是一个不愿意将就的人，做不到把自己的终生仓促地交托到另一个人身上，更不会为了结婚而结婚，那样是对自己的不负责任，如果后面出现了问题怎么办？就我个人而言，对婚姻是有一定责任感的。

20 多岁的时候，经过身边人的介绍，相亲认识了一个对象，就稀里糊涂地走到了一起。在相处的过程中，男生对我很好，被朋友们争相夸赞。和男生父母接触的过程中，也没有遇到特别大的障碍。

那个时候，自己什么也不懂，拿不定主意，更不在谈恋爱的状态。我的心中，始终觉得这段感情是不对等的，不能因为我的身体残疾，就把男生的付出当作理所当然，更不能因为我身体的残疾，就降低要求，随随便便地把自己嫁出去。

交往了差不多一年之后，就在大家都以为我的这段感情好事将近时，我鼓起勇气做出了自己的选择，和男生分了手。当时，大家都特别不理解，而我心里倒是松了一口气。有了一定的经历之后，回想起这段感情的时候，有那么一丝丝后悔，后悔没有抓住给自己一个安稳的机会。

朋友们会问我，对另一半有什么要求？

首先就想到，不要和自己脾气一样的人。因为自己的性格容易急躁，特别是在工作中，一旦认真起来就会严格要求自己，甚至去要求新进来的学徒也能够多进步。我希望我的另一半不要像我一样，这样两个人可以互补一下，假如进入家庭就会容易沟通一些，不会引发矛盾。

至于残障和非残障，倒没有特别的要求。年纪还小的时候，大概是心高气傲的原因，会给自己设限说不要找残障的男朋友。后来，看多了身边形形色色的男男女女，就会觉得另一半是残障也挺好的。为什么好呢？因为我们站在一样的角度，即使吵架，对方也更容易去理解自己，双方谈得来才是最重要的。

包括有过婚史的人，我也不会介意，经历过一次婚姻之后，第二次的时候一定会特别的慎重和成熟，知道自己想要的是什么，对另一半也会有所珍惜的。

所有的方面我都考虑过，感情这回事只能看缘分，我不会把过多的精力放在感情上，至少先把一个人的生活过好。平时忙于工作，所接触的人群又有限，所以在我能动还能养活自己的情况下，就不会依附别人，这样才是对自己负责。

毕竟，亦舒有说：自先沉稳，而后爱人。

以梦为马，探索人生的无限可能

小　梦[*]

　　我是小梦，大小的小，梦想的梦。我也曾经自卑自闭、躲避隐藏，但尝试过追梦、学习到更多知识之后，我慢慢学会了放下、接纳与和解。我做过企业财务、公益志愿者，开过咖啡馆、传统文化小院、推拿店，每年都出去旅行，随着结识的不同的人越来越多，看过的风景越来越多，眼界变得越来越开阔，内心也越来越淡定。姐妹们，给自己一个机会、一些勇气，去看看外面的世界，去尝试自己想过的生活，追求梦想的过程很精彩、很美妙……

一　家人的关爱、支持与激励

　　我和我的家。1983 年，我出生在北京，父母都是健全人，2 岁时因患病影响了身体左侧的肢体发育。因为我身体的特殊状况，在计划生育严格的年代，我家获得了可以多生一个孩子的名额，于是我有了一个妹妹。

　　爷爷的关爱。初中以前，我跟爷爷、奶奶生活在一起，爷爷从来都没有放弃过我，对我格外照顾，坚持让我读书。爷爷的爱就像是一棵大树，为我遮风挡雨，被爷爷重视和关爱着的我，并没有觉得自己跟其他健全的小朋友有什么不一样，并没有觉得自己不被接纳。

　　堂妹的激励。我从小和堂妹的感情就很好，堂妹是一个很有探索精神的人，她参加了领导力培训的课程，她觉得这可能会对我调整心态、接纳

---

　　*　小梦（化名），硬皮病后遗症患者、肢体障碍者，编辑。

自我，尤其是解开我特别在意身体不健全这个心里的大疙瘩，有很大的帮助，于是她就自己掏了 2 万多块钱，帮我报了名，激励我去学习。虽然后来我把学费还给她了，但是仍然特别感谢她这么为我着想。

二 横跨"政企社"的职业生涯

企业财务工作。大学期间，我学的是经济学专业，为了找到工作，不受身体拖累，我考取了专业领域会计证、统计证、审计证。所以我大学毕业以后，就进入了企业，从事会计等方面的工作。2004～2007 年这 3 年多的时间里，我先后去过两家企业。在企业工作，工资待遇比较好，但我很在意在职场里自己身体的特殊差异，这让我越来越敏感，越来越谨小慎微。而且更重要的是，在健全人的世界里我感觉很孤单，觉得自己是个局外人，没有归属感、融入感。

政府相关部门。2007～2014 年，我进入了政府部门，从事残疾人专职委员的工作，因为工作的需求，我也自学了很多相关的专业知识，2013 年，我还考取了助理社工师的证书。在政府部门工作的这 7 年间，我考过两次公务员的编制，都曾经通过笔试进入了复试，但很遗憾，因为受残障身份的影响，最终没能录取。

残障社会组织。因为我在担任残疾人专职委员的这几年里，跟很多残障领域的社会组织有过合作，所以在 2014 年，因为工作借调，我就来到了现在工作的这家残障服务机构，主要做残障政策研究、文化宣传、信息撰写、活动策划等相关的工作。在残障服务机构工作，相比以前在企业的时候收入减少了很多，但是接触和服务残障社群给了我很多的归属感、融入感和成就感。

三 我的公益梦

残障服务机构志愿者。2009 年，我偶然在一本杂志上面，看到了关于一家残障服务机构的报道。出于好奇，我去了机构的办公室拜访，被工作人员的开朗、自信深深感染，于是成了这家机构的一名志愿者。而这次勇敢的尝试，也成了我人生的一大转折点。

转变与认同。在做志愿者之前，我从来没有接触过这么多不同障别的残障伙伴，也总是试图去掩藏自己的残障者身份。我是一个性格很内向的人，在残障服务机构做了一年多的志愿者，他们的自然、阳光、洒脱非常感染我，这让我对残障的认识有了很大的转变，逐渐收获了自我认同，也变得开朗、自信了很多。在这期间，我参加了"非视觉影展"①、为盲人录制电台节目等促进残障社群赋能和社会融合的公益活动，对残障社群和残障公益事业也从最初陈旧固化的观念，到有了越来越多的了解，打破了思想的束缚，再到后来彻底放开眼光，充分认识到了自己和社群的价值。

邂逅爱情。在做助残服务期间，我认识了很多朋友，也遇到了一份美好、刻骨铭心却充满遗憾的爱情。我的前男友也是一位残障人士，他当时说过一句话，特别震撼我，他说他特别感谢残障，正是因为残障，让他有了不同的思考，也过了与众不同的人生。他对残障、对残障公益事业的理念总是和常人的角度不同，带给了我很多的启发，也扭转了我很多观念，直到今天，我都特别感激他给我带来的改变。

爱情的甜蜜与苦涩。我们恋爱了一年多，他对我特别好，北京城市很大，我们住在城市的两端，路途遥远，我俩因为身体的障碍，都不方便开车，但他还是经常会打车跑很远的路来探望我。我们一起去吃好吃的美食、喝美味的汤，一起去 798 看展览，一起为和我们同样有障碍的群体服务，一起上电视做采访……恋爱的日子幸福甜蜜，我们都已经到了谈婚论嫁的程度。但是我们的婚姻，遭到了他家人的强烈反对，虽然他也是残障人士，但是他家的家庭条件比较好，父母希望能找一个健全的儿媳妇，来

---

① 非视觉摄影是一个由视障群体开创的实验性和创新性项目。多元化背景的和跨界的参与者（视障人士、志愿者、摄影师及艺术家）通过学习运用除视觉以外的其他感官，用听觉判断距离，用触觉和嗅觉发现事物。最终呈现的照片、可触摸的图片和文字以及声音描述都可以使参与者进一步观察和理解这个世界。运用摄影，视障人能够把自身的感受和体会与别人分享，获得从未有过的向主流社会表达和沟通的机会。社会公众将近距离体验到由视障人所带来的全新摄影方式和事物认知方式，能够从另一个更加趋于真实和客观的角度理解视障人，从而能够发掘和信任视障群体的潜能，进而能够真正做到接纳、尊重视障群体，共同促进残健间的融合与社会的和谐！——主编注

照顾他们儿子。他春节回家跟父母商量我们婚事的时候，每天都有亲戚轮流来找他谈心，经常谈到凌晨，最多的时候有四五十个人反对我们在一起。在家庭的压力下，我们迫不得已分手了。现在，很多年过去了，我们都有了美满的家庭，各自安好。

四 我的创业梦

近几年，创业成了很时髦的事情，但其实早在 8 年前，我就已经开始尝试创业了。当时，我 20 多岁，正是不安于现状、喜欢探索和尝试的年纪，充满了天马行空的梦想。我入股过咖啡馆，做过文创小院，开过盲人推拿店，鼓起勇气做了很多自己喜欢的事情，圆了一个又一个创业梦。虽然也有挫折失败，但这些经历点亮了我无悔的青春。再回首往事，也可以很自豪地说，我也勇敢过、闯荡过！

很多人的咖啡馆。 2011 年，蚊二妞在"吃喝玩乐在北京"豆瓣小组上发了一个题为《我们用 2000 块钱来开咖啡馆吧》的帖子，号召大家一起来众筹，做一个咖啡馆，用很多人的一点点的钱，一点点的时间，凑成很多的钱，很多的时间，名字就叫"很多人的咖啡馆"，由众多股东集资筹建并共同管理。

我也一直有一个开咖啡馆的梦想，所以就参加了众筹，并且利用业余时间在咖啡馆做活动策划、资源链接和微博运营的工作。我们的微博有 1.5 万个粉丝，我写的一篇介绍"很多人的咖啡馆"的微博文章，还被著名投资人徐小平老师转发了，当时心情特别的激动，超级有成就感。可以说，当时还没有众筹这个名词，我们是第一批吃螃蟹的人。

得了几个创新奖，也做了几次大型的有影响力的活动。但是很遗憾，后来因为房东要卖房子，咖啡馆没能再继续办下去，但我在这里认识了很多的朋友，也锻炼了新媒体传播的技能，很开心在年轻的时候有过这段经历。

汇贤文化小院。 我很喜欢中国传统文化，所以在 2012 年的时候，经朋友推荐，我成了"汇贤文化小院"的发起人兼股东之一。汇贤文化小院的理念是，汇聚很多人，用每个人微薄的力量做一个人看起来很难做到的事，股东大约有 100 人，都是喜欢传统文化、多才多艺的人。

小院是会员制的，倡导像古人一样雅致的生活方式，装修得特别古朴，会经常举办一些类似书法、文玩、茶艺、插花、香道、赏瓷、说禅、素斋创意菜这样的活动和课程，带着大家静下心来，一起学习、体验和享受"慢生活"。我最喜欢的是"打香篆"①，用香粉压成漂亮的花纹后点燃，特别能凝神静气。

除了传统文化活动，小院还会做一些画展、公益展览等，我基本每周末都会去小院帮忙，做一些文案宣传、活动组织的工作。我原本是一个不善于表达的人，但在小院里几次组织活动的过程中，参与的伙伴配合度都很高、很有感染力，在他们的支持下，我也越来越有信心。

后来因为房租成本太高又遇到了一些意外，汇贤文化小院无法继续经营。但在小院里参加的那些活动，接触的那些传统文化的熏陶，成了我心底的一方净土。直到今天，我想起当初在小院里练毛笔字、打香篆的情景，内心都会充满美好。

盲人推拿馆。我的胳膊是需要经常做复健的，也因为我心里还残存自己的残障有康复的可能的梦想。我经常去盲人按摩店里按摩，为了方便联系，我加了一些复健按摩师的微信，他们把我拉进了按摩师的 QQ 群里面，因此认识了很多盲人按摩师。

当时，绝大多数盲人按摩店的工作环境都不太好，我因为在汇贤文化小院体验了很多传统文化，所以特别想打造一个有浓厚文化底蕴的盲人中医养生馆。于是，2013 年的时候，我联合几个朋友，也是汇贤文化小院的股东，一起投资，在中关村软件园附近创办了"萱苏养生中医推拿馆"。

萱指萱草，又名忘忧草、疗愁；苏指皋苏，传说木汁味甜，食者不饥，可以释劳。我们取名"萱苏中医推拿馆"，是想倡导"萱草忘忧，皋

---

① 香篆，是品香的一种工具，一般放置在香灰上，中间填满香粉，提起香篆后点燃已经压成漂亮花纹的香粉，一炉好香大功告成。比起线香和香粉来说，香篆更能满足我们视觉和嗅觉的双重享受。——主编注

苏释劳"①，让生命回归自然的理念。从中医推拿的视角出发，为患者解决推拿治疗范围内的病痛，达到自然修复。享精湛中医推拿之术以释劳，沉浸国学儒雅之境以忘忧，愿静观古人的守拙精神，静听患者身体的悄悄话，像绣花一样缜密，注重身体细微之处，通过传统技艺让患者的身体达到自然修复。

为了营造古风古韵、古色古香，我们的推拿馆光装修就花了 26 万元，特别文艺，虽然面积只有 90 多平方米，但是弥漫着浓浓的传统文化气息，让顾客一进门，就能感觉很放松。推拿馆提供的不仅是按摩、刮痧、拔罐这些传统的服务，还有中医推拿、艾灸、药浴、足浴、中医美容，以及与中医有关的传统文化课程。

我们自己办推拿馆，一方面是想倡导和传播中医养生的理念，另一方面也是想把它当作一项公益事业来做，从自己的店里开始，给就业的残障伙伴更多的尊重、接纳、支持和人文关怀。因为当时很多盲人按摩师的工作环境和待遇都很不好，我们想通过开一家高端、有文化气息的店，改善视力障碍按摩师的就业状况，提升视障人的职业地位和促进其医疗职业转型，得惠于盲师，还福于公益，寻养生修性、身心康宁之双效。同时，通过扶持视障人士在医疗按摩师方向高端就业、品质就业，提升残障人士的生活品质，促进他们的可持续发展，促进视障人医疗职业方向转型或创建扶持创业开店的模式，提高公众对残障人的认可和接纳度。

推拿馆的主要客户群是周围软件园里面的 IT 行业人士，现在经常讲"996"②，其实很多年以前，IT 从业者的工作强度就是很大的，脖子酸、腰椎疼都是常事，所以我们当时就想把他们作为主要的客户群去做宣传推广。我们还尝试过跟企业合作发按摩卡当作员工福利，也去周边小区发过传单招募会员，但是客流一直没太做起来，虽然有一些生意，但是一直不太红火。我们有 6 个按摩师，最好的时候，月流水有 3 万多块钱，但因为房租、人工成本很高，生意好的时候只能勉强收支打平，生意一般或者不

① "萱苏"二字取自王朗的《与魏太子书》："不遗惠书，所以慰沃，奉读欢笑，以藉饥渴，虽复萱草忘忧，皋苏释劳，无以加也"，后人以"萱苏"作为忘忧释劳之典故。——主编注

② "996"工作制是一种"早上 9 点上班，晚上 9 点下班，每周工作 6 天"的用工制度，有时也被用来转代一系列资方要求劳方延长 2 时而不额外给薪的工作制度。——主编注

好的时候就得赔钱了。我们坚持了一年半之后，推拿馆还是关门了。

当时，我们推拿馆有一位盲人按摩师，是 40 多岁因为意外失明的，还在努力适应视力障碍的生活，因为没有经验，很多时候都躲不开路边的树枝，经常头上带着伤口来上班。他家的孩子特别调皮，学习成绩也不好，他想给孩子找家教，但是没有资源，我还通过在公益群、豆瓣小组等途径发帖的方式，帮他找到了大学生志愿者，义务帮忙辅导他家孩子的功课。虽然因为种种原因，推拿馆没有继续办下去，但是在我们营业的一年多时间里，我们为店里的视障按摩师提供了一个充满关怀的就业环境，他们遇见了区别于常规店里的有情怀的老板，让他们充分平等就业，可以表达自己真实的想法，我就觉得自己的努力没有白费。

五　我的家庭梦

文艺女邂逅 IT 男。我的工作稳定踏实，公益路上的如火如荼也不能冲淡父母对我结婚成家的强烈要求，大龄女青年的我，为了缓解父母的心病，进行了一场又一场的相亲，有了前车之鉴，我对相亲已经不抱什么希望了，随缘，甚至有点儿麻痹。但是缘分来了，挡也挡不住。我经人介绍，认识了高大帅气，不善言谈，却散发着绅士风度的一个 IT 男。双方对彼此都有好感。但我习惯了成人的感情要从现实说起，没有结果的开始，就不让它开始。先问其父母的态度，他说："我们的事，我说了算。"我们俩真是有缘，同年同月生，不但彼此心仪，而且双方父母同意，朋友认可。我们的爱情始于颜值，陷于品质。所以我们快速、顺利地结婚成家了。

差异因贴心而化为浪漫。我们两个有缘人，从相识开始就精心地经营着我们的爱情，我这个文艺女，把对美好的极致追求，体现在对婚礼策划案的一遍又一遍的修改中；他这个 IT 男在视频剪辑与后期合成的结婚短片中，表达着他对爱情的忠贞不渝。我喜欢鲜花、诗句等浪漫的东西，希望自己像蚂蚁一样工作，像蝴蝶一样生活。而他坚持要讲性价比，坚持务实。自从我们结婚后，我都是看免费的电子书，购物多数在网上，又便宜还返利，吃饭要团购，买鲜花也要抢单。这些差异和冲突，都被彼此的暖心细节化解了。我爱吃他家乡的菠菜，甜甜的，很好吃，于是他从湖北坐18个小时的火车到北京，背了一箱菠菜和腊肠回来，虽然到家后只有少数能吃，但是被惦记的感觉比吃菠菜还要甜。他受伤了，我把我的浪漫发挥到了极致，每顿都给他精心调配出色香味俱全的饭菜，更不用说细致入微的照顾以及温馨浪漫的陪伴。他用他那实用的表达方法说，我是他的伙房大妈、小时工、洗头妹，岂不知她们哪有我这么浪漫和贴心。

爱情行动与爱情宣言。我睡觉，爱踢被子，在夏天的空调房里，特别容易着凉拉肚子，他就想尽一切办法，最后终于在淘宝上买到了一个类似睡袋的特制被子，对我的呵护程度可见一斑。我是从小被爷爷带大的，和爷爷感情特别深厚，爷爷病重住院了，加班已经成为标配的他，每天坚持晚上下班后开车带我去看望爷爷，无论刮风下雨，坚持好久，毫无怨言。我有感而发，哼唱起歌来："往事匆匆，总会被你感动，往后风雪是你，平淡是你，心底温柔是你，目光所看也是你。做最贤的妻，做好家事，顾好家庭，让回家吃饭这件事儿日臻完美，一茶一饭一粥一菜，与你一个人相守。让你觉得万家灯火，回家最美。"他看了我这爱情宣言，被感动得稀里哗啦，可惜茶壶里煮饺子，他有口说不出，他只说甜言蜜语最没用，看我行动。

丰富的生活，温馨的家。这两年，我们相比前几年创业时有了更多的时间和精力，于是我们把更多的时间放在家庭上。虽然文艺女和理工男思维半径很不同，但我们都喜欢旅游，于是我们每年都会去旅游，去看展览，经常去爬山，也去过国外。在家时，我们也会一起看一些访谈节目、电视剧。我们俩还特别喜欢钻研，什么事都能深挖到底，例如家里的装修，我这个文艺女和他这个技术男发挥各自的特质，研究了很久，一起布置出了我们特别智能又文艺温馨的家。这些一起进行的活动，使我们的生活丰富而又有内涵，使我们的爱情落到了实处，使我们对家特别珍惜。

给爱情一个开花结果的机会。我用成人的理智开始的爱情和婚姻，现在我仍然用成人的理智来对待生育。从2018年开始，我尝试备孕。但还是有一些顾虑，一是我的病属于罕见病的后遗症，担心会遗传给孩子，所以我去做了基因染色体的检查，基因筛查没问题。二是担心怀孕会对我的身体造成负担，引起病情的复发，我去协和、北医三院等大医院做了检查，医生说我可以怀孕，但是风险会比一般人高。三是担心如果怀孕了，请长假安胎会影响工作。虽然有如此多的担心和顾虑，但我还是决定尝试一下，给自己一次当母亲的机会，给我们的小家庭增添一个小生命，给我们的爱情一个开花结果的机会。

六　破除障碍，收获成长

堂妹帮我报名。2018 年 9 月，堂妹帮我报名了一个领导力的课程，学费很贵，要 2 万多块钱，堂妹参加之后觉得很有收获，就自己花钱，给我报了名。后来我把钱还给了堂妹，但是因为她对我的关心和对这个课程的重视，让我充满好奇地去参加了。

领导力培训。这个领导力培训课程分为 3 个阶段，从 2018 年 9 月一直持续到 2019 年春节。每周末会有大组会，平时也会有教练通过电话进行辅导，倾听学员的想法和困惑，提供专业督导。领导力培训课程对我的性格转变有很大的帮助，让我慢慢地学会了怎么去正视心中的恐惧，挑战脱敏，不再害怕很多事情。

破除心理障碍。在领导力培训的课程中，有一个环节是让大家说出自己害怕的事情，通过"袒露心扉—沟通—脱敏"来破除心理障碍。我当时分享了我的心理障碍，我是特别担心别人发现我有肢体残障，所以即使在炎热的夏天，也始终穿着长衣长裤，想遮蔽自己的肢体障碍，让别人觉得我是个普通人。当时教练就让我们组内的五六个人轮流分享对残障者的看法，对着我喊出我的身体障碍，帮助我脱敏，还让我一定要穿着裙子来参加培训。通过这个脱敏的过程，我对自己的认知也发生了转变，不再像以前那么在乎和关注自己身体的缺陷了。也让我认识到，其实残障本身并没有那么可怕，绝大多数人对于障碍者也很尊重和包容，恐惧更多的是来源于自己心里的坎儿和自卑。

美丽的误会。当时我们小组有一个学员，特别高傲，不爱说话，也很少跟其他人交流。但在一次两人一组分享对彼此看法的过程中，她说她觉得我很高冷，让我觉得特别惊讶。经过沟通和分析，我们发现，其实我们两个之所以不爱说话，都是因为比较自卑，所以性格比较内向，于是我们互相都觉得对方很高冷。通过类似这样的分享环节，我跟很多不同身份背景的同学进行交流，让我看到了不同的世界，也学会了换一种思维去看待自己和他人。

照镜子反思。还有一个印象特别深刻的环节是照镜子，让我们仔细思考和观察自己和他人的优缺点。通过和其他伙伴一起照镜子，我变得不再那么胆怯，会更主动跟别人说话交流。我也发现了自己的优点：心思细腻，有同理心，能够很好地理解别人、感同身受，情商也比较高。

众筹亲子嘉年华。领导力课程的毕业任务，是要求学员分组，发起公益众筹，每人筹资 3000 元，用于给河北贫困地区的孩子们做亲子嘉年华活动。这些孩子正值青春期，又长期住校，所以他们平时跟父母交流的机会很少。我当时做了很充分的准备工作，但还是挺紧张的，结果紧张持续了一整天，最后孩子们与父母袒露心扉，化矛盾为和平。活动的效果很好，孩子们现场跟父母有很多的互动，我特别感动。

七 姐妹们，我想对你说

躲避、隐藏与枷锁。小时候，在爷爷的重视和关爱下，我并没有觉得自己跟其他人有多么不同。工作后，他人的眼光和拒绝，特别是来自前男友家人的反对，让我渐渐变得自卑，想去躲避和隐藏自己的缺陷，甚至经常会不自主地去放大自己身体的障碍，给了自己很多的枷锁和压力。

放下、接纳与和解。但经历了更多的事情之后，我渐渐明白，不完美才是真实生命的常态。我慢慢学会了放下，学会了接纳自己、跟自己和解。我现在每年都会出去旅行，去认识不同身份、不同职业的人，看过的风景越来越多，阅人无数以后，眼界会变得越来越开阔，内心也越来越淡定。凡走过必留下痕迹，曾经走过的路、受过的伤、掉过的眼泪，都没有白费。就是有些遗憾，没能早一些放下，早一点走出来，走进舒适区，去看看自己给自己设定的枷锁之外的美好。

少点冲突，多点自由。我最近在自学一些关于心理学、自我探索的线上课程，例如"蔡康永情商课"，也在关注一些心理相关的公众号，像"壹心理""曾奇峰心理工作室"等，这些也越来越让我明白，人这一辈子怎么才叫成功呢？不是万众敬仰、威震四方，不是登顶富豪榜，而是在自己的桃花源，活得纵情尽兴、舒展欢畅，就像我特别喜欢公众号里说的那句话"少点内心的冲突，多点精神的自由"。我在残障服务机构工作，所以也想找机会组织一些面向残障社群的与心理相关的线下活动，或者类似"瓷娃娃梦想学院"那样的线上课程，希望以后能有更多的机会跟残障姐妹们交流。

见的世面越多，眼界就会越开阔；相反，封闭在自己的小圈子里，内心会越来越狭隘。姐妹们，生命的精彩，无关年龄，无关身体，无关其他人，给自己一个机会、一些勇气，去看看外面的世界，去尝试自己想过的生活，相信我，勇敢地往前走，你会看到一个全新的自己，你，值得拥有最好的一切！

视障伙伴在职场

小　娜[*]

　　我在 24 岁的时候视力情况突然恶化，一直幸运的我终于无法再用伪装的方式去继续那份工作了。辞职之后，我沉沦了一段时间，迷茫、无助。但偶然的机会，我接触了公益事业，开始正视自己的残障，开启了一段新的人生征途。

一　隐藏的残障

　　我是小娜，出生于南京市。我是一个视力障碍人士，二级视力障碍。我是视网膜色素变性。

　　我隐藏得很好。我的眼睛是从 10 岁开始显现症状的。在我上学的时候，我眼睛的情况只有我的班主任知道。我没有和同学们说过我眼睛的情况，从我的外观上来看根本看不出来什么。除了上体育课的时候，我不跟他们打乒乓球、羽毛球之类的，也没有什么问题，他们也看不出来。我的眼睛以前只有在晚上的时候不太好，但是读书那会儿，我们在城里的也都不用上晚自习，晚上就都回家了，而且那时候还会骑车走，所以就没有同学会知道。

　　渐渐疏离。因为我一直可以看见，所以上的都是普通学校，最后我上了大专，专业学的是旅游策划和营销。真正感觉和主流社会渐渐疏离，大

---

　　* 小娜（化名），视力障碍者，文员。

概是在视力下降到看不清的时候，在 24 岁左右，那时候基本上就看不清字了，比如说文件或者是手机上的字都看不清了。

二 做培训的日子

顺利工作。我现在在珠海一家世界 500 强跨国公司。公司宣扬多元融合的理念，总共有 400 多位残障员工，大多数都是听力障碍，少部分是肢体障碍员工。除了这份工作，之前我是在培训行业，在辅导机构。因为之前刚进那个公司的时候，我的眼睛还好，很多事情都可以做。可能就是我从小到大一直都没有告诉别人说我视力有问题，然后工作之后我也不想让别人知道，因为担心别人知道我的情况后可能就不要我了。

化险为夷。刚开始的时候，我在室内用日光灯看东西的时候就会看一些问卷，有些人写的就会比较淡，或者有的人不是用黑色签字笔填的，而是用那种圆珠笔或者别的很细的笔，那我可能就看不太清，就有类似于这样的情况。但是后来很幸运，刚好搬了办公室，我就挑了一个窗边的位置，那么这种看不太清的问题就解决了，也应付得过来，我就只是需要一些光线亮一点的地方。所以我就一直没有跟别人讲我眼睛的问题，有很多事情我就一点一点地化险为夷。

遭遇障碍。后来我在公司就开始看不清字，是真的没有办法再隐藏了，而且那个时候工作压力特别大，经常要加班，然后事情又特别多。有一次晚上加班的时候，领导又拿了一大堆的文件让我们大家一起处理。那次我真的是搞不定了，所以就在那时说了我眼睛的情况。也就是在那个时候我的视力开始下降，而且是越来越看不清楚，突然有一天有一个文件的表格我就完全看不清了。所以我就跟领导说我真的没有办法再胜任这个工作了，领导也在考虑给我换岗，但当时所有的岗位，哪怕是管仓库也都需要在纸上签字，领导说："这些你都看不见，那你该怎么办呢？"

决定辞职。当时我就觉得看不到是我自己的问题，我每天坐在那里看到别人都在忙，只有我自己没事做也挺不舒服的。那个时候，我没有接触过残障圈，也没有听说过什么残障意识，不知道什么权利，所以我就辞职了。

极力隐瞒自己的情况。在之前的公司里上班的时候，我要找各种各样的理由、各种各样的方法来极力隐藏自己的视力障碍。我自己不会跟他们说，那个公司可能就没有人知道，他们也不太能看出来，只可能觉得我是近视或者觉得我比较粗心。

不太合群。那时候的工作其实是挺战战兢兢的，因为我夜盲，每当秋分过后，下班的时候天就已经黑了，我就会特别抓狂。那一段时间我会经常找理由说我要加班啊，或者我有事情，或者我自己假装在打电话，故意等到很晚很晚，等同事都走完了我自己再走。因为平常都是和同事一起下班、出门，但是一到那个时候我就要假装自己在忙，就这样我变得有点不太合群。

转折机遇。辞职的时候是在 2010 年，那时辞职之后我也没有立刻再换一份工作。经历了一段时间的沉沦，也在自己探索。就是在辞职了两三年之后吧，残联刚好有一份工作是做 IT 行业的一个助理，就是说他们是做手机读屏软件的。读屏软件可以让视障人士使用手机，我当时就加入了那个公司。在那个公司的时候，我接触了一加一，也接触了更多这样的资源，所以也慢慢接触了残障意识，也融入了这个圈子里面，接触了很多 NGO 之类的，也参加了许多工作坊，我自己也在做一些工作坊。我还去旅行，也写了一些专栏，包括我 2018 年在香港待了半年，参加了一个项目，是一个残健共融的项目，主要是讲残障人士的就业、如何融入主流职场。

新理念，新思路。在接触很多新理念之后，我就会设想假如我回到原来的公司会怎么样，肯定是会有些改变的。首先，我肯定不会辞职。因为当时其实我们领导有帮我想办法，就是借助电脑，用电脑将字放大。但是原来我不太了解读屏软件这回事，总觉得用电脑看会更伤眼睛。但是如果是现在的话，我就可以用电子版的，我也一样可以处理这些事情。如果是现在的我去做原来的工作，我觉得是没有太大问题的。还有就是说公司里的其他岗位，都可以办公自动化，反正那些问题都不是特别大，我都可以解决。

三 我的隔离与融合

心理层面上的隔离。我觉得自己一直在一个融合的环境里，但是当我承认自己是视力障碍的那一刻，我感觉自己好像被隔离了。我觉得自己在人群中拿起盲杖的时候就是被隔离。虽然公司里的同事对我都很照顾，但毕竟公司只有我一个是视力障碍者，因此我那种被隔离的感觉更强烈。我之前在香港的时候，我们是五六个人一起去的香港。虽然我们都是视力障碍者，但是那种感觉会好很多，而且香港整体的环境对视力障碍者的接纳度更高。我从小在融合教育的环境中成长，也没有因为自己的眼睛提过什么特殊的要求，从小就和老师同学没有以一个障碍者的身份相处过。当然我也没有在盲人按摩店的工作经历。我基本上没有过和完全都是视障者在一起的工作经历，但是我和障碍者一起去旅行过，或者那种一两天的聚会。长期和障碍者一起工作生活的状态，也就是在香港的那几个月。在那里我们住宿舍，都是视力障碍者，我们也会感觉到隔离。现在的话，我感觉更多的是心理层面上的隔离。

她来这里干吗？ 跟我一起共事的同一个部门的同事其实都有这样的疑惑："她来这里干吗？"在第一次我们部门开会做自我介绍的时候，我就和他们说了我是怎么样用手机的，还有我是怎么样用电脑读屏软件的，所以他们现在就知道了我是怎么工作的，偶尔也会给我一些事情做。但是，我猜大部分人还是会觉得："她来这里干吗啊？"甚至真有人去问过我的领导："她进来公司做什么啊？"

被照顾的苦恼。同事们其实对我挺好的，挺照顾我的，但是那种过度的照顾让我会觉得不太舒服。这种感觉又不太好和别人讲，因为如果我要和别人说"哎呀，你们太照顾我了，让我感觉不好"，他们就会觉得：你们这些残障者怎么这么矫情，我们不照顾你不管你，你又觉得我们把你忽略了；如果我们照顾你，你又觉得我们管得太多了。我们原来也讨论过这样的问题，就是在职场到底该怎么去处理这个问题。这个真的很难，因为如果别人是真的在帮你，你说"谢谢，我不需要"，人家会觉得你不识好歹，会觉得你们残障者是这样子的；如果去接受别人的帮助，又会觉得其实这个东西我可以自己弄的。所以我觉得最好的状态是当我们有需要的时候，我们会提出来需要帮忙；如果我们没有提出来的话，是真的不需要别人来帮助我们的。

物理环境上的隔离。我同部门的员工有的负责别的事情，有的负责全部员工的活动，我们也会分成很多小组，每个小组做的事情都不太一样。我们部门有三个障碍者，有我一个视力障碍者，还有两个听力障碍者。我们是坐了一排，就是一竖排排下来的。但是我们这排有一个听障者不是我们小组的，他是另外一个小组的，他在的那个小组跟我们的座位是隔了一个过道的，但是那个听力障碍者就坐在我们这边。我也不知道这个位置是怎么安排的，为什么没有把他的座位安排在他们的小组那里，而是让障碍者都坐在了一排。所以我会觉得从位置上就已经造成了一些隔离，这是一个问题。还有就是有时候参加一些活动，我们就会被分开，就分成听障者们在一起。

融合就业的优点。有些企业招收残障者会把他们聚集在一起工作，或者有些视障人士只在一个按摩店工作，相比于这样隔离的就业，我认为融合就业最大的意义在于扬长避短，相互补充。因为可能作为障碍者确实会有一些局限，但是如果都是障碍者在一起的话，那么那种局限就会加倍放大；但是如果在一个融合的状态下，我觉得就会各取所长，就可以由不同的人发挥不同的特长去做同样的一件事情，我觉得这样会事半功倍。另外，我觉得这也是残障者融入社会的一种方式，因为在工作中，在你和同事互动的过程中，他也会知道你作为一个残障者原来也是可以做很多事情的，而不是什么都做不了的，这样在社会的整体认知上也会对残障的刻板印象有一些改善。我还会觉得，融合就业对残障者自身来说，你的社交圈子就会扩大了。我接触的一些视力障碍者，还有一些肢体障碍者，他们可能从小就是残障的这种状态，所以比较封闭，圈子也比较窄，接触的东西也比较少，好在现在有了互联网使他们可以接触更多，但现实生活中他们的资源还是比较匮乏。但是如果说他们可以在主流职场的话，在一个融合的工作环境中，可以跟同事真的建立起比较好的关系的话，基本上生活圈、社交圈就可以扩大了。

被隔离，难回归。我会觉得如果一个障碍者他从小障碍就比较严重，被隔离，那么他的心态和像我这种从小在融合的环境中，然后长大慢慢地被隔离的心态是不太一样的；可以讲他们现在可能会更难去融入。

四　我的工作我做主

我现在所在的公司做的是电子制造。

彼此了解的机会。因为这个公司我才刚来不久，我现在在公司负责组织、策划一些活动，包括活动结束之后写一些报道。还有就是处理一些活动的翻译，因为我们的活动文件很多都是双语版的，我来翻译中英文。

慢慢改造。公司的无障碍设施还是很好的。公司里的轮椅使用者都没有什么问题，听障员工在公司也没有什么问题，因为公司都做过一些处理。比如说光闪的警示器之类的，并且我们还有手语翻译，所有的活动，我们都会配备一个手语翻译，不管是活动还是会议。因为我刚过来也就才几个月，针对视力障碍者的合理便利这些还没有很完善，所以现在公司还在改造中。办公软件改造也经过了一个比较漫长的过程，包括我去申请读屏软件之类的，现在的话我基本上是没有什么问题了。因为 Microsoft 做了无障碍优化，所以 Microsoft 自带的 Office 软件都可以支持无障碍，都没有什么问题，包括 Outlook 也都挺好的。到目前为止，设备部已经将电梯换上了带有盲文的按钮，并且安装了中英文播报楼层的语音提示。IT 部门也在积极地推进信息无障碍的改造。

自由行走。关于住处，我现在是自己一个人住在公司宿舍。宿舍离公司还挺近的，上下班我自己走也没有什么问题，但就是我们宿舍和公司之间有一条马路，而且这边的车比较乱，不过这边的人还都挺好的，包括保安、同事之类的。一开始大家都会带着我走，不过现在我熟了，就可以自己走。现在我可以自己过马路，还有在公司里也可以自由行走。

五　残障员工在工作

我的身份转变。现在我是作为第一个视障员工进入公司的，所以所有的同事就都知道。而在原来的公司，我隐瞒了我眼睛的情况，相当于是作为一个非残障员工在公司里工作。现在作为残障员工，我觉得有几点是不一样的。首先我觉得我现在自在了很多，因为不用再伪装了。就比如说，我在食堂吃饭，但是那个食堂的光线对于我来说很暗，我是看不清的，但如果是以前的话，我可能就要装作看得见。而且这么多人，经常因为我看不到别人，没有办法打招呼而被认为我冷漠没有礼貌。而现在，他们知道是我眼睛不好才没有打招呼，就不会觉得我这个人不礼貌，所以我觉得我现在自在了很多。

眼睛使我很难建立平等关系。但是也有不好的地方。之前的状态是自己有意识地去和别人保持距离，但现在的感觉是无意识地有一些距离，而且我感觉自己很难和别人去认真地建立一个平等的关系。

相处的苦恼。因为眼睛和别人的不同，别人都不知道该怎样和我相处，别人就会变得小心翼翼。我会感觉他们会格外照顾我，所以我总觉得他们对我是给予的关系而不是一个平等的关系。之前虽然说我的眼睛不好，但是别人不知道，那样我们的关系就是平等的。

居高临下的照顾。我的同事们，总体上来讲是非常欢迎我的，并没有像别的公司的人会觉得：哎呀，怎么来个这样的人呢？我的同事们也都会尽可能地去帮助我，但就是整个社会的无意识状态，就是对于残障是弱者的那种理解是社会的无意识状态，而不是个体的不好的想法，这是我们成长的环境和背景教育我们的。就比如说你认识一个新的朋友，然后你会觉得你们两个是平等互动的。但是如果这个朋友你知道他和你有些不同，比如是个坐轮椅的朋友，那你是不是会自然而然地觉得你要帮助他，那么我认为这种关系就是不平等的。所以大多数人也不会有那种平等的意识，还是会不自觉地认为他高我低，他是给予者我是接受者的这样一种状态。

六　未来如何相处

一起做游戏。我是有一个想给同事们做个培训的计划，其实我之前是想做一个关于视力障碍的活动，想让同事们多了解一点视力障碍的人。可能会想跟他们玩些游戏，然后让他们了解视力障碍者的世界，还会安排一些协助者，有的部门可能有 40 个人，我们会分成两组，一组为体验者，一组为志愿者。就像让他们一起下楼，去某一个地方，或者是在一堆东西中找到自己想要的东西，更简单的还有让所有的人都戴上眼罩，让他们使用各种方法完成一件事情。

平等、协作。 我其实就是想通过游戏告诉大家，在没有视觉的时候，你是可以通过听觉，可以通过触觉，可以通过各种各样的方式去完成一件事情的。跟大家去做这样的一些事情，让大家用体验的方式，了解到看不见的人的能力是怎样发挥的。还有让大家知道，怎么样去更好地协助一个视障者，让他更加有尊严或者更加独立自主地去完成一些事情，而不是你代他去做一些事情。这个就是一个相互协作的理念的问题。

日常如何相处？ 日常生活中的东西太多了，如果你今天告诉了同事 A 事情应该怎么做，但明天发生了 B 事情，他又不知道该怎么做了。所以我觉得不用告诉他哪些事应该怎么做，哪些事情不要怎样做，而是要告诉他那种理念。就是当我需要你协助的时候，我会明确跟你提出来的；那我不需要你协助的时候，我自己都是可以的。就是去给他们传递这样的理念就可以，因为具体的事情实在是太多了。我不可能今天遇上这件事说一下，明天遇上另外一件事又说一下，那就太麻烦了。所以为什么我觉得这里的人都缺乏这种理念呢，其实重点就在这里。而且为什么我不想用说的方式去解释，因为原来在自我介绍的时候，我已经跟他们说过了，我说可能你们在跟我打招呼的时候，说 "Hi，Angela，早上好"，然后就走了，那我不知道你是谁。我希望大家跟我打招呼的时候，加上一句我是谁谁谁，那么我就知道了，我就可以跟你打招呼了。可是在践行的时候，只有一两个人可以做到和我打招呼的时候加上自己的名字，其他人都没有说他是谁。我觉得他们可能根本就没有这个意识，在他们的世界中是没有视力障碍这个意识的，在他们的世界里觉得你既然看到我这个人了，那你肯定知道我是谁，那我跟你打招呼你肯定就知道是我了。所以我才希望他们可以去体验一下，去体验这种生活，这样可能会更直观地感受到原来视力障碍是这个样子的。

不理解，不了解。 但是如果一直都没有体验过的话，那你根本就不知道，所以我觉得那句话很对，"不理解就是不了解"。我并没有说要去怪别人，因为就像我之前没有接触过肢体障碍者，我也不会想到他们连上个厕所都那么费劲，我也不知道为什么洗手间里要有把手呢？我感觉这些东西好多余啊，没有必要装。但是我跟他们在一起之后，我跟他们去参加了一些活动之后才觉得原来这些东西这么重要。所以这可能就是一个相互了解的过程吧。

七　企业应该怎样做

第一点，我希望公司可以去完善自己的信息无障碍，因为这一点是视力障碍者就业最大的壁垒。我之前在南京也接触过几家很大的公司，它们也都有意愿招收视力障碍者，但是对视力障碍者对信息无障碍的要求，它们也无能为力，因为公司的系统不太好弄。如果信息无障碍可以做到的话，我觉得会从很大程度上打破视力障碍者融合就业的壁垒。

第二点，我希望公司可以从物理环境的无障碍到信息的无障碍都可以完善，我觉得那样的话，视力障碍者进入主流的职场就没有问题了。我了解到很多世界 500 强企业，它们其实很愿意招收障碍者员工。它们会给轮椅使用者所需的地方做一些便捷的设施，但是都不太会考虑视力障碍者，比如说盲道、语音提示等无障碍设施。我觉得如果公司可以做到这些的话，那视力障碍者在那里工作也是可以的。

第三点，我觉得公司无障碍环境优化的前提是公司要有这样的理念，就是公司愿意去招收残障者包括视力障碍者进入公司，这是高层的理念，他们愿意去招，愿意去改进。接下来是公司的员工，就是和残障员工直接接触的人，他们的理念也需要慢慢改变。如果只是高层有意愿招收残障员工，但是工作的时候，残障员工往往是跟公司基层的员工比如说他的主管和同部门的同事在一起工作，如果这些基层人员的理念没有跟上的话，那么残障员工在这里就会工作得很辛苦。原则上如果公司高层决定要招收残障员工的话，他们是要给公司的每一位员工做这样的理念培训的。按照国际上的法律来说，公司里只要有一位视力障碍的员工，那么他所要用的平台、系统等都是需要做无障碍优化的，只不过现在很多企业还没有这样的意识。

八　残障伙伴要工作

放平心态。我觉得作为障碍者本身，应该从心态上放平自己。不要把自己放得过低，不要觉得自己是不如别人的。确实首先是要承认自己的身体是有些局限的，但是要客观地去看待这件事情，去找可以用什么样的方式弥补自己的这个缺陷。还有就是在工作中怎么去处理这个问题，就是要尽可能地自己想办法去解决，不要遇见一点点的问题就找别人帮忙，那样就会让别人觉得障碍者真的是什么都做不了，什么都需要别人帮助。其实不是的，很多事情，自己先去冷静地想一想，自己可以用什么方法去处理事情，哪怕是自己笨鸟先飞，用各种各样的方法。别人做一步的事情，你做两步是不是可以去完成。如果可以，那么就自己尽力去完成。但是如果真的是做不到，而且是由自己的身体局限造成的，就像有些事情的确是因为我眼睛看不见，比如说有些图片是我怎么拼命都搞不定的问题，那就直接去表达，去提出你的需求，去表达你的局限就好了。

不要去做大麻烦。Office 软件我以前是用鼠标点，那我现在是用 tab 键去切。但是用 tab 键切的话就会很慢，效率就会很低，那别人就会觉得你们视障者的工作效率真的好低啊。但我就是没有办法硬逼着自己去背那些快捷键，如果我把那些快捷键都背下来，用键盘进行一些快捷操作，那我的效率就提高了，那别人也就没有什么好说的了。你用你的鼠标点你的，我用我的快捷键做，我可以和你一样做得很快，所以这都是我们想想办法可以解决的问题。但是一味地只去强调你的身体障碍，觉得自己就是这样，没有办法做这些事情，那样的话就真的不能去怪罪别人看待我们障碍者只是一个大麻烦而已了。

所以我觉得障碍者最重要的是对自己的局限有一个客观的评估，也要真实地表达自己的局限，能自己解决的事情先自己解决。

第四篇

你好，爱情！

自由是超越障碍的硕果

宋玉红[*]

我很崇拜一个残障记者,他曾经摇着轮椅采访巴勒斯坦总统阿拉法特,曾经把自己绑在骆驼上穿越沙漠去采访海湾战争。他说,在一些发展中国家,无障碍情况并不好,如果你让自己的行动被这些台阶限制住,那就相当于给自己在台阶之外造了个监狱。自由是什么?自由就是你如何努力超越这些障碍的结果!

一 坎坷求学路,自学成学霸

我的父母我的家。我出生于 1972 年,我从小是跟着父母长大的。我的父母都是普通人,我爸爸是个建筑工人,妈妈是家庭妇女,我生长在一个挺普通的家庭。我父母的文化水平不是很高,爸爸初中毕业,妈妈小学上了几天就没有再继续上了。我还有一个比我小两岁的弟弟。我是先天性脊椎裂,从出生就不能走路。

父母始终没有放弃我。小的时候父母抱着我背着我去北京看病,去了好几家有名的医院,像天坛医院、部队的医院等好多大医院都去过,但当时的医疗水平没有办法治,40 多年前,医疗水平还是非常有限的。其中有一个医院说,可以治疗,但是风险很大,可能会影响智力,所以爸妈就放弃了,觉得风险太大。我是在农村出生的,接生婆看到我后背有一个包,

---

* 宋玉红,先天性脊椎裂患者,全职妈妈。

就跟我爸妈说这样的孩子留着也会增加负担，还是扔了吧。我妈说这是一条命，不能扔了，还是把我留下来了。后来我做公益行业，去石家庄福利院，看到了很多残障的孩子，蛮感慨的，特别感激父母没有遗弃我。我是坐轮椅的，根本没有办法走路，在福利院里看到很多孩子残障的程度比我还要轻，但还是被父母遗弃了。

被楼梯阻断的入学之路。我残障的程度比较严重，要坐轮椅，根本没有办法站立行走。到了上学的年龄，我父母带着我去家附近的两所小学报名，但是两所学校都拒绝接受我入学。学校跟我父母说，"你女儿这样的身体情况，低年级还好说，在一楼，到了高年级都在三楼、四楼，你指望谁去背你家女儿上下楼呢？这是不可能的"。

学校的无障碍改造。我最近去了三四所小学做演讲，这几所小学没有一所是有电梯的，虽然楼层较矮但如果有像我一样坐轮椅的孩子想要上学读书怎么办？

个人责任还是社会责任？ 有的人把残障归为个人责任，因为你残障，所以你不能来学校读书；而有的把责任归于社会，不是残障孩子的问题，而是整个社会，要多进行无障碍改造，让残障的孩子可以来读书，这真的是理念的差别。我后来工作也接触了很多"80后""90后"的残障孩子，他们有很多是大学毕业的，但整个接触下来我发现，他们上大学都非常辛苦，他们的爸爸、妈妈需要有人丢掉工作，陪着他们读书，他们经历了各种困难。

我的自学之路。我小学、初中、高中都没有上，直接考的成人自学考试。被小学拒绝之后，我父母托关系找朋友给我请了一个家庭教师，每天两个小时上语文、数学，上到三年级水平之后，老师有事回老家了。那个时候家教特别难找，因此我的学习就搁浅了。到我16岁的时候，我们大杂院搬来了一个中医王大夫，他看我跪在一个小板凳上挪着走路、看书，觉得我应该学个一技之长，就跟我父母说他来教我学中医，有个一技之长不至于饿死，我父母觉得这是求之不得的好事，于是就让我跟着王大夫开始学中医。

报名中医自学考试班。跟着王大夫学了一年中医之后，在我17岁的时候，中医专业的自学考试开始报名了。王大夫说跟着他学不系统，不如去上辅导班，可以系统地学习中医理论，我父母二话不说就去给我报了名，是一个医院开办的夜校辅导班，每周去上几天课。报班的时候，我父母和王大夫都觉得我能够跟下来听课就很不错了，毕竟我的文化基础比较有限，谁都没有想到我最终能够拿到大学的毕业证。王大夫的女儿当时还在上小学，我比她大6岁，我们到现在都是特别好的朋友。当时我们各自拿着书在看，她看到我拿着高等教育的书在看，她很好奇地问她妈妈："为什么红红可以不用上小学、初中，直接上大学，为什么我不可以？"

克服重重学习障碍。当时最困难的是，我笔记都记不下来，因为好多字不会写，中医有好多生僻字和古文，中医主要是学古文，而且需要背的东西特别多，我当时最大的难题就是课堂笔记都记不下来。下了课之后，我就借同学的笔记去抄。高等教育自学考试每年4月和10月考试，每次考两门，第一年的时候，我考过了一门，另一门没考过。当时我在教室里哭了，同学们还劝我，自考挺难的，我还过了一门已经不错了。下半年的时候，我加上补考一共3门都过了。坚持3年读下来，考过12门课之后，我拿到了毕业证书。

爸爸的付出。我爸为了我上学也付出挺多的，我上课，我爸就在教室后面坐着等我，担心我上厕所不方便，有时候还会给我带上马桶，还挺艰难的。第一年还好说，第二年教室搬到三楼了，我根本就上不去，同学们帮我拿小录音机录音，我回来听。第三年在二楼，我爸把我背上去。当时也挺辛苦的，一开始我连答题都不会，特别是问答题，先答哪儿后答哪儿都不会，我爸还从图书馆给我借来中医问答题库，我就把题整个背下来，当时其实还是挺下功夫的。

我是家里学历最高的人。我从小到大，我爸对我的付出是最多的，而且我从小就是我爸的骄傲。小时候，我跟我弟都还没上学的时候，我爸在家辅导我们学习，经常我爸出几道题，我能答出来，我弟答不出来，所以我爸就一直觉得我比我弟弟聪明。后来我大专毕业之后，又上的本科，我爸去给我领毕业证的时候特别激动，我爸拿着我的毕业证让邻居们传阅，"你们看我的女儿小学都没上过，现在竟然大学毕业"。我父母的学历都不高，我弟上完初中就不上了，我是家里学历最高的。我爸一直对我弟恨铁不成钢，老跟他说："你看你姐那么不容易，都大学毕业了，你看你！"

二 因"非典"邂逅浪漫爱情

父母想找人照顾我一生。其实，我在恋爱的过程中也遭遇过很多阻碍。我大学刚毕业的时候，二十五六岁，我爸妈就开始为我想未来怎么办，他们不能照顾我一辈子，就想为我找一个能照顾我一辈子的人，就想给我找一个农村的、边远山区的小伙子来照顾我。当时我父母到处托朋友找关系安排我相亲，最多的时候一天见了 3 个，我觉得特别痛苦，每次都是我提出不同意，每次我都特别不配合，连笑容都没有。让我特别郁闷的是，我见面的时候每次都是我拒绝，但是凡是见的小伙子都是同意的。我不喜欢别人强迫，也觉得结婚要找一个自己喜欢的人，至少有爱情。

摇着轮椅去买安眠药。见了很多我都不同意，我父母的朋友就沉不住气了，跟我父母说，"你们家女儿都那样了，不能再这么纵容她了"，他们让我父母出手阻止我。我父母就找我谈了，说"你不能再不同意了，这件事就交给我们了，你就准备跟他结婚吧"。我就觉得这样的生活让我生不如死，那天晚上我就写了一封遗书，我很认真地想过怎么死，觉得上吊挺痛苦的，割腕血流光了也挺痛苦的，要不就吃安眠药吧，睡着了不痛苦。第二天我就把遗书藏好了，摇着轮椅去买安眠药。我弟下了夜班去我屋里看到了遗书，发动他的同学朋友帮忙找我，把我截在了药店门前，事情就败露了。我当时就哭得什么似的，说我不想活了，我爸妈也害怕了，就跟我说以后在这个问题上他们不再逼我了，给了我自由，也算是因祸得福。我认识我老公的时候，已经 31 岁了。

因"非典"结缘。我跟我老公是在网上认识的，当时是 2003 年"非典"时期，他被隔离在家里没事干，在 QQ 上加陌生好友聊天，就搜到我了。我 QQ 上的好友大部分都是认识的人，很少加不认识的人，当时我正好在办公室没事，他加我，我就通过了，没想到后来就成我老公了。他在北京，我在石家庄，我们是异地恋。

学霸老公。按外在条件，我老公各方面条件都挺好的，他出生在知识分子家庭，他爸爸是中科院的教授，他妈妈是老师，管孩子管得很严，他是独生子，被父母培养得从小就是学霸。他小学、中学都上的北京最好的学校、最好的实验班，后来考上了中国科技大学，学了 5 年电子工程，是全国排名第三的专业，他是一路当着学霸过来的。

有名的我。 他在网上认识了我，但是我们俩刚认识的时候很少聊天。因为"非典"期间单位放假，他在家待着无聊，就问我多大了、男的女的、做什么工作的这些寒暄的话，我就从网上搜了一个采访我的链接扔给他，他很惊讶地问我："啊！你是残障人啊！你是做公益的，还是名人！"我当时在电台做广播主持人，已经做了公益机构，所以有很多关于我的采访和介绍，他看了文章就知道我是谁了，但当时我没有兴趣知道他是谁，也没有多聊天。当时我们办公室有很多志愿者帮忙整理资源，我老公的QQ昵称是"努力工作"，他经常一上线后就问我"在吗"，头像闪动，我们的志愿者看到了，就会调侃我，"你看'努力工作'又给你说话呢"，他们都知道"努力工作"。

因善良而走近。 我们俩的情感产生质变是因为我有一次做"圆梦之旅"的活动，组织很多没有出过家门的残障人士去旅行，但是到处找赞助都找不着，急得不行。当时我就产生了发动身边朋友和网友的想法，每个人赞助 400 块钱就能圆一个残障人出去看看外面世界的梦想，这不是挺好的嘛。我就把预算做了细化，QQ 网友挨个发，其实回应的人没有几个，但他看到后立刻给了我回应，而且还捐了 1000 元，800 元资助两个人去看看外面的世界，200 元是捐给我们协会的，我当时就觉得这个人真的是挺好的，很善良，特别感谢。后来他就说"我能不能认识你"，我说"可以啊"，他又问"我能不能给你打个电话"，我说"可以啊"，我就把电话号码告诉他了，他就给我打电话聊天，当时就聊了一个多小时。那是一个开头，后来他就每天给我打电话，山南海北的各种聊。后来我找到赞助了，就想把钱退给他，他没要，把钱捐给了我们协会。

因分别而心动。 他给我打了 20 多天电话以后，我就带着残障伙伴去天津了，我还邀请他跟我们一起去做志愿者，但他工作很忙就没有一起去。当时我的手机是本地通，离开石家庄到了天津就没有信号了，没法打电话。临上车之前有一个志愿者看到我手机是本地通，就把他手机塞给我了，在天津待了三天，我都是拿的志愿者的手机。但我也没跟他联系，因为每天都特别忙，我带了 20 多个残障人、20 多个志愿者、十几个媒体记者，50 多人，浩浩荡荡去的，这么多人安排吃住行都是我一个人，每天都忙到凌晨两三点，根本就没有时间想他、给他打电话。他这三天就抓狂了，之前我俩每天通电话的时候，他还不觉得怎么样，没有联系之后，他就意识到自己喜欢上我了。他特别后悔没有跟我一起去天津，他在网上到处搜我们的消息，但是那个时候报道还没那么快出来，他用了各种方法都没搜到，他说那个时候如果搜到了，他就来天津找我们了，他觉得那三天度日如年。从天津回到石家庄的那天晚上，我就给他打了个电话，说我回来了，但他属于那种比较内向的人，虽然内心波涛汹涌，但是什么都没跟我说，还是每天跟我通电话。

超越友情。王大夫的女儿在北京读书，遇到了一些麻烦，我当时在北京也没朋友，于是就找他帮忙，他二话不说就帮忙，挺两肋插刀的那种。王大夫的女儿意识到了，跟我说，"他是喜欢上你了吧？这么大的事，他都可以帮忙给你解决"。我这个人是属于有什么说什么的那种，那天晚上他给我打电话的时候我就问他："你有没有觉得我们俩之间已经超越友情了？"他就说"那就算超越了吧"，然后就超越了。然后他就从北京跑到石家庄来看我，后来就每个星期都来，只要是周末就来，他很执着，但那个时候还没有高铁。

三　真爱携手跨越重重阻碍

我现在跟老公和两个女儿一起在北京生活，两个女儿一个 9 岁，一个 6 岁。我们俩是 2009 年认识第 6 年的时候结的婚，我们俩的爱情故事特别波折。我老公是健全人，他家里人强烈反对我们在一起，甚至反对得要死要活的，所以我老公跟我是偷着在石家庄结的婚。

残障和健全的阻碍。我们俩是认识两三年的时候决定跟他父母说的，说了之后就遭到了强烈的反对，要死要活地反对，后来我们就由地上转入了地下，压力还蛮大的。因为父母不同意，我们就觉得特别没有希望，没有未来，压力都挺大的，说分手分了好几次，当时都没分成。我觉得我们能走到现在多亏了我老公的坚持，我都快坚持不下来了，提出了好几次分手，但是他不同意，他一直在坚持，他跟我说如果分手，他觉得他活不下去。我老公是属于那种特别能坚持的人，我们俩性格完全相反，我很外向能说，他比较内向不爱说，我们俩反差特别大。

想给孩子一个家。直到 2009 年的时候，我发现我怀孕了，我就跟我老公商量怎么办，不能不给孩子一个家，其实我们俩当时也考虑过放弃这个孩子。因为他父母反对得很强烈，我们没有办法结婚，所以我们俩甚至还跑到医院专门找了一个专家问这个孩子能不能不要。那个专家是一个 80 多岁的老太太，人特别好，就跟我说，你看你今年都 37 岁了，如果不要的话未来可能也要不了孩子、做不了母亲了。当时从医院出来，我和我老公就决定要这个孩子，那么我们就得给她一个名分和未来的生活，我老公就说："无论上刀山下火海我都要跟你结婚。"

智取户口本结婚。当时他妈把户口本藏起来，中间他父母也给他介绍了很多博士生、研究员之类的对象，他妈还跑到中山公园去给他各种征婚。他不是那种强烈对抗的性格，他妈让他去见他就去见，见完了就跟他妈说不行，每次都去见，每次回来都说不行。我当时倒是不怎么害怕，他没我都不要活了，所以他去见相亲对象，我也没有意见，但每次见之前他都会跟我说。后来他跟他妈说他挺郁闷的，想去香港散散心，要办港澳通行证，他妈就把户口本给他了，他就立刻跑到石家庄跟我领了结婚证。他还真的办了港澳通行证跟他妈显摆了显摆，但是一直都没有去香港。

真情不惧异地。孩子 1 岁之前都没怎么见过爸爸，我老公他妈妈看得特别严，经常跑到我老公住的房子里去查岗，一看我老公没在，就打电话问他去哪了，我老公只好说"我在北京郊区跟几个朋友玩一玩"，我婆婆说："那行，我在你冰箱上搁了点东西，你晚上回来看看是什么啊。"我老公就赶紧买火车票回北京，给他妈妈打电话说："我看到了，你给我放了几张报纸。"那段时间真的是很痛苦的。

产后抑郁症。第一胎我们是偷着生的，当时孩子是我带，雇保姆帮忙。当时老公不在身边，我妈也照顾不过来，但找保姆比找老公还费劲，中间换了好多个保姆。当时我患了很严重的产后抑郁症，老公不在身边，天天照顾一个嗷嗷直哭的孩子，我真的是特别痛苦，那一年对于我来说简直是噩梦，我都不知道自己是怎么熬过来的。孩子 1 岁以后，我老公就可以正大光明地回石家庄了，就慢慢好了。我原来觉得产后抑郁症不可理解，都有了孩子了，还抑郁什么呢？但我得了特别严重的产后抑郁症，都不想活，天天想怎么死那种。后来孩子大一点了，老公那边的问题解决了，可以经常回石家庄帮我了，就好很多了。

盛大的婚礼与迟来的接纳。后来我们在石家庄举行了婚礼，他家人都没有来，我的家人知道他们家的情况，也没有什么意见。我在石家庄朋友特别多，不办婚礼也不合适，所以就在石家庄办了场特别盛大的婚礼，但是他们家人都不知道。后来我们家孩子 1 岁的时候，他父母给他洗衣服，在他裤兜里发现了来石家庄的火车票，才知道我们不但没有分手，还结了婚有了孩子，孩子都 1 岁了。我婆婆就要见我、见孩子，2010 年夏天，我就抱着孩子从石家庄来到北京，他们见到我和孩子，对我们也挺好的。

四 陪伴鼓励孩子走出自卑

想让女儿有个伴儿。后来老大大一点儿之后，我就恢复工作了，工作了没多长时间，就有了老二。当时我年龄也大了，所以想抱养一个孩子给老大做伴儿，一个孩子太孤单，看着我女儿一个人面对一堆玩具一个人在玩儿，我就觉得她应该有个伴儿。我生老大的时候 38 岁，生老二的时候 41 岁，产检的时候大夫都说，我把所有的危险都占全了，又是高龄产妇，身体又有严重的残障。所以当时我就一门心思想抱养一个孩子，但我老公就一直不同意，担心一个亲生的一个抱养的，肯定是两种对待，对孩子不公平。我就一直做我老公的思想工作，我说我不会，自己的孩子和别人的孩子都是孩子，既然抱过来就是咱们自己的孩子，后来我老公说"你要是这么坚定地想抱那你就去抱吧"，正好那个月我就发现我怀孕了。后来就有了我们家老二，又是一个女儿，遂了我的心愿。

短暂的相聚。2013 年，老二一个多月的时候，老大在北京上幼儿园，我妈跟着我来到北京，一起看孩子。我们家老大 3 岁才长期跟爸爸生活在一起，老二从小就天天见到爸爸，所以老二跟爸爸感情很好，老大跟爸爸感情比较疏远。

恢复两地奔波。在老二 1 岁多的时候，我又回石家庄工作了，变成了我每周两地跑，我每周回北京，没有办法，因为我的工作地点在石家庄。我妈在北京帮我带孩子，我老公下了班辅导孩子作业。

割舍事业，辞职来北京。2018 年 9 月，我大女儿升三年级了，男人带孩子真是太不靠谱了，搞得我女儿一、二年级都是全班倒数第一。老师给我打电话，说孩子不能不管了，再不管就废了，将来打算怎么办。我回石家庄工作的几年一直都特别纠结，因为孩子学习不好，所以 2018 年我下定决心，就把石家庄的工作放下来，回到北京照顾孩子。作为一个女人，我的事业其实也是我的一个孩子，事业是我的梦想，付出了那么多心血，还有许多未来的理想，这个孩子也承载了我很多的付出和感情。在这样的情况下，真的是仿佛割舍一个孩子的那种感觉。把事业那个孩子抛弃了，我开始来北京照顾孩子的饮食、起居、学习，我妈就回去了，现在都是我一个人在照顾。

我觉得养了三个孩子。外人看好像我老公是个健全人，我得是他照顾，但那真的是刻板印象，我老公不会做饭，我感觉我来到北京就是带仨孩子。每天早上 6 点多起床，给仨孩子做饭，督促孩子洗漱，接送孩子上下学，给孩子辅导作业，陪孩子读英语、听写，一天到晚忙得不行，跟打仗一样。我老公一下了班，就躺在床上休息了。

期盼相聚，惧怕分离。前几年我一直没在孩子身边，其实她们还是很渴望我回来的。我们家老大没有安全感，老二我一直陪伴她到 1 岁多才回去工作的，我每次回来都跟她一起玩，我们家老二是 4 岁半才断的奶，所以我一直觉得老二心理还是比较健康的。结果去年（2018 年）的时候，我一个朋友给老二做沙盘，能看到她的心理状况，朋友说："你家老二各方面都挺好的，但是有一点我得跟你谈一谈，你家老二用沙子把分离埋起来了，说明孩子惧怕分离，你们家是不是父母经常出差？"可能这么多年我来回跑，孩子真的是挺不愿意跟我分开的，所以去年我决定留下来。

残障伙伴故事激励大女儿建立自信。去年我们家老大特别自卑，我辅导她功课的时候，我们家老大就跟我哭，说："妈妈，我觉得我永远都赶不上我的那些同学了，我这辈子可能都这样了。"我当时给她讲我的故事，她也认识我的一些大学同学，我就跟她说，"当时妈妈小学、中学都没上过，好多字都不认识，妈妈上大学的时候都拿到大学毕业证了"，但是她认识的某个叔叔、阿姨没有拿到。当时我们家老大就特别惊讶，问"是真的吗?"我说，"那些叔叔、阿姨起步都比妈妈高，他们都是高中毕业，妈妈连小学都没上过，但是妈妈拿到大学毕业证了，他们都没有拿到，我觉得你也会超过他们的"。我就老给她讲残障伙伴的故事，当时我大女儿就特别有自信心了。后来我女儿数学考到了全班正数第四，语文考到了倒数第六，已经摆脱了倒数第一。

失聪叔叔的小提琴①。我经常给两个女儿讲："这个世界上没有不可能的事情，只要你去努力，一定会实现自己的梦想的。妈妈就采访过一个叔叔，他小的时候吃药双耳失聪，她妈妈是音乐学院的，小提琴拉得特别好。他们家有一把意大利产的特别名贵的小提琴，'文革'的时候抄家被抄走了，她妈妈哭得特别难过，他就发誓一定要做一把跟那个小提琴一样好的小提琴送给妈妈。他小的时候就开始拿木板、绳子做小提琴，他妈妈就给他比画，你做的这个小提琴距离我那把还有这么长的距离。他就一把一把地做，做到最后他在美国盐湖城世界小提琴大赛上拿到了金奖，而且是作为一个双耳失聪的小提琴制作师，拿到了音质金奖还不是制作金奖。"我的两个女儿都惊叹，说"妈妈下次回石家庄，一定要带我们去见那个叔叔"。

五 鼓励残障姐妹生孩子

鼓励残障姐妹要孩子。关于生育，我有很多想跟残障姐妹们说的话。因为我在电台主持节目，也做残疾人公益工作，所以接触了很多残障伙伴，经常有人给我打电话求助。我印象特别深，有一个女孩子给我打电话，哭得泣不成声，我就问她为什么，她说她结婚了，特别想要一个孩子，但她去了很多医院，医生都说像她这样的情况不能要孩子，一方面担

---

① 纪录片《小提琴名匠冼保康》，https://www.iqiyi.com/w_19rtqi6ycp.html。

心对她身体不好，另一方面也担心孩子会遗传残障。当时我听了这话特别生气，我跟这个女孩子说，残障遗传是有科学依据的，但是也有概率，不是所有的残障都会遗传。生孩子会有危险，不仅残障人士生孩子有危险，健全人生孩子也会有很大的危险。现在产检这么健全，即使真的有问题也能提前查出来，我觉得没有问题，可以尝试。后来这个女孩就销声匿迹了，一直没有跟她联系，我把她电话留下来了，过了几个月我抱着试试看的态度打了回去。那个女孩特别开心，她说当时给我打电话的时候其实她已经怀孕了，去了好几家医院，医生都让她打掉，她已经快绝望了，就给我打了电话，听了我的分析她就决定把孩子留下来了。我给她打电话的时候她在坐月子，大人和孩子都很健康，全家人都特别开心。

遇到专家的好运。后来没过多久，我也怀孕了，当时我自己也有一点担心。我觉得我认识的人都特别好，我去医院做产检的时候就认识了一位专家，是个80多岁的老太太，她一直在鼓励我。我当时心脏不太好，担心怀孕会压迫心脏，这位老大夫就跟我说，"孩子是一天天长大的，母亲有一个适应的过程，我相信你是没有任何问题的"。这位专家只在每周一出诊，我第一次去医院，想打掉孩子的时候，就遇到了这位老专家，她鼓励我把孩子留下来，所以特别感激她，觉得自己非常幸运。我于是就把孩子留下来了，她给了我很多的鼓励，我后来每次都挂她的号，让她给我做产检。但是后来有一次我出血、先兆性流产，紧急去医院挂号，正好不是她坐诊的时间，就挂了另外一个专家号，也是一个老大夫，结果她就特别不友好，跟我说"你这种身体状况是会有遗传的，而且我看了一下你这胎也特别不好，要流产，你肯定保不住"，她还要给我做一个侵入式检查。我也是学医的，我当机立断就跟我老公说，我拒绝做这个检查，我等到周一那个大夫来了再看。结果周一做检查的时候，那个大夫跟我说没有任何问题，只是有点出血，让我抽血检查激素水平，一看正常就给我开了点保胎的药吃了，两天就好了。

我要看着我的孩子出生。剖腹产有三种麻醉方式，全麻、腰麻和局麻，"全麻"妈妈是没有意识的，醒来孩子就在身边了；"腰麻"生孩子的整个过程意识都是清醒的，可以感受到孩子的出生；"局麻"据说是特别疼的。一般人生孩子都是"腰麻"，但像我残障程度这么严重的，我问了好多人，她们都说只能"全麻"，不能"腰麻"，不能看到孩子出生。我是一个特别怕疼的人，但是当时我就下了特别大的决心，如果不能"腰麻"，只能在"全麻"和"局麻"之间选择的话，我就选择"局麻"，我想看着我的孩子出生。

麻醉科主任愿意为我尝试"腰麻"。我是腰部脊椎裂，在广州大医院做阑尾炎手术的时候，都不敢用"腰麻"，用的是"全麻"，医生不敢给我做。生孩子的时候，我都已经做好了"局麻"的思想准备了，但幸运的是我在石家庄又遇上了一位好医生。麻醉科主任是留学回来的，他摸了摸我腰部的脊椎，跟说我"我觉得你腰部的脊椎还有一两节是完好的，我可以给你尝试一下做'腰麻'，你最好能找到以前做过的 X 光片子"。那天晚上我老公和我妈没睡觉找了一晚上都没找到，那个麻醉科主任说"没找到也没关系，我可以给你尝试一下"。结果手术特别成功，我是在上半身完全清醒的状态下生出老大的。生老二的时候我又找到那家医院那个麻醉科主任，原班人马帮我生的老二，我觉得孩子是上天给我最好的礼物。当时孩子从肚子里拿出来的时候，听到她哭声的那一刻，医生把孩子抱到我面前让我看，我热泪盈眶，眼泪哗哗地流，我觉得看着自己孩子出生真的非常重要。

喜得 7 斤胖闺女。生孩子的时候我特别紧张，浑身哆嗦，上下牙一直在嗒嗒嗒地发抖，就跟特别冷似的。那位麻醉科主任为了缓解我的紧张，还一直跟我聊天"你在电台做主持人，一般第一句话怎么说啊"，我说"收音机前的听众朋友，你们好"。孩子刚拎出来的时候，麻醉科主任跟我说："哎呀，这大胖闺女！"后来我就跟他们说你们目测有多少斤，他们说"目测大概 7 斤左右，我们称一称啊"，结果一称果然是 7 斤。我真的觉得我特别幸运，能遇到石家庄市第六医院的妇产科老专家、麻醉科主任这两位好大夫。

六 从中医到播音员

我工作的过程，也经历了很多波折。

大学毕业后找不到工作。我大学时候学的是中医，毕业之后其实是想做医生的，但是没有医院肯接受我工作，连实习的机会都没有。中间我还尝试过很多其他的工作，我看报纸，只要有招聘广告我就给人家打电话，我甚至还做过推销员，到大街上去做推销。

河北广播电台主持人。我去电台做主持人，是因为有一个我听了 4 年的晚间谈话类节目。1998 年的时候开播了一档专门针对残障人士的节目，开播第一天，请了一个省残联的理事长来回答问题，我当时特别关心"残疾人分散按比例就业"的政策，我就想咨询能不能走这个政策去医院上班，我就打电话咨询了。结果后来那个主持人李爽跟我说，要不然你来电台跟我一起主持节目吧，我以为是去做一次性的嘉宾谈一下我的经历就可以了。结果第二天跟李爽打电话沟通的时候，她觉得我的声音不错，希望我能长期跟她一起主持节目，我就跟李爽说"你等着，我这就来找你"，然后我就摇着轮椅去河北广播电台了。

超越障碍的硕果。过了好多年之后，李爽告诉我，她远远地看着我摇着轮椅过来，她就觉得她把话说大了，因为直播间在二楼，还需要各种采访人，无障碍情况也不会太好。她从电话里听我说又上大学，又做推销，觉得我最惨也不过是拄双拐的，但没想到我残障程度这么严重，摇着轮椅就来了，她当时很怀疑我能不能主持好节目。李爽当时问我，"你有没有什么崇拜的对象"，我说我崇拜一位残障人记者，他曾经摇着轮椅，让阿拉法特的保镖抬着他上了好几层楼梯，采访巴勒斯坦总统；他曾经把自己绑在骆驼上穿越沙漠去采访海湾战争。我特别崇拜他，他曾经说过一段话，"尤其是在一些发展中国家，无障碍情况不好，如果你的行动被这些台阶所限制住的话，那你就是给自己在台阶之外造了个监狱，自由是什么？自由就是你如何超越这些障碍的结果"。我说我特别欣赏他，李爽听完觉得我口才不错，就让我跟她一起做电台广播主持人了，从 1998 年一直做到了现在。

为残障社群发声。因为我在电台主持残障主题节目的关系，需要到各级残联去做调查，所以接触了很多残障人士，在我工作以前接触的绝大多数人都是健全人，几乎没有接触过残障群体。后来因为做节目，接触了大量的残障人士，才发现，我所属的残障群体的生存状态是非常不好的，教育、就业、婚恋都面临着很多问题，都是他们人生中特别大的坎儿。我跟我大学同学也是我的闺蜜聊天的时候谈道，我最初的理想是做一名好的医生，我现在的人生理想是为残障群体发声，我在电台有这样的平台，于是我开始投身残障人事业。

七　从志愿帮扶到赋能培训

从"助残志愿者协会"到"残健互助协会"。 我在电台做主持人期间，组织了"圆梦之旅"等很多个活动，聚集的残障社群和志愿者越来越多。2002 年我们成立了"爱心互动助残志愿者协会"，2006 年在民政局正式注册为社团，更名为"爱心互动残健互助协会"。最开始我们做志愿者帮助残障人，后来发现这种模式存在问题，会导致残障人存在一些依赖性，觉得我就是应该被帮助的。后来正好赶上 2006 年注册，我就主张把"爱心互动助残志愿者协会"改名为"爱心互动残健互助协会"，当时我承受了很大的压力，很多志愿者不理解，觉得那些残障人怎么能帮助我们呢？起这样的名字不合适啊，叫"志愿者协会"不是更好吗？我当时跟志愿者们解释，其实这种关系是互相的，我希望未来是一种平等的关系，我要在社团的名字上体现平等。

残障群体需要自己站出来争取平等和发展。 当时我们最核心的志愿者很多都是健全人，其实就我一个残障人。但是在协会工作的这几年中，我发现了很多的问题，如果一直这样帮下去，残障人士的主观能动性其实并没有被调动起来，他们会越来越觉得自己就应该是被帮助的，志愿者帮助我是应该的。当时还没有"赋能"的概念，我只是想要平等，要在这个机构去实现平等，号召更多的残障人士来做志愿者，帮助我们所属的群体。而且我当时想，黑人是自己站出来解放了自己，不是白人解放的，妇女也是自己站出来争取妇女权益的，不是男人为她们争取的，女权运动、工人运动也是自己去争取的，流血流泪去争取的。同样的，残障人士的平等难道是健全人施舍给你的吗？不是，是我们自己去争取的，所以我就自己做主把社团名字给改了。

从"志愿帮扶"到"赋能培训"。 对于我修改社团名字这件事，好多志愿者都提出了特别强烈的反对意见，他们觉得我们这么多年都在帮助残障人，我们并没有看到他们帮助我们，而且在这个过程中他们有的人表现出了各种懒惰、自私什么的。志愿者对残障人群体都抱有很失望的情绪，所以我觉得正因为有这种情况我们才要采取行动改变这种情况，去号召残障群体站起来，而不是一直这样趴着，这种乞讨的心态是不可以的。随着协会名字的改变，我们的工作也做了特别大的改变和扭转，后来我们爱心互动的核心成员大部分都变成残障人士了。我们也开始给残障青年做赋能培训，在石家庄搞了好几期残障青年夏令营、协力营，培养了好多残障的青年人，让他们从家庭的环境里走出来。很多残障人是被家庭照顾的，但是通过我们的培训，他们从家里封闭的环境中走了出来。好多外地的残障青年人培训后都留在了石家庄，在这里找到了工作，租房子，甚至结了婚，都不愿意离开了。

记住沿途所有的风景。这么多年，我们培养了一批批残障的青年人，积累了好多有价值的故事。有一个残障青年叫李文杰，是 2005 年我们做残障青年夏令营的时候认识的。他一直在听我的节目，从节目里听说了我们的培训，他是严重的脑瘫，手都不能动的那种，说话都说不清楚，他让他妈妈给我们打电话，询问能不能来参加培训。我们说可以来，我们一直以来坚持的原则是，不让父母陪着，必须得自己来。但她妈妈跟我们讲，他的残障情况太严重了，根本摇不了轮椅，他妈妈问能不能陪着来，而且他们家庭非常贫困。当时他妈妈给我们打电话说，"这恐怕是文杰人生第一次也是最后一次走出家门，你们就给他这个机会吧"。当时我们听了就觉得，这样的情况再不给他机会，还能给谁呢？后来我们经过研究决定，不仅他的交通费、住宿费我们承担，而且他妈妈的食宿费用我们也承担了，后来他妈妈就陪着他从唐山来到了石家庄。他给我们写的日记里提到，从唐山来到石家庄这一路，在长途大巴上他连闭眼眨眼都不敢，因为他要把沿途所有的风景都看在眼里，都要记住。来了石家庄，一开始他都不说话，因为他脑瘫说不清楚话，后来我们就鼓励他说话，他无论说成什么样，我们都说听得懂。

从参与者成长为组织者。他在夏令营里面认识了很多残障的小伙伴，后来他回到唐山农村之后，有其他残障小伙伴给他募捐了一个电动轮椅，他就可以自己走了，不用他妈妈老是推着他了。他回去之后，他的弟弟得了再生障碍性贫血，需要很高昂的医药费，他就号召各个残障小伙伴给媒体打电话，把他弟弟的情况写出来发到各个网站上，他凭一己之力募集了十多万块钱，给他弟弟治病。后来我们又办了为期半年的协力营，人家就不用他妈妈陪着了，从唐山坐火车、从车站打车自己直接到了我们培训的酒店，自理能力大幅提升。参加完协力营培训之后，人家回到唐山，自己组织残障活动了，带领残障伙伴搞游园活动，并成了社群领袖。文杰说"我从走出家门的活动中获得了力量，改变了我的人生，我也要带着其他残障小伙伴走出家门、改变人生"。2018年文杰带领了20多名残障的小伙伴游了整个唐山市，还号召了一个志愿者的车队拉着他们。我们做了这么多年赋能的培训，培训了很多残障青年人，发生了很多感人的故事，像李文杰这样的故事还有很多很多，通过培训他们产生了巨大的变化。

八 新起点、新梦想、新创意

为陪伴孩子告别社团。后来我来北京带孩子之后，社团的工作全部搁浅了，于是社团就关门了。公益机构的接班人太难找了，因为对号召力、影响力、筹款能力的要求都太高了，一旦机构的领导人不做了，其实很难有人接手。

整理思绪重新上路。去年（2018年）我刚接手照顾孩子的时候，特别焦头烂额，今年开学之后，比去年要轻松一点了，我有了一些时间。所以我最近想把我的经历写下来，对于很多的残障伙伴可能是一种鼓励，对很多健全人可能也是一种观念的改变。我想告诉他们，并不是所有残障人士都过得苦兮兮的，我也有浪漫的爱情，有两个可爱的宝宝，有自己拼搏奋斗开花结果的事业！

去女儿学校做励志演讲。很多残障人都不会出现在自己孩子学校的百米范围之内，好多残障人跟我说没有办法面对孩子、面对孩子同学的家长。我每天接送孩子上下学，和孩子好多同学的妈妈都是特别好的朋友，我甚至还跑到我们家女儿的班级去给她们做演讲。我没觉得有什么差别，我们家孩子也没有觉得我跟她同学的妈妈们有什么差别，其他妈妈能做的我更能做，其他妈妈不能做的我也能做！

筹拍残障爱情故事片。现在电视上一提到残障人的爱情，往往都是惨兮兮的、苦大仇深的，我一直在想，为什么不可以搞一个浪漫的、言情的、都市的残障人士爱情故事呢？我有一个老朋友是编剧，他是写电视剧的，他就对我和我给他讲的其他残障朋友的爱情故事特别感兴趣，所以我们最近在计划一起筹备拍一部描写残障人士美丽爱情故事的电视剧。

"爱心互动残健互助协会"就像我的另一个孩子，暂别协会来到北京陪伴两个女儿成长，让我在幸福快乐的同时，也有一些遗憾。但我知道，这只是暂时的分别，我还会在合适的时间、合适的机会，重新用一种新的方式，延续我的公益之路，圆我的社群赋能之梦。

同为身障者的我们，在爱中温暖彼此

李希奇[*]

作为一个身体残障的女性，即使是面对相处了十年的丈夫，即使自身的性格开朗又乐观，可我依然在心里会有一些不安全感，常常会向丈夫提出疑问："究竟是因为特别喜欢我，还是因为彼此刚好合适而已呢？"有时候，问的次数多了，我也开始厌烦自己的矫情。但是，他反而给了我很多信心和勇气，令我明白人生的价值，让我意识到：有人会真心爱着我的缺陷，我值得爱人也值得被爱。

一　学习与障碍和解

我叫李希奇，是北京通州人，今年（2019 年）33 岁，大专文凭，患有先天性脑瘫。我和爱人结婚十年了，现在有一个可爱的女儿。

因为晚产 28 天，我刚出生的时候遭遇了大脑缺氧，导致了脑损伤，所以患上了先天性脑瘫这种神经性疾病。脑瘫这种疾病经常伴有行为异常、智力落后等症状，感觉上也会存在一些障碍。

这个病不像其他的残障病症，其并非肢体上的缺少，也不是身体受到了伤害，而主要是神经上的原因，因此完全根治很难。所以，医生让我平时要多加锻炼，多注意身体的保养，这样子症状就可以减少发作了。我目前的状态还可以，只要平时多注意身体锻炼和保养，基本上很少发作，没

＊　李希奇，先天性脑瘫患者，电商创业者。

有太大的问题。

残障对我的生活肯定是有影响的。有时候，我会很认真地思考，自己到底是真心的乐观还是虚伪的乐观？但有时候，我又觉得残障是一件不好的事情，然后一直沉浸在"为什么自己和别人不一样"的情绪当中，各种各样的思考充斥着我的大脑，让我极其消极。

比如，在学习生涯当中，因为身体的障碍，我无法参与体育课的任何活动；在班级中，我总是觉得自己一件普通的事情都做不好，经常需要别人的帮忙，会打扰到其他同学；在与人相处中，我不会主动地接近个体，也不会积极地表达"想要做朋友"的诉求；甚至，现在即使我可以开车，但是我第一反应也觉得自己做不了这件事，毕竟会面对很多限制的东西，会经历很多不便的状况。

畏畏缩缩、忧心忡忡的焦虑，占据了我生活中很大的一部分。如果，我不是一个残障者，也许我就能继续从事医学专业的工作，在医院里上班了。但因为这个身份，因为残障，我去大医院报到时被拒绝了，因此只能回到小地方的医院实习。可在小地方的医院实习时，我可能在内科或者中医科实习的时间会比较长，但是比较热门的科室，例如妇产科、手术科，就会相对较短。总体来看，我进手术室的机会也会少一些，基本上写病历会比较多；基础性的工作比较多，专业性的工作接触得比较少。

上述心态，在我 20 多岁的时候非常强烈。每次遇到问题，我都在埋怨自己的残障，感觉所有的一切都在残障后变得非常不堪，或者干脆直接自认"命运不好"，只能默默地承受接下来煎熬、残酷的生活。

但随着年龄的增长，我从原生家庭出来独立生活，与爱人相遇，生下健康的小孩，开启属于自己的事业，经历越来越多，认识的人也越来越多。我突然意识到，当年那个"否定自己"与"不断拒绝"的女孩已经不见了，悲观的态度也在这些年的经历中逐渐转变了，我彻彻底底地不一样了。

以前的我，会认为因为残障，自己什么都不好。但现在，我会认为，任何人在生活中都会遇到各种各样的问题，不只是残障的人才会遇到。比如谈恋爱这件事，很多人都会遇到"爱而求不得"的状况，甚至是明星、"富二代"，他们同样也会面临。所以，仅仅以残障定义生活的全部，并不准确，也不正确。

当然，我也不是完全忽略残障对我的影响。虽然残障也有一方面的原因，但它并不是全部，也可能因为我是一个不够勇敢的人，或者因为我性格有哪些缺陷，能力有哪些不足等原因，但这些不一定都是残障带来的，不能总是把一切不好的事情归结为残障。也许我和正常人还是有差距的，但是心态一定要好，自己要更勇敢一些、更努力一些。

我会不断地推动自己，给自己加油打气，继续努力尝试。即使做得不够好，但比起曾经畏惧的自己，总要等着别人认可的自己，我不会再等待了，转而让自己做决定，承担一些责任，做自己喜欢的事情。

现在，我经营了一家宠物店。因为我和爱人的身体都不好，所以只能多雇一些员工搬运重物或送货。如果我身体好的话，就能少雇一点，减少一些开支，能存下更多的钱，改善现在的生活。

二　温馨的原生家庭

在母亲怀孕的时候，医生就已经提醒了他们，可能我出生后会有一些状况，所以可救可不救，但父母坦然地接受了这个状况。因为当时我妈怀我的时候，医生和他们说了我这个状况，说这个孩子是先天性脑瘫。父母当时也没想太多，因为他们觉得我也是一条生命，都坚持要生并且把我抢救过来。所以知道我是先天性脑瘫后，他们也坦然地接受了，并没有对我有不好的态度，反而十分乐观开朗，甚至教育我，让我自立。

因为我的父母都十分开明，所以他们不会因为身体上的残疾歧视我，也不会因为性别上的差异歧视我。在我 4 岁的时候，弟弟出生了，父母对我俩的态度都没有什么特别不同。而且因为脑瘫，我小时候经常生病，父母反倒是对我关爱有加，所以这也让如今的我变得更加自信，不会因为身体上有缺陷而变得过于自卑。

我爸是一个喜欢表达自己的感情、极其感性的人，非常注重仪式感。比如每年我过生日，他都会记得，并且会给我买蛋糕，还亲自炒菜，然后一家人给我庆祝生日，说一些祝福的话之类的。平时过一些节日，或者是他去出差，都会特别准备一份礼物给我。

他也会对我的未来做更多的打算，一直鼓励我学习，在读书方面可能对我的期望会更大，可能认为我弟弟上不上大学就无所谓了，但觉得我一定要考上大学，或者让我一定要去学点什么，以后尽量能做一点脑力劳动，少做一些体力活。他经常和我说，我弟弟身体比较好，所以他学习好或者不好都可以，因为如果实在不好还可以干一点体力活；但是我因为身体不好，所以一定要努力学习，如果我能一直读他们就会努力供我读书。而且，我从小他们就给我买保险，都是保终身的那种，就希望我以后能有一些保障。他们对我的关爱会体现和贯穿在生活的各个方面。

我爸对我做的印象比较深的有三件事。第一件事是我读高中的时候，第一次住校，因为我之前都是走读的。高中的时候，学校离家比较远，所以第一年就住校。到了第二年的时候，我爸为了更好地照顾我，他在学校附近又买了房子。当时第一年的时候，他就特别担心，怕我不适应学校，没有人照顾，觉得我独立生活不了，几乎每一天都来学校看我。学校离家大概9公里，那时候又不像现在都有汽车，那时候什么都没有，但是他每天都会来看我，都会来问我的情况。那时候他还给我买了一个电话卡，每天也都会给我打电话。我记得那一次是周六，因为我们高中每周六晚上不上晚自习，一个月也只是月末的时候放四天假，其他的每周都不放假。那次周六晚上不上晚自习，我给我爸打电话，说我很想家，有点想哭，然后我爸就说"行，别哭了，明天早上再送你回去"。就是我感觉我很折腾他，但是他也不会嫌麻烦，他当晚就把我接回家，然后第二天又把我送回来。

第二件印象比较深刻的事是他来学校看我，我当时正在上课，他就去了宿舍，给我带了很多吃的，让宿管老师给我，还给我写了一封信。主要是年数很长了，我也忘了他写了什么，我就记得他写得很简短，就只有几行字，然后就放在寝室那儿。我中午放学回寝室，宿管老师和我说，我爸对我可真好，还给我写了一封信，还给我送吃的，反正我就觉得挺感动的。

第三件印象较深的事也是发生在读高中的时候，因为平常我上晚自习都很晚，一上就上到晚上十点钟。好像是在高二的时候，那时候我爸已经在学校附近买房子了，然后我就不住校了，就走读。但是我们高中部一个月就放一次假，我弟初中部是每周都放假。然后一到周末的时候，我爸妈就会带我弟弟回原来的家，因为离他们工作的地方近。有一次周五晚上，本来我爸妈和我弟都已经回去了，家里也就没人了。那天晚自习下课后下了很大的雨，我也没带伞，出来的时候很多同学都着急往家跑，也没有和我顺路的。我就一直往学校门口走，等我走到门口的时候，在学校门口的牌子底下，我就看见我爸拿着伞在那儿等着我，那个时候我就很感动。因为他知道我周末回家，就特意来陪我。

我爸给我影响较大的是，他认为女性在外表上要比较注重，也不是说你长得要很美，但是你要给别人一个好的形象。所以我受我爸思想和行为的熏陶，就会觉得外表也很重要。另外，我爸就是比较有好胜心。

我爸和我妈是性格完全相反的两个人，我妈是不善于表达感情的人，就像是那种普通的家庭妇女，性格也是大大咧咧的。我妈爱我的表现体现在生活方面，比如给我做饭、洗衣服等。

我妈的事例就更多了，她就是一直默默无闻地为家庭付出。她主要就是管我们衣食住行等生活方面的事情，这些事情也很多，而且是很重要的事情。我记得我小时候，因为我脑瘫，然后学校离家也比较远，她就每天都骑车接送我。到了初中的时候，学校离家近了，只有半公里。她就每天让我走路上下学，每天走三个来回锻炼我，早上去学校，中午回家吃饭然后又走回学校，晚上回家吃完饭然后又走回学校上晚自习，最后晚上又走回家这样子。她就这样子锻炼我，我的身体也好了很多。所以她很注重我身体的锻炼，也注重培养我的生活习惯。

我妈她就会觉得不要和别人比，自己好好干活，过得很本分，她就像一个家庭主妇一样的女人。虽然她像家庭主妇，但她给我的影响是很大的。我妈在我特别小的时候就和我说过，女人一定要有经济基础，因为我妈和我爸比赚的钱比较少，我爸是会计，又是知识分子，而我妈没有上过学，机遇也不好，工作也没他好。但是我妈对我影响最大的是，她说女人一定要经济独立，不管干什么，手里一定要有钱。虽然我妈和我爸结婚那么多年，但是她从来没有向我爸要过一分钱，她都是帮别人干点零活赚点零钱。然后我妈也很孝顺，她会自己去挣钱给姥姥、姥爷买这买那，她一直都有女人要很独立的这种意识。对于我来说，主要我身体不是很好，我也不知道将来能不能够很独立，但是我的愿望就是一定要做一个独立的人。所以我一直都不会认为，家庭一定能够保护你什么，另一半一定要为你承担什么，我从来都不会有这样的思想。

我爸是一个比较浪漫、臭美、爱打扮的人，所以他和我妈性格完全不一样。我妈就觉得过日子就行了，哪有空描眉画眼的，但是我爸就觉得生活要过得有仪式感一点，所以他们两个在这些上面会有分歧。

总之作为女性，一方面，我很向往在精神上和经济上能够很独立；另一方面，有条件的话，外表能够修饰我也会修饰一下。这些应该是在父母的双重影响下产生的想法。另外，我觉得没有什么男性女性之分，我觉得每个人的思想和经济都应该是独立的。

我觉得家庭对一个人的生活习惯、性格之类的影响是很大的，一个人的生活习惯、性格会留下很多家庭教育的痕迹，一个人的性格是怎么样的和家庭有密不可分的关系，我父母在教育我、关爱我的同时，也在影响着我的性格。可能我妈就是这种性格，所以我就变成了那种不太计较的人，从小别人不用告诉我，我也不会在意别人说我或者对我做的一些事。因为我妈就是那种不太在意，也不会计较的人。就比如别人说我怎么的，我的小伙伴会觉得很生气，但我就觉得很正常，反正我和别人本来就不太一样，我很自然地就会有这种心理。所以长大之后我就觉得我这个性格和我妈有很大的关系。再比如说我爸给我带来的影响就是，仪式感比较强，比较勇敢，或者很浪漫等，这些在我身上也是留下痕迹的。

三 情投意合，患难与共

我之前学的是中西医结合专业，后面去医院实习。然后在实习的时候，有一次去我表姐的宠物店帮忙，认识了我现在的爱人。所以我们算是别人帮忙牵线搭桥认识的，至于恋爱自然是自由的。毕竟我自己也知道自己身体的状况，能够认识一个比较成熟的（他大我 11 岁），又愿意和我在一起的，我也应该尝试着去和他培养感情。我和他认识了半年之后就结了婚，到现在算是认识十多年了，结婚也快到第十个年头了。

我爱人是脊柱侧弯，所以个子很矮。因为他在小的时候，不小心摔进猪圈，摔坏了脊柱，所以才会变成现在这个样子。我和他认识之后，就一起去做宠物用品批发，所以我们两个人现在是在一起工作。

他一向对我挺好的，可能就因为脾气不太一样，才偶尔有矛盾，但其他方面都挺好的，然后我们双方也知道互相尊重彼此。我觉得尊重彼此是最重要的，这一点我们两个人做得都挺好的。虽然生活里有一些争执，但是他会给我很大的支持、很大的鼓励和肯定。他会认为我在这个家庭当中所付出的也好，所做的一切也好，都是有价值的，我在他心里是很优秀的。

没结婚之前，我上学、实习，都得走路或者坐公交车，但是结婚之后，他几乎都是开车接送我，要不就是我自己开车。没车的时候，不管多远，他都让我打车，一两百元都行，因为我坐公交他不放心。我们店里没有暖气，很冷，只要我一说冷，他就立刻送我回家，不管生意多忙。到点了他就立刻买饭，给我吃东西。如果我哪里觉得不舒服、不合适，他就会帮我做好了，不让我受一点苦。但是他很能吃苦，他自己去上海出差，就和朋友拼个旅馆，吃喝什么的都从简，他就会说他是去工作的，又不是去享受的，要享受回来享受。如果我们两个人去上海出差，他就会订好一点的酒店，吃的喝的都会弄得好一点。

平时生活的时候，比如我看到喜欢的衣服了，不管是 1000 元还是2000 元，只要我看上了，只要他手里有钱，他不会管自己怎样，他都会先满足我的需求，迅速买了。但对他自己，他就很节省，可能一双鞋就几十元，他觉得有的穿就行。所以他对我生活上是很关心的。再比如朋友请吃饭，不管多晚、多紧急，他都会等我化好妆了或者收拾好了，他也不会说我为什么那么麻烦，他都会等着我弄好再走。

但是，作为一个身体残障的女性，即使是相处了十年的丈夫，我也有时会想，他到底是因为什么和我在一起的。可能是因为我比较矫情，而我老公他在生活方面其实是比较随意的。可是有一个问题，我们结婚十年了，我问了他十年，就是结婚娶我，到底是因为特别喜欢我，还是只是因为合适这样子。我总是一直问他，不管我再怎么开朗、乐观，但作为一个身体残障的女性，多少会有不安全感在心里，对一些事可能会有戒备心。

因为他和我情况不一样，他只是小时候掉猪圈里，脊柱变形，也只是个子矮，其他的都是正常的。而且他年纪大了，家庭条件也不是很好，所以我会问他，相较于那些带孩子的女性，我是不是对于他来说是最优的选择，所以他才选我，还是说因为爱情。所以结婚十年了，我也会经常纠结。至于他的回答，就是因为爱情，因为他爱上我了。毕竟结婚十年了，他对我一直都是很热情的，但我又会想这个反应是不是也不正常，这也是装的啊。因为我看到过很多夫妻，结婚多年了，左手摸右手，也没什么激情了，就是很平淡了。但是他就是热情比较多，所以我有时会怀疑他是不是为了让我有自尊心，所以才装成这样的。总之他怎么做，我都会怀疑。

我们激烈争吵的次数很多，但都是因为工作上的事情。因为我们是在一起工作，不像别人，一个人是大夫，另一个人是其他工作这样子，工作上没有交集。但是我们两个人是一起做生意的，所以有时候可能会因为一些经营理念或者想法不同，会上纲上线的。但是我们两个并不会因为生活上的或者是经济上的事争吵，虽然我们经济条件不好，生活细节也不同，但我们并不会因为这个争吵。就比如花钱，只要兜里有钱，想买就买，我想看电影他就陪我去看，我们不会因为一些生活琐事大吵大闹。所以我们两个人争吵大多是因为工作或者经营理念的差异，我就觉得夫妻两个人还是不要干同一件事情的好，容易伤感情，分开各干各的可能会更好。但我们双方不会因为对方是残障，或者对方很烦，对方是累赘而争吵。

矛盾化解的话，因为我从小就是被关心的人，我爸妈惯着我，我弟也照顾我，我就会比较犟，不太会让人，所以有时候我老公会让着我。但是在外面，和朋友相处我就很随和。我老公就会这样定义我，刚开始觉得我可能是不善于交际的人，接触了之后发现还挺好的，但是对家里人要求又挺多的，就是一般人很少像我这样，他就是这样说我的。或许因为以前我爸和我妈吵架的时候，我妈就是不服软的人，所以我就会觉得不能因为我是女的就得低三下四的，就什么事都是我的不对。所以争吵的时候，吵到了某一个点，我可能会让一步，如果让一步还是不行的话，我可能又会继续和他进行理论。

四 我们的爱情结晶

我们在结婚第五年的时候要了一个孩子，孩子当然也是我们自愿要的，我并不认为对方把我当作生育机器。可能有些人会认为，两个身体有残缺的人在一起搭伙过日子，尤其是男的，能找到妻子就已经是万幸了，和对方结婚自然就是为了生孩子。但我并不是这样认为的，因为我和他之间是有感情的，我们的孩子也是我们感情的结晶。我们双方都不会认为，结婚就是为了生孩子，他把我当作生育机器这样子。生活就是这样子，我们有了孩子，家庭也会更美好，感情自然也会更融洽，所以我觉得，孩子反而是我们这将近十年感情的证明。

不过在有孩子的时候，我觉得可能自己有一些产前抑郁吧，我会问他万一生了孩子我们照顾不好她该怎么办，经济条件不允许了怎么办。总之我会提出各种各样的问题，但是他都挺包容的。

那时我会有怀孕的担忧，因为脑瘫会伴有行为异常等一些症状，所以我就怕怀孕的时候会摔倒，因为自己算是高危人群。怀孕了之后心情很复杂，后面去产检，医院说我这种情况需要去三甲医院建档，而且产检的时候要有人陪同。所以当时我会觉得自己是不是有些太过自我了，对孩子不太负责。

去产检的时候，因为我腿脚不好，又不敢坐公交车，所以我都是让家人开车送我去的，其实就是怕被踢倒之类的。去检查的时候，总是怕胎儿有问题，就会关心胎儿和其他正常的孩子是不是一样的，大小啊，体重啊之类。最直接的问题，正常的女性是可以顺产的，虽然最后我是顺产的，但之前我都认为我只能剖腹产，因为我不知道正常人的用力我能不能用。最后孩子顺产出来，我很意外，所有人也都很意外。之后在家人和朋友的帮助下，我慢慢改变了之前不好的心态。

孩子的身体状况挺好的，是正常的。因为我和爱人的残障疾病并不是遗传性的，所以对孩子没有什么影响。至于性别，虽然也是女孩子，但是她并不会受到区别对待，毕竟父母是如何对我的，我心知肚明。我和爱人对待孩子自然也是呵护有加的，并不会因为性别而有一些歧视或者是偏见，对她采取区别的对待。

我们抚养孩子其实就和普通家庭一样，没有什么特别大的困难。可能我或者我的爱人这个残障的身份会给孩子带来压力。就是有一次学校组织孩子们坐车出去玩，我们带着孩子上车，就在排队的时候，一个坐中巴的男孩子指着她的父亲也就是我爱人，说他好矮。可能发生这种情况是很正常的，因为孩子不了解外面的世界，别人的父母也不可能教育得那么好。遇到这种情况，基本上就是和孩子直接说明情况，父母可能和别人家的父母长相或是其他地方不太一样，但是本质上都是爱她的。

所以我教育她的时候，就会让她了解世界上就是有不同于普通人的人，社会上也是会存在这样的少数群体。我们不能够戴着有色眼镜去看他们，因为他们也是普通人，只不过上天让他们有了不一样的活法。

所以，生活在像我们这样家庭的孩子可能更会懂得尊重别人吧！而且，我要让她知道，她的成长路上也会遇到很多困难，也会遇到一些人对她指指点点，这是没有办法的。爸爸、妈妈可能因为外表或其他方面受到别人的指指点点，等她长大之后，可能会因为学习或是工作等事情受到别人的批评、排挤甚至是厌恶，但她不能因为一点事情就丧失信心，就变得自卑，我们自己能做的就是把自己做好，然后不去伤害别人，尊重别人，不过于在意别人异样的眼光，那么这样也就足够了。

五　构建一个充满爱的环境

现在回头来看，对于婚姻，我曾经希望能嫁个好老公，这样子父母的负担也轻一点，自己也能过得舒服一点。而且之前对自己的认同度不够高，总觉得自己就是比不过别人，所以觉得自己以后嫁人，哪怕只是依附于他也可以。以前会觉得自己没有什么价值，但是现在的自己会比以前好一点，会认为自我价值更高，不应该把自己弄丢，自己也是一个值得被爱的人。毕竟存在的价值不是依附于他人，而是夫妻双方平等相处，相互尊重。

在恋爱或是婚姻上，我肯定是有自主权的。我选择和这个人恋爱或者是结婚，自然是我个人的意愿，其中当然也包括家人和朋友的意见或是建议，但是自主权仍然是在我手上的。而且我觉得爱情这个东西是要自己把握的，也要保持良好的心态，在迷茫的时候也可以向他人去学习一些经验，所以自主权和他人的意见或是建议并不是冲突的。我的爱人也算是给了我很多信心和勇气，让我能够明白人生的价值，让我认识到我是值得被爱的。

至于家庭，我觉得应该是鼓励和陪伴。这一路走来，我都是在家人的鼓励和陪伴下长大的，如果没有他们当时的坚持，应该就没有我这条生命；如果没有他们的鼓励，那么我也不会变得自信；如果没有他们的陪伴，那么我肯定会时常感到孤独。所以，如今这么强大的我，自然是少不了家庭对我的帮助，所以一个家庭的灵魂真的很重要。我也希望我的女儿现在和未来都能在一个充满爱的家庭里茁壮成长。

一开始，我母亲认为我爱人的外表不行，主要是个子太矮，怕照顾不了我，对方父母一开始也是这样认为，觉得他们儿子可能照顾不了我。毕竟一方面觉得他太矮，可能行动上不方便；另一方面我这个病发作了，照顾起来也是比较麻烦的。至于我们两个人在相处的过程中，我可能会比较自卑吧，就怕麻烦对方，因为照顾脑瘫患者是一件比较麻烦的事。毕竟对方除了个子比较矮之外，其他方面都是正常的，所以一开始相处的时候我会处于一个比较自卑的状态。门当户对的话，我觉得我是不够勇敢吧，所以在择偶方面我可能更偏向于实际一点的。但是每个人都向往浪漫的爱情，或者对自己的另一半有一些特别的要求，比如说有些人就要求对方是帅的，对方是有才华的，或者对方和我家是门当户对的等。

但是对于我而言，我就只会选择一个务实一点的，能帮忙照顾我的，能让我的价值体现出来的这种人。而且我以前的时候，可能也比较肤浅，就会觉得对方择偶为什么会选择一个残障的女性，毕竟两个健全人谈恋爱，出去玩，做什么事都方便，但是你选择我就会很不方便。所以我以前很现实，不相信什么爱情，觉得对方选择你要么就是因为你漂亮，要么就是因为利益关系才和你在一起的。所以我认为婚姻就像做生意，就是你能给家庭带来什么，他能给家庭带来什么，我可能就是一个比较现实的人。

甚至在电视里看到两个残疾人相爱了，或者一个健全人爱上了一个残疾人，我都不会很感动，我会下意识地想那个健全人肯定是经济不好或者是没什么本事。我知道这个想法不对，但当时就是这样想。不过经历过婚姻，也会开始相信感情了。

我在婚姻里也会主动去承担一些责任，我会让对方觉得我是有价值的。可能是因为受我妈影响，因为她都靠自己挣钱，所以我也会觉得不要一味地依靠别人，一定要想办法让自己独立，不要把自己交付给谁，让谁负责，不管你的身体状况如何，你一定要想你给对方能够带来什么。哪怕你躺在床上一动不能动，你也要相信，自己能够给他爱和鼓励，而不是你在索取，这样对方就会觉得你有价值，你意义非凡，这样他才会留在你身边。所以门当户对对于我这样的人来说也不重要了。至于婆媳矛盾、家庭分工、经济控制之类的问题都没有，因为我们和父母分开住，结婚十年了，和婆婆见面也不到一个月，所以矛盾几乎没有，我婆婆也挺喜欢我的。

我觉得不管是残障女性还是普通女性，这两者之间是否存在差异，这取决于你的伴侣。就是你有没有处理好你和伴侣之间的关系，如果对方把你当成很重要的人，他觉得你的付出在家庭中占有很重要的地位，那么我觉得别人说什么都不重要，不管是婆婆还是外人，你的好与不好，都取决于他。就包括孩子也一样，他觉得好不好都是次要的，因为你们两个的关系是最主要的，其次才是父母和子女，然后才是外人，所以对方的态度对你是至关重要的。就比如你是一个残障女性，别人都觉得你很不方便，创造的价值也没有别人多，但是你的爱人觉得你是他的全部，你是最重要的，那么别人怎么认为都无所谓，能判定你们两个人生活的只有你们两个人本身。

虽然我是残障的，我老公也和正常人不太一样，但是我们两个人都是独立生活的，在这个家庭关系之中，在我的女儿出生之前，这个家里的所有事情，都是我和我老公亲自参与，父母或者其他人不会帮我们做任何事情或者是决定。所有事情都是我参与过的，所以我会对这个家庭的归属感更强烈一点。

其实对于家庭的归属感就是在寻找一个平衡点的问题，就是你对这个家庭投入多少，你为这个家庭如何努力，你希望在这个家里如何找到归属感，你希望你的老公是怎么样的，这都取决于你自己，你在经营婚姻或者经营家庭的过程中总能找到那个平衡点。

就像我，因为我身体不好，我会觉得我得有一个家庭，我得有个依靠的人，家是保护我的外壳。别人也可能觉得我是残障人士，但也有一个家了，就会觉得我不是一个没有用的人了。但那是初期，后来在经营家庭的过程当中，我不光要考虑之前那些，我也要考虑如何创造自己的价值。总之我觉得参与经营家庭的多少是能影响你对这个家庭的归属感的强烈程度的。

六　越发积极的社交心态

现在我还挺喜欢社交的，但毕竟我患有先天性脑瘫，自然在社交的时候或是在公共场合的时候，当别人的目光放到我身上时，我会有一些不自信。在读大学之前，别人主动接触我比较多，我很少主动去与人社交。主要是我以前读的学校，里面的老师和同学对我都挺好的，并不会因为我患有这个疾病来歧视我或者欺负我。

当然，至于别人是否有议论或者其他的行为，那我就不知道了，不过我也不在乎，但是，不自信还是有一点的。反正现在我与别人社交都没什么大问题了，大家都觉得很正常，毕竟这种状况发生了也是没有办法的。但是，主要是我也不了解所谓的正常人他们是如何看待残障人士的，我也不知道他们看到我们的第一眼时是怎么想的。

主要现在这个社会也逐渐文明了，可能有些人和我，甚至和有些残障程度更深的人熟悉了之后，他们就会发现我们其实跟普通人所做的、所想的，或者说兴趣爱好也没什么不一样，都差不多。可能你第一时间看到一个人，他走路的方式或者身体上面有点另类，你可能就会觉得他很奇怪，但主要是因为你不了解。

比如我，我是一个脑瘫患者，如果我遇到一些聋哑人，可能刚开始也不知道怎么样和他们接触，但如果我和他们接触多了，可能也会相处得很好。可能开始的时候有些许障碍，但这都是很正常的，因为我们之前没有遇到过这些人。

以前我不会去接触一些残障的群体，但现在我就会积极参加一些关于残障知识的培训，认识类似的群体，或者参加一些有关的活动。而且我也很想知道，当我去面对其他不同的残障群体的时候，我将会是怎么样的感受，我也想知道所谓的正常人是怎么样看待我们的。其实生活中就是这样，你和很多正常人也只是一面之缘，没有很多交集，你需要有交集的人，一定是和你有过接触，了解你，然后会觉得你和普通人没什么不同的人，当然和这些人成为不了朋友也是没有关系的。总之，这些都是一个过程吧。

不过，交友有时候也会出现一些困扰。我有一个朋友，他是我大学同学，他来通州办事，我们就一起吃饭。然后他就介绍了一个朋友给我认识，是一个小伙子，我和朋友都 30 多岁了，而他只是一个 1998 年出生的小男生。在吃饭期间我们互相加了微信，然后得知他是卖保险的。我们吃完饭，我就和朋友看电影去了，他就走了。因为他是卖保险的，嘴也挺甜的，就一直"姐啊、姐啊"地喊着，经常主动给我发微信。因为我是卖狗粮的，他也养狗，所以他就问我一些关于养狗的事。

他家离我家也近，一公里多一点。可能我这个人没什么防范心理，然后有一天，他就问我是否在家，我就说在家的，然后他就说来我家找我拿狗粮，顺便带狗过来看看。我本来想着带陌生人来我家会不会不太好，但又觉得他就是一个小孩，我也没想那么多。结果他来的时候没带狗，但是我也没太在意，我就把狗粮给他了。

然后他就坐在沙发上和我聊天，但我觉得距离有点近，我之后就坐沙发背上去了，他就说："姐，你离我那么远干吗？"我就说这样也能说话。接着他就说我这啊那啊都挺好的，然后非要离我很近，但是那个距离让我感到很不舒服。我说没必要那么近，但他就说我身体不好也没有什么，就觉得我很漂亮，都挺好的，我就告诉他我已婚，也有孩子，说这些就没意思了。他接着又说了一些他不在乎之类的乱七八糟的话，我就说他误会了我的意思，然后我就让他走了。不过他也没有做不礼貌的事情，最后他就走了。他走了之后，我就一直反思自己，是不是自己说了什么或者做了什么让他误会了，还是我让他到我家拿狗粮这个行为不当。

其实我婚后也遇到过很多像这样的情况，然后我姐就说我的防范意识太弱了。但是说实话，我总是认为男性看待我，首先会觉得我是一个残障人，我并没有把自己很往女性那方面代入。所以哪怕别人会对我怎么样，除非是直接挑明了，否则我都会帮别人开脱，别人或许不是这个意思。

当然，我并不会因为自己是残障人士，任何一个人对我有好感，我就得做出回应，我没有这个意思。还有一件事，发生在我实习的时候。我之前在医院实习，我写病历写得还不错，然后我老师就一直让我陪他加班。那个时候都还年轻，我们都是年轻人，所以都挺聊得来的。他也经常告诉我一些医学上的事，没事也开开玩笑。后面有一次值夜班，我就趴在护士台那休息，护士上办公室休息了，过一会儿我突然间就觉得后面不太对劲，我一抬头，就看到我老师离我特别近，几乎趴在我睡觉的位置上。我醒了之后就很害怕，两个人都很尴尬，但是都没说什么，之后也就恢复了正常。我之后就把这事给忘了，也没想这些事。

还有就是我有一个表姐，她有一次去看牙，牙医就摸了她的胸，她就觉得对方很不礼貌，给她吓得够呛，然后她就让我以后值夜班注意点，少和男老师值夜班。主要是我姐知道了那个老师经常让我和他值夜班，哪怕不是我值夜班，他也经常让我陪他。我一开始可能会认为是我写病历写得好，或者是老师有什么要教我的，因为是实习，所以我觉得要多学一点。

但是我经历了这件事之后，我就觉得我是不是又缺乏考虑。但主要也可能是平时和这个男老师相处的时间长，经常一起吃饭，所以关系也挺好的。主要我自己也是一个没有防备的人，然后我会认为只要对方不嫌我麻烦，对我很好，那他就是一个很好的朋友。

七　我们是普通的残障者

我对未来社会对我们态度的期望是这样的，以前社会对我们这类群体不外乎两种声音，第一种是"你是残障，我们要歧视你，对你采取不公平待遇"，另一种是"好可怜，你们是正常人该多好，很同情你们"，我觉得这两者都不是我所希望的。我希望未来社会对我们群体的看法是残障和普通人，或者心脏病、糖尿病等患者是没有区别的。因为一个家庭不会因为生了一个残障儿童就觉得我们这个家天都塌了。

当然了，残障的人可能他身上发生过一些事和别人是不同的，但其实这可能只是他不太幸运罢了。可能也有一些人生了一个残障的孩子就觉得孩子的一辈子都完了，就觉得这些孩子如果能够正常活着，或者能像我这样，甚至能结婚生子就已经很好了，不会有更多的想法；还有比如像做产检的孕妇，如果检查出来孩子仅仅是有一点残障的，可能一家人都会处在考虑流产还是不流产的纠结边缘。

但像我去参加了一些有关于残障意识的课程之后，我就会觉得不管残障还是其他什么的，都是很正常的。我就希望以后的社会，当有一些少数群体出现的时候，如果他们所面对的不是不公平的待遇时，那么这个社会也就不会存在歧视这一说了。如果所有人都能有选择的权利和机会，不去考虑他的出身、家庭背景，甚至说是残障等，那么社会应该就能变得更好。

我记得很久之前，我看过一部港片，我记得警察局里面有一个女警察坐轮椅在里面工作，但是所有人看到她，都像是和正常人一样，没有人会觉得她不一样。如果以后的社会也是这样子，任何场合都能出现任何人，他们都能参与到社会当中去，或者说工作、学习等环境中不存在人为设置的障碍，那么问题也就会减少了。

其实残障孩子出生的时候，很多家长不是恐惧孩子残障本身，他们恐惧的是他们的孩子残障了，他们可以照顾他，但是以后他该怎么办。上学也成了问题，学校都不收他，受教育方式或许就会不一样了，社会也不一定会接受他，找工作也没人要。其实父母真的不在乎照顾一个残障的孩子，他们担心的是社会对他们孩子的态度，环境对他们孩子的态度，所以我就是希望社会能把这个意识转变过来。

残缺无法阻挡的，是我对生活的热情

林艳茹*

没有结婚之前，我每天只能待在家里，被很多人私下评价为"没有人要的残障女性"，只能嫁给老头或者其他残障者；但在结婚之后，在老公的鼓励下，我可以独立地完成一些事情，甚至可以走出家门，一起去各个不同的地方旅游。即使身体有残缺，但我们的生活，足够精彩。

一　与闲言碎语对抗

我叫林艳茹，合肥人。今年（2019 年）26 岁，患有先天性脊柱侧弯。初中文凭，刚和爱人结婚。

因为先天性脊柱侧弯，我在 2008 年的时候做了脊柱矫正手术，但是手术失败了，导致了现在双下肢瘫痪这样一种残障的状态，也就是脊髓损伤。本来我的双腿是没有问题的，也就是脊髓神经是没有问题的，但估计是因为这个手术碰到了神经，所以失败了，导致了这样一个并发症，造成了脊髓损伤。

残障给我的生活带来很多的影响，好的与坏的交加。在我还没有变成残障之前，也就是 14 岁之前，我是先天性的脊柱侧弯。因为那时候小，病症也不明显，只是个子比较矮小，所以这对我的影响不是很大。但是，这个病会随着年龄的增长，变得越来越明显，尤其是到了初中，这个病就看

＊　林艳茹，脊髓损伤患者，胸 10 以下截瘫，自主创业。

起来比较严重了。

庆幸的是，因为班级的同学都熟悉彼此，他们并没有把我当成另类，也没有对我产生特别的想法。因为我个子矮，他们反而会更多地照顾我，都会过来帮助我。后来，我准备做完手术继续上学，所以先办了休学，但是没想到手术失败了，我就不能走路了，只能一直做康复治疗，所以就没有选择继续上学了。家里人也没有想过让我去残障人士的学校继续学习，而且我家是在农村里面，交通不方便，很难频繁出行到外。

除了出行不顺畅，残障后带来的变化，更多的是别人的评价。在我未婚的时候，我每天都只能待在家里，就会有人不停地议论我的状况，比如我这样以后怎么结婚，可能没有人要了，又或者是我现在只能嫁给身体同样有障碍的人了，甚至是干脆嫁一个老头，凑合生活就算了。

那些人不会当着我的面说，只会偷偷地讲，但有些人会在我妈妈或者我奶奶面前这样说。我妈妈听到后，也会告诉我。但是她不同意这些说法，她觉得自己的女儿是很优秀的，不需要忧愁嫁人的事情，因此也会义正词严地反驳回去："我的女儿是可以结婚的，是有人喜欢她的。"

我觉得社会上的大多数人对性别是区别对待的，在很多工作上，对女性会很苛刻，对男性则会有较多的宽容。但是在更多的时候，对待女性又会比较宽容，就比如女性可以撒娇一点，女性可以不用干重活之类的。但是还有一点，就是有的人会认为，如果一个女人，她很会赚钱的话，并不会觉得她有多厉害，反而会认为一个女人赚那么多钱干吗，你为什么要那么强势，你的强势并不会对你的婚姻有什么帮助，反正会有很多类似这样的声音。

比如我的一个姐姐，她很优秀，她也很会赚钱，唯独是她快 30 岁了，还没有找到对象。她爸爸就会说我要她挣那么多钱干吗，现在谁还缺那么多钱，就说她那么会挣钱，说明她在某一方面一定十分要强，性格可能就比较强势。她爸就又会说女孩子不能太要强，性格太强势的话，婚姻是会不幸福的。但是男孩子就不一样，男孩子会挣钱就厉害，就不会有人说他以后如何如何不好。

我个人认为女孩子可以优秀，可以高学历，也可以挣很多钱，但是在两性关系中，不是谁强谁弱，这是说不清的，两性关系是很复杂的。对于女性来说，你在外面可以很强势，挣钱很厉害，但是回到家里，该软的时候还是要软一点；不过对男性也是要有要求的，你在外面一样可以很强势、很厉害，但是你在家里也不能太大男子主义，你也得温柔一点、浪漫一点。

当我结婚之后，我就不知道别人怎么说了，我现在也不关心别人怎么看我，我只想把我自己的生活搞好就行了，我自己把自己给活明白就行了。而且，我并不认为一个女人的意义就在于嫁人，我那个时候就想着，我自己首先要把自己给活好了，然后想着努力挣钱这些东西。

后来，我就想着要找一个能够和我聊得来的。可能有些东西现在看来是我自卑的一种表现，我想活成好一点的样子，告诉他们我不是你们所想的样子，我一定可以找一个比我不会大很多的，然后身体也是很好的男人，我那个时候会这样想，可能这些都只是想要做出来证明给他们看罢了。可能我对一些地方还是感到自卑的，当有人真的来接近我的时候，我可能会害怕受伤，害怕交流之类的，就好像把别人拒绝在外一样，我总是拒绝和别人接触。哪怕就是有健全的男孩子，或者说和我年龄相仿的，这些条件都不像别人说的那样子的男生愿意来接近我，和我接触或者交往，我还是很害怕，就是没有办法和他们交往，这些可能就是我自卑的表现。

反正我以前不会主动去交流，都是别人觉得我还可以，或者对方想到我这个人了，然后别人愿意和我在一起，和我聊天，我才会去交流一下。但是大部分情况我都不会主动去说我愿意和谁谁谁成为朋友，反正我觉得之前我是一个比较自闭、自卑的人。

后来，我和我男朋友在一起之前，就几天前，我遇到了一对轮椅夫妻，一个是没有双腿的，一个是瘫痪的，他们两个就在一起。我当时就很惊讶，我就觉得两个坐轮椅的怎么可能在一起，这两个人谁照顾谁呢？我回去还和我妈说了这件事，她也觉得不可思议。

没想到没过多久，我就遇到我老公了，我们也没有一开始就在一起，就是处于朋友的状态。之后在一起了，我老公的生活自理能力特别好，而且他还会带领着我，让我的生活自理能力也渐渐变好，然后我生活能够自理了，他也可以生活自理了，那这样我们两个人也就可以在一起了。他告诉我真正的强大不需要向别人去证明什么，自己活得好就好了。

至于好的方面，比如像我们现在出去玩，有很多地方都是免费的，然后会得到很多人的帮助。当很多人帮助自己的时候，我们的心里会暖暖的，内心的信念会变得更强，然后会对这个世界抱有一种感谢的姿态，要对这个世界温柔相待。

所以在这个世界上遇到的感动会比较多一点，就比如我和我老公最近在自驾游，我们那天去沙滩那边玩了，因为我们两个人都坐着轮椅，所以很难下到沙滩那边去，而且那边有很多的陡坡。我们的轮椅一进去，轮子就会陷下去，陷下去之后我们就很难上来，轮子也很难动。我们就在那边看看有没有工作人员，看看有没有求助电话，先保存下来，到时候陷下去要上来的时候打个电话寻求帮助。

然后我看到那个值班室里面有工作人员，工作人员就出来问我有什么需要帮助的，我就说我要保存一下这边的求助电话，万一等会儿我从沙滩里上不来，我就打这个电话给他们这边，然后他就说好的，而且都不用多说。在我们想要下去的时候他们就帮我们抬下去了，然后我们就在海边玩。可能他们也比较担心我们，怕我们有危险，就时不时地出来看我们一下，看看我们是不是需要帮助之类的。等到时间差不多了，潮也要涨上来了，他们就把我们推上来了。

还有很多好心的路人，我们在路上可能也需要很多的帮助，然后他们就会来帮助你，我就特别开心。我对杭州印象就特别好，我老公在杭州路上摔倒了，然后有一个路人，应该是一个学生，他就过来问我们需要帮助吗。他也没有直接来帮助我们，而是先询问我们，我老公就说"谢谢"，可能对方理解错了，以为我们不用帮助，他就一直在边上等着我们。我后来就说我们应该是需要帮助的，然后我老公也点了点头，之后那个路人就过来帮忙了，就一直等我老公坐稳了，他才走掉。我觉得这些都特别好，因为他首先对我们有足够的尊重，先询问我们需不需要帮助，我们说需要了，他才来帮忙，我就觉得这些行为很好、很温暖。如果说我的身体不是这样子的一种状态，那我对这方面的感悟就会比较少。

二 高保护与低期待

我一出生，就是先天性脊柱侧弯，所以父母一直都很希望能给我治好。到了我十几岁的时候，听说可以帮我治好，然后他们就带我去医院治疗了，但是后来手术失败了。我还有一个弟弟，因为父母亲觉得只有一个女儿，而且还是残障，所以打算再生一个。

至于特殊对待，父母并不会因为性别就对我有区别对待，即使我是男的，可能他们的做法也是一样的。但是因为我是身体残障的女儿，所以他们对我的期望值会比较低，对我弟弟的期望值会比较高。

因为我是残障的，可能一开始只是觉得我外观上不好看，但是后来手术做完之后，脊柱是不弯曲了，但是我的双下肢瘫痪了，相当于残障这个状态加重了。他们可能会认为我需要我的弟弟以及未来的弟媳来照顾我，所以他们会把所有的希望放在我弟弟身上，对于我的话，他们就觉得能把我照顾好，不缺我吃，不缺我穿，这个样子就已经很好了。

比如在以前，我一开始只是先天性的脊柱侧弯，是可以行动的，只是因为不好看，然后我爸爸、妈妈才给我治病。因为家在农村，家里条件也不是很好，所以他们就去借钱给我做手术。手术失败以后，我的脊柱侧弯是好了，但是双下肢瘫痪了，所以就无法行走了。这个事例就能够证明，他们是愿意倾尽所有来为我治疗的，哪怕是手术失败以后，双脚无法走路了，他们也会想办法帮我治疗。但是现在这个瘫痪的状态实在是无法治疗了，因此他们也是没有办法，但他们一直说要把我照顾好，尽力让我康复。

他们虽然对我很照顾，但是不会对我寄予过多的希望，比如我想要去做一些事情但是因为残障无法去做，我就让我爸妈给我买一个电动三轮车，但是他们就认为不需要买这个东西，我要这个电动三轮车没有用，应该等有钱了再帮我买。但是他们对我弟弟就不一样，我弟弟要上学的话或者是他需要什么，哪怕家里没有钱，他们也会借钱给他用，满足他的一些需求。反正对我，他们就觉得只要把我照顾好就行了。但是其他方面，比如我需要吃什么或者玩什么，基本的东西他们也是会满足我的。

我 18 岁的时候，我就觉得自己不好意思再让家里人养活了，我就想去做点什么，但是我爸就会说"不要你做事情，我就养着你一辈子"。他这句话可能是在某种程度上认为我不行，所以他要养我，但是从另一方面来说他也是很爱我的，所以才愿意养着我。还有就是我生病了，他们也一直照顾我，我会认为全天下的人都会抛弃我，但是我的父母不会。

我做脊柱侧弯手术的那次，因为这个手术是个很大的手术，我的家里很穷，那个时候刚刚把债给还清了，我的手术费要上十万块钱。而我的父母就为了让我变得好看一点，让我变成一个健全的孩子，他们就到处筹钱为我治病。然后我躺在医院里，我爸妈虽然舍不得吃、舍不得喝，他们甚至舍不得花十块钱一晚上的床位费，宁愿睡在楼梯道上，但他们却给我用最好的药。

我做手术很疼，他们就不吃不睡陪着，我妈都晕倒了。我做完手术醒过来是第三天了，我一醒就看到我爸有白胡子了，我妈也长了白头发。等到我康复的时候，我妈就天天扶着我，然后还要天天按我的脚，就因为这些事情，最后她得了颈椎病。

另外，他们也会顾及我的心情，比如医生告诉我说我一辈子都走不了路了，只能坐轮椅了，我爸那时候以为我不知道，他回来的时候告诉我妈说，"你别让女儿知道了"，就怕我的心情会不好，会伤心。我妈在得知我不能走路以后是很痛苦的，我妈心情天天都不好，每天都发脾气。但是当医生告诉了事实之后，我爸还让我妈不要告诉我，然后我妈也就没有告诉我，他们会顾及我的心情。我爸从来不会在我面前流泪，但是他是会背着我偷偷流眼泪的。

其实，我爸和我妈的相处模式是我比较喜欢的，我妈虽然老是说嫁给我爸受委屈啥的，但是他们两个的相处模式让我感到很友爱。我妈特别喜欢帮助别人，她帮助别人完了以后就会很开心，就会蹦起来说"我今天帮助了人"什么的，我就觉得我妈很善良，我应该向她学习。

反正我爸妈在一起的那种感觉就给我一种积极向上的感觉，可能我心态的养成以及我现在的性格都是受他们的影响。他们不会想着去教育我该怎么样，他们就用在一起的点点滴滴来影响我，用他们的行动来影响我，用他们两个人的相处模式来影响我，影响我的生活、我的价值观以及我现在的婚姻状况。

总结来说，我父母就是认为我是只能待在家里面的那种人，但是他们还是很爱我的。我的父母是农民，他们在田里干活干得很累，我那个时候已经不能走路了，我就只能在家里面等着他们回来做饭。他们干活那么累，但还要回来给我做饭，对我永远是报以微笑的，会一直说"我的宝贝女儿啊"之类的话。他们可能很累很辛苦，但是他们在我的面前就不会特意展现出辛苦的那一面，反而展现给我的都是很开心的那一面。我还记得我爸说的"再累，看到我的宝贝女儿就很开心"。

三　相互扶持的爱人

我和爱人是自由恋爱，我们是在一个与残障青年有关的培训中相识的。这个项目为期半年，总共有三期，一期是一个星期，除去三期的培训时间，其他的空余时间就是我们自己联络。

因为经常联络，有时候又是整天在一起，所以待在一起的时间比较久，因此感情就容易在其中发展。刚好我和他分在一组，我们又需要去做很多的项目。因为那个培训项目需要我们去做一些事情，然后我们在一组的话，就会经常互相合作。

这个主办方组织得比较好，一开始让他给我送一些礼物，就是主办方为了让我们彼此不要有陌生感，他们会让大家互相送礼物。然后刚好他被分配到送我礼物，就很巧。另外，我们在这个小组里面还会把自己的人生经历分享给彼此，这些事情都是很容易促进感情发展的。

刚好，我和他的人生经历有些地方比较相似，所以两个人很容易能够成为朋友。主要我那个时候还没有真正走出来，因为外界的无障碍设施条件很差，然后我家门口又都是台阶，另外我要是出去玩的话，我得坐车，我又不会开车，我也没有其他的代步工具。他那个时候就已经有车了，所以他就经常接送我，时间长了，我们两个人的感情就升温了，然后就在一起了。

他和我的状况一样，都是脊髓损伤，双下肢瘫痪。他和我一样，都是自由职业，我和他都有手艺，所以平常我们就接一些订单。我老公原本是做机械设计和制造的，我们做的车头就和这个专业有关，然后他学的专业也是这个，而且他的学习成绩在当时整个专业里面是名列前茅的，他每次考试基本上都是在第一名的。

但是他在大二的时候受伤了，从此以后就不能行走了。不能行走了之后他还是在家里自学，把这些课程都完成了，还拿到了毕业证书，但是最后到人才市场应聘，就是没办法找到适合自己的工作。哪怕他是这样一个有天赋的人，但是他也依然找不到工作，最后他就回到自己家那边开网吧。但是现在，就比如说我们这个轮椅的车头就是他自己做的，就是结合了他之前学的专业知识。

总之，残障会在很大程度上影响他的工作，用人单位会因为这个拒绝他。除了拒绝他之外，这个单位本身的硬件设施条件也是跟不上的，比如他这个专业是需要去车间里面实际操作的，需要经常使用很多设备，再比如，他们的办公楼是没有电梯的，这些都是障碍。所以也不仅仅是人为上不招他，单位的硬件设施也是没办法跟上的。

选择和我老公在一起，肯定是我个人的意愿，当然我的家人或者是朋友也会提供一些意见和建议，但是最终的选择权是在我手上的。感情这个东西，一方面看缘分，另一方面也是要自己把握的，然后再加上机缘巧合，我们才有机会在一起。

如果遇到一些问题，也可以向家人去请求帮助或者说学习一些经验，这就和教育孩子的道理是一样的。我觉得别人的相处模式好的话，我就会想以后和老公就可以用这种方式去相处。我比较喜欢父母的相处模式，虽然他们在生活中，可能会互相抱怨一些有的没的事情，但是他们是很相爱的，并且这一路走来都是互相帮助、互相扶持，也是互相尊重的。父母相处中积极向上的感觉，特别影响我。所以现在我和我老公就受家庭的影响，这一路上我们互相扶持走到现在，我就觉得很开心，我觉得我的婚姻是很棒的。

这次自驾游出来旅行，整个旅行的过程中基本上都是他在照顾我，如果不是他带我出来，我也不可能出来。在这次自驾游中，他也会有很多行为或者细节让我很感动。比如我老公要帮我抬轮椅，要开车，要在地图上找地方旅游，规划旅游路线，还负责我们的饮食。我们还会玩抖音，我们在抖音上分享我们的美好生活，这些都是他做的，就让我感到很开心。

还有就是我轮椅的车头也是他为我专门设计的。一开始他也没想要帮我做这个，但市面上这个车头都很贵，我也不喜欢，然后他就给我设计了一个小车头，我很喜欢。

之前，我和他去黄山旅游，他在黄山顶上向我求婚。去黄山那次是一个黄山轮椅行的活动，是志愿者帮我们抬上去的。我老公就认为到黄山上面，可能我们这一辈子也很难再去一次，然后我们这次去了，这又是一个特别值得纪念的地方，我们又是在黄山的迎客松面前，也是一个比较好的地段，然后他就说他向我求婚，另外也有很多人见证，当时我就觉得很开心、很感动。虽然他不是一个浪漫的人，但是因为他知道我喜欢哪些事情，他就愿意为我去做哪些事情。

因为他本身是一个理科生，也不是很能懂女孩子的心，但是他认为我比较喜欢或者是大部分女孩子比较喜欢的事，他都会帮着我一起去做。再说一些比较小的事情，比如我喜欢吃菠萝，那他每次买东西都一定会买菠萝，就是我喜欢吃什么，他每次买的东西就一定有我喜欢吃的。然后渐渐地，他就把我喜欢吃的东西变成了他喜欢吃的。

还有比如他很累的时候，但是如果我饿了，他还是会去做饭给我吃，哪怕是半夜起来，只要是我想吃东西了，他就会去给我做吃的。还有一些细节是让我感动的，就是比如他会推着我的轮椅去到很远的地方买东西，一边推着一边聊天，我就很开心。

再比如我在外面好长时间，天可能都快黑了，我还没回来，他就会很担心我，他就会打电话给我，可是我告诉他我有事情还不能回去，让他在家里再等一下，但是他就等不及了，就一个人自己跑过来找我。而且当时好像走到半路的时候，天又下起了雨，他整个人都被淋湿了，但是他也无所谓，就想来找我。

另外还有，我们一起吃盒饭的时候，他永远都会把我喜欢吃的先给我吃。好像在生活中他都是这样的，他永远让我先吃，然后他吃剩下的，反正就是一直这样对待我的。

父母可能一开始会有一些担忧，因为觉得我们两个的情况都差不多，就怕我们双方照顾不了对方。但是后来，我看到我老公各个方面都还是可以的，仅仅只是因为腿有问题，然后我觉得我和他在一起也挺好的。因为当时他算是我男朋友嘛，所以就和他先试着同居，试过之后觉得还可以，没什么问题。双方父母也都比较尊重我们的意见，最后也是祝福我们的。

至于门当户对，对于我个人来说的话，会去考虑这个问题，而且我也觉得门当户对会比较好。我说的门当户对可能不是说经济上或者其他什么，我可能会更偏向于双方的价值观、世俗观念上的门当户对。就是双方能够处得来、聊得来，彼此在一起能够互相照顾，能够接受彼此的生活习惯。

我和我老公两个人家庭情况相似、身体情况相似、生活环境相似，所以这些可能导致我们两个人的人生观、价值观、生活观、消费观等都会比较相似，这些都差不多，两个人生活起来也会舒服一点。至于生活上的问题，暂时都没有，除了一点可能是我做得不够好的，就是在家务分工中，我能做的事情比较少，会让我老公受累，所以我以后会做调整。

之前，我俩因为一些鸡毛蒜皮的小事会吵架，现在两个人在一起磨合磨合，吵得也越来越少了，也没有发生过很激烈的争吵。因为本来就是小事情，所以也没必要老是记住，所以过一会儿就会互相道歉。尤其他是男生，稍微哄哄我，就和好了。

四　传递平等意识

由于我们目前的经济状况和身体状况都不是特别理想，所以我们近几年不打算要孩子。因为我老公是不想要孩子的，但是我想要一个。反正主要是看他的身体状况，但我老公主要是担心我的身体，就怕有什么意外。总之他可以不要孩子，就是他觉得我的身体不可以出什么问题。至于以后要不要，就之后再考虑。

对于残障父母的身份，我觉得没有太多困难和压力。因为孩子从小就接触我们这种状况，那么他就能明白，爸爸、妈妈就是这个样子的，你就是要接受，我们和其他人都是平等的，只不过我们的行走方式不一样。而且我们在教育的过程中也会告诉他，虽然我们和其他的爸爸、妈妈不一样，但这也不是不好的事情，我们并不比别的爸爸、妈妈差或者说低人一等，而且我们一样可以把他抚养得很好，依然很爱他。

这样去培养小孩，他们从小就不会觉得很自卑，不会认为自己和别人不一样。但是他们一定要了解爸爸、妈妈的身体状况，所以他们可能从小就得帮助爸爸、妈妈分担一些生活上的事情。比如说，小孩子能走能跑，就在家里可以帮着我们拿一下东西之类的。

有时候，我看别人怎么教育孩子，我觉得好的话，我就会想以后有孩子就可以用这种方法去教；要是觉得他这样的教育方式不好，我以后就尽量避免。比如我很不喜欢，有孩子要是摔倒了，父母就会去责怪桌子或者是一些死的东西，但是实际上这是孩子自己的问题，你这样子教他，他可能就不知道这是他自己的问题，他就没有这种意识了。

因为我们两个这样的身体状况，双方需要相互扶持，我的爱人和我说，相濡以沫这样的词对于我们来说是特别重要的。我并不觉得自己是不如别人的，之前有人说像我们这种残障的人士，在找对象的时候很大一部分会选择找一个健全的男性。但是像我这样子的，我不会因为残障就去妥协，我更想去找一个能和我有共鸣的或者是能和我谈得来的，还有和我情况差不多的男生。可能别人会说别人的老公是健全的，而我的老公不是之类的，但是我是真的认为当两个人组成家庭之后，就一定是相濡以沫、相敬如宾的。两个人是平等的，我们必须相互包容、理解对方、互相扶持、相濡以沫。

不论是爱情还是婚姻都是平等的，特别是一个家庭，是需要双方共同去经营的，而不是某一方去独自面对。我们也不会存在说重男轻女这些思想，我们的父母也是一样的，我们现在成家了，他们也会说，我们就在一起好好过就行了。他们就觉得能帮的就帮，其他的就我们自己过。总之就是，婚姻就是两个人的小家，家庭让我们生活在一起，让我们做我们都想做的事情，我们两个人的方向是一致的。

对于我来说，我可能比较幸运，找到一个比较令我满意的老公，可以跟他一起去做一些事情，做我们自己想做的事情，完成我们自己想要完成的梦想。而且刚好我们两个人的梦想都一样，我们想做的事情也都一样，所以凭着这些事情，我们两个人肯定是彼此依靠、彼此依赖的，在一起的那种依赖感会比较强。但是我在想，如果我在没有他的情况下，那难道我就不好好活了吗？我可能就会靠自己努力挣钱之类的。但是有了他以后，我们就可以一起做我们自己想做的事了。

五　社交圈中的弱势群体

因为和我们交往的大多也都是残障的人士，但是也有不是残障的，如果这些人介意我们，他们也不会和我们成为朋友。那既然不介意我们，他们也就不会对我们有什么特殊对待，所以我们和他们能成为朋友。

至于在以前，比如上学的时候，因为我是脊柱侧弯，导致我个子不是很高，比较矮小，然后别人，比如老师或者同学对我都会比较照顾，大家对我都是很正常的态度，所以我从小不会意识或者觉得自己是残疾的小朋友。所以我算是生活在一个很包容，也很普通的环境里。主要是因为我这个残障的状态其实和一般人区别不是很大，只是脊柱有一点弯曲，但是它会随着我年龄的增长变得越来越严重。

但事实上，我那个时候小，也不会显现出特别严重的情况，只不过是个子长得不是很高，仅仅只是这个样子。我真正感受到和别人不同的是，当我手术失败以后，我的行动不方便了。行动不方便之后，那么自己的社交圈子就不一样了。因为行动不便，本来你可以跟一些朋友一起出去玩的，但他们一起去玩了，你就不能跟着去玩了。

所以我在人际交往的过程中就会变得比较被动，很难主动去接近别人，比如很多的事情我是无法主动参与进去的，渐渐地，我的社交圈子就会越来越偏向于跟我们一样都是残障的这群人。这样之后，我就不需要让别人来接近我，而是我们可以互相接近、相互了解，这样子的话我们的圈子就会越来越容易走到一起。

但是比如像其他人，他们首先得想到你、带着你，然后你才能和他们一起去。特别是像我们这种行动不方便的，到哪里去都得让别人抬着你，你的心里都会感觉到不太舒服，会麻烦到人，总是处于一个弱势群体的状态一样，这是一个圈子上面的问题，这也是在人际交往上面的一个问题或者说是障碍。总之都是因为行动不方便导致了一些社交上的问题，心理上的障碍倒是没有。

我身边的人对我们都还挺友善的。至于我听到的故事，是我一个朋友和我说的，她在我这买了一个车头，她家里没有别人，就她一个人，在生活上可能很多事没办法去做，她只能去寻求别人的帮助。她有一个朋友，会尽力帮助她，但是有一次她需要帮助了，可是她朋友不在家。她朋友就让他爸爸过来帮助她，后面在帮助的过程中，她朋友的爸爸对她就进行了一些骚扰，可能会接近于性骚扰这一方面。她也是行动不方便，因为行动不便就会导致很多事情做不了，需要别人的帮忙，那可能在这个帮忙的过程当中就会遇到一些骚扰。

六　对无障碍设施的期待

我都没有工作过，目前也没有工作。我就是自己卖一些车头，都是我和我老公自己做的，或者是一些手工制品，都是我们自己在家里做的。如果我行动方便的话，我就不一定会选择这份工作了。因为在我 14 岁的时候就受伤了，那个时候行动就不方便了，所以那时候的我还不足以对未来有太多的想法。

至于残障女性结婚之后，我觉得是要有事业的，不管是男性还是女性都是要有的。不过虽然我现在没有事业，但是以后还是想要有一份事业的，也想着手去做。我们目前的话只能保障自己的生活，在生活之余还有精力的话，我们肯定想发展得更好，往更好的方向努力。

现在我跟我老公两个人自驾游，虽然行动不方便，但是我们依然可以自驾游。但是其他高位截瘫，或者像我们有出外旅游欲望的人，也会遇到很多的困扰。那么，我们可以提供给他们一些攻略支持，因为我们有这样的经验。总之我们考虑能做的事情还是蛮多的，但是要去做的话，还是要看哪边发展得比较好，我们再去哪边。

　　目前社会的态度，我感觉都挺好的。但是未来的话，我也希望社会能够再多多考虑到我们。就比如有一些不该有的台阶，它本来是应该修成坡道的，修成台阶可能就会让我们出行不太方便，这是社会还没有考虑到的。其他方面的话，就比如说残障人士的就业方面，希望能够有越来越多的岗位，因为像我们，我和我老公都无法就业，就是因为残障这个原因。但是如果社会能够在无障碍设施上做得越来越好，那我们残障人士能够获得的工作机会也就会越来越多。

　　另外，人们对我们的看法和态度应该也是会越来越好的，肯定是会变好的，因为我们在变好的同时，他们对我们的看法肯定也是有所改善的。我觉得整个社会环境的无障碍设施条件越来越好了以后，像我们这样的残障人士就可以走出来了，我们一旦走出来，其他人看到我们的次数也就更多了。像我和我老公出去，很多人就觉得这不可思议啊，就觉得我们两个人怎么可以出得去，怎么会开车，怎么可以做那么多事情。但是当他们看到了或者是看得多了，那也就见怪不怪了。他们就也会认为我们和他们是一样的人，只是我们的行走方式不一样而已。

　　但是如果硬件设施不够好，我们没办法出来，那么他们就会把我们当作稀有物一样去看待，他们可能就不够了解我们，不够了解我们就不够尊重我们。他们就有可能会盯着你看，对你各种不了解，因此他们就有可能会过分地关心你或者是过分地疏远你。但是如果未来大环境会越来越好，那我们就会越来越好，我们发生了变化，那么社会也会发生改变，那么其他人对我们的态度和看法也是会发生变化的。

爱情的甜蜜与期待

Sunny[*]

人生不如意之事十有八九，可有些事是致命的，是可以摧垮人的意志的。比如一早醒来你发现自己的腿不翼而飞时，你是否会抓狂到想要去死？但是母亲的教育使我看淡这些，直到我遇到了自己喜欢的男孩，我的残障，会影响我的爱情吗？

一　车祸夺去了我的腿

在我 4 岁的时候，发生了一场车祸，我失去了一条腿。还好失去一条腿时我并没有太多的认识，说白了就是那个年纪的我还不知道腿对我来说在这个社会上有什么样的意义。如今 20 岁的我回想过往，我一直没有被那场车祸影响，而这一切应该都是我母亲的功劳。妈妈说，从我在医院醒过来的那一刻，她就告诉自己，作为一个母亲，不仅要保护女儿，未来的路还要带着她头也不回地往前走："我要为女儿做的第一件事，就是不当着她的面哭。"

二　青春里因爱情而努力

忘记了自己的不同。母亲教给我的是感恩，这可能也是我时常忽略自

---

* Sunny（化名），肢体障碍者，学生。

己不健全的原因。上学期间，我近乎忘记自己和周围同学的不同，直到初中的时候我喜欢上了班级里一个比较优秀的男生。喜欢一个人总会想着把自己最好的一面展现给他，那个时候我猛地被自己的残缺拉回现实，我知道和其他女孩子相比，我在起点上就已经输了。

用学习引起注意。但不服输的我怎么可能轻易放弃？正如妈妈所说，"人是不会回头往后看谁在自己身后的，你只有跑到他前面他才会看得到你"。于是我选择努力学习，争取考一个好的名次，让他注意到我。很幸运的是，我做到了，在我的成绩提高之后，他也注意到了我。

注意自己的残缺。或许他能够注意到我就够了，但回头想想好像我挺亏的，毕竟因为他，我难受过，也是因为他我第一次开始正视和注意自己的残缺。在初中以前，虽说我对自己的残缺没有意识，但隐隐之中还是有顾虑。其他小女孩穿红戴绿的时候，我穿着灰衣黑裤；其他小女孩穿着轻盈仙气公主裙的时候，我仍旧是黑白灰加身。到了夏天，为了遮住我那难看的假肢，我选择了长裤。

努力带来的勇气。虽然青春期的懵懂爱情有些酸楚，但也为我带来了成长，我通过努力取得了更好的学习成绩，因为学习变好，也有了更多的自信和勇气，步入了忙碌的高中生活。上大学之后，我逐步克服了我的心理障碍，开始尝试穿裙子，假肢也成了我美丽的一部分，为自己，也为其他残障姐妹带来了一些力量。

三　拥抱自己的残缺

用书籍沟通。后来，我写了书，开了书籍发布会，接着我成了别人的知心小姐姐。随着我慢慢走入公众的视野，每天都会有很多的信件寄到我的住处，每拆开一封信我都像在拆开我自己一样。看着他们的喜乐欢忧，我偶尔也会想到自己的过往。一遍遍地剖析着自己的想法，然后把结果写进回信送回来信人的手里，一来一往之间，我的开朗传递了出去。我记得在我的新书发布会上有过这样一位残障伙伴，他是一个23岁患逐渐失明的人，他手持着盲杖来到我的发布会，他从我的故事中获得了力量，而他亲临现场也让我觉得我所做的一切都是有意义的。太多的小感动累积起来，让我有了一种前所未有的使命感，那种为残障社群发声，为残障事业奋斗的使命感。

拥抱自己的残缺。在成长中，我似乎并没有感受到来自周围的恶意。相反，太多的照顾出现在我的生活当中，在路边搭车的时候经常都是秒搭，上了地铁后通常都会有人给我让座，可能对于很多残障伙伴来说，别人的这种善意似乎加重了他们内心的负担。我想劝一句，我们可以不去坐别人让的座，但我们不能不去学会接受和拥抱自己的残缺。

我的三大对策。即使我只有 20 多岁，即使我接受自己的残缺，但这些并不能抵消我的体能比普通人更不耐疲劳。我害怕走太多的路，但为了生活我必须奔波，于是我想了三大对策，分别是闭门不出、能坐就坐、必要时用电动轮椅代步。

四　爱情的甜蜜与期待

现在，我和我的男朋友生活在一起，已经走过了寒暑春秋，岁月并未磨平我们两人的互相倾心。相反，我和他的爱情更加牢固，他会吐槽我打游戏太菜，我会盯着他看然后毫无理由地一直发笑。

在谈论到我和他的以后时，我也不知道我们是否真的可以踏入婚姻的殿堂。花香不知道什么时候才会飘来，但我已经看到了鲜艳的花朵，所以我告诉自己，静下心来，静待香气盈袖。

第五篇

叫一声妈妈！

视障辣妈的炫酷人生

肖　佳[*]

　　眼睛看不见以后，我读了更多的书，去了更多的地方，认识了更多的朋友。每年、每月、每天，我都给自己树立一个小目标，稳稳地前进。我想成为中国版盲人网红化妆师 Lucy，那个被许多人喜欢的 YouTube 化妆达人，通过美妆传播残障意识，让更多残障姐妹爱上自己、接纳自己，与自己和解。

一　火灾后父母离婚

　　爸爸在火灾中烧伤。我出生于 1992 年，从小跟爸爸、妈妈生活在一起。小时候，我爸妈一起做生意，开了一家液化气店，但后来他们感情破裂，我妈妈不愿意继续待在店里，就返聘回去上班了。2004 年我 12 岁的时候，我家发生了一次火灾，是我们江西省赣州市最大的一次火灾，因为我们家是做液化气生意的，所以那次火灾非常严重。火灾发生的时候，我爸爸一个人在店里，因此也只有他一个人被烧伤，全身 60% 的面积达到二三度的烧伤，所以那段时间，我们整个家庭的状况是很糟的。

　　妈妈选择了离开。2006 年我 14 岁的时候，我的眼睛出了问题，加上父母本来就感情不和，所以在我的眼睛检查出问题来之后，我妈妈选择了跟我爸爸离婚。妈妈让爸爸再找一个人，再生一个健康的小孩来照顾我。

---

　　[*]　肖佳，视力障碍者，盲人化妆师。

妈妈的离开，导致我在很长一段时间内都非常想去证明自己。爸妈因为我看不见，觉得我很没有用，是需要别人照顾的人。妈妈离开后，我跟爸爸两个人一起生活。爸爸再结婚是很久之后的事情了，我眼睛看不见对我爸的打击也很大。妈妈离开后，我心里充满了恨意，很长的一段时间我都在想，"哼！等以后我发达了，也不要理你"，所以我一直不接她的电话，把她拉黑了。我跟妈妈再有联系，是我参加工作之后，我才偶尔会接一下她的电话，因为我看到了更多的社会上的各种事情，也就慢慢释然一些了。

二 眼睛患病的灰暗

逐渐丧失视力。9 岁的时候我有夜盲症，但是查不出病因。14 岁上初二的时候我们家发生火灾后，我白天的视力也开始下降，而且下降速度很快。到我高一的时候，坐在第一排我都看不清黑板了，书上的字也看不清了，答题卡就更不用说了，考试都考不了，没有办法，于是我就只能辍学了。那个时候不懂这些，有什么辅助工具都不知道，连个放大镜都没有，所以就不上学了。我这种情况看东西不是不清晰，而是像电视上的雪花点，在我的眼球中间，聚焦看什么东西，就挡住什么东西，这个东西越来越大，它不影响清晰度，但是会让视野变窄。后来知道我的眼睛看不见是因为视网膜色素变性，是基因突变，可能也跟火灾有关系。

父女相依为命。火灾之后，我陪着我爸，天天在房间里面不运动。当时家里没有钱了，给我爸炖一只鸡放人参，爷爷、奶奶和我在外面只能吃馒头咸菜，我爸会偷偷给我吃一些鸡肉。可能本身就有一些基因的关系，再加上那次火灾的影响，所以我的眼睛开始出现问题。我跟我爸相依为命地过着，那个时候医生检查出来说我到 20 岁的时候会看不见，但是并没有完全看不见。我那个时候觉得看不见就是废物，很糟，想着等我 20 岁真的看不见了就选择自杀，现在趁着我还能看得见的时候照顾一下我爸，等我 20 岁看不见了，再离开他，那个时候是那样的想法。

人生有些灰暗。在医院检查，知道是这个病以后，我就没有怎么再治疗了。我是那种治疗比较少的盲人，有很多跟我一样的人治疗都很积极。检查的时候，我之前遇到的病人，是一个 40 多岁的跟我一样病情的人，一个小孩拉着他走，应该是他儿子，那是我人生中见过的第一个盲人。我当时就特别恐惧，我就觉得完蛋了，是不是以后我也得让我的小孩拉着我走？但我才不要他们拉着我走，在那一瞬间，我突然就觉得我的人生灰暗到了极致。

医疗希望渺茫。当时是没有办法治，现在在外面分享我都会讲到这一点，我觉得医生的角色很重要。我生命中从来没有见过盲人，更不知道盲人可以做什么，我的印象里盲人就是穿得破破烂烂的在乞讨卖艺。我听见医生跟我婶婶说，"哎呀，这孩子真可惜，没办法了"，好像我就完了一样的，"回家给她多看看吧"，像交代后事一样。所有的残障人士，最初知道自己要面对残障生活时，往往第一个面对的就是医生，所以医生的说法真的是很重要的。如果当时医生换一个角度讲，我的状态可能会很不一样。

我工作后去美国帕金斯盲人学校，了解到，在国外假如一旦检查出来是无法医治的终身残障，医生马上就会给你介绍一些资源。假如医生当时告诉我，盲人还可以上盲校，有盲文，盲人还可以用电脑，盲人还可以做哪些工作。哪怕他当时介绍得不是那么清晰，只是告诉我一点这方面的知识的话，我也不会在家里迷茫那么长时间。

美国帕金斯盲校。帕金斯盲校是在 100 多年前建立的，房屋的设计很特别，通过空间设计，让盲人在同一个空间里可以做出 5 米、10 米、20 米不同距离的回声，可以把盲人的听力训练得跟蝙蝠一样，让盲人有很好的空间感，不用拿盲杖都可以走。这是 100 多年前哦，还有各种触觉板、嗅觉板，中间还有一个很大的地球仪，上面整个山脉全部都有，这是海伦·凯勒的母校。现在那个学校已经没有普通的盲人了，普通盲人都去普通学校上学，进行融合教育了，目前这所盲校只有一些视听同时有问题的重度残障学生。

三　从迷茫发泄到重拾自信

迷茫发泄，暴饮暴食。我看不见以后，马上就辍学了，因为视力已经下降到无法参加会考，填不了答题卡，用 2B 铅笔涂小格子，完全涂不了。

检查出来这个病，加上我爸妈离婚，那个时候我觉得我整个人已经放弃自己了，我就想陪着我爸，吃好点、喝好点。那个时候也不懂得营养知识，所谓的吃好点就是陪着我爸一起看电视，看到夜里两三点钟，一天大概吃两斤瓜子，这样的日子，让我的体重增加到了 150 斤，通过吃去宣泄情绪。体重上去之后，整个人的状态就更不好了，看上去更没有希望了。

受刺激，下定决心减肥。 因为我们家还在做液化气生意，所以我也不是光闷在家里的，白天我会去照看店面，做我妈妈以前要做的事情，帮我爸开店做生意。那时候要拿着刷子，洗液化气的钢瓶，有一次，我在洗钢瓶的时候，有个人管我叫阿姨，当时我才 16 岁，很介意这个问题，被一个二三十岁的人叫阿姨，可能那个时候人家那样叫就是一个称呼而已，但我超级接受不了，对他没好气。被叫阿姨这件事情只是一个引子，那个时候我很在意我爸对我的看法。我小时候一直喜欢锻炼身体、练武术。有一次，我在我们家楼梯上的杠铃上面摇来摇去，就问我爸我美不美，我爸就说"美，像个肥猴一样"，那个时候气死我了，我就决定要减肥，就开始练瑜伽。

瑜伽让我重拾自信。 因为我小时候的梦想是当国际刑警，我爸也很喜欢我这个想法，所以我从很小就学习和苦练武术，身体底子很好。我练了半年多瑜伽，体重一点都没减，但是我心态平和了，因为在冥想的时候，获得了一种平和的感觉。后来我就开始节食，3 个月就从 150 斤瘦到了 90斤，很多人都以为我爸有两个女儿。因为减肥成功瘦下来，我做到了之后，自信心爆棚，觉得自己还是可以做很多事情的。那个时候我不知道盲人可以做什么，我觉得可以自己先练好，然后给其他盲人当教练，让人家摸着我学，所以我就考了瑜伽教练、健美操教练、跆拳道教练。那段时间就是干了很多这种事情，瑜伽让我有了活下去的动力和以后想做的事情。

网络让我放飞梦想。 我在精神上还是想多学点东西。后来在盲人节的时候，知道盲人可以用电脑，当时我就告诉家里人了，我爸就托亲戚从深圳帮忙买了一个"永德读屏软件"① 回来，那是绝大多数盲人最早使用的

---

① "永德读屏软件"是针对盲人无法操作电脑这一实际困难而开发的盲用电脑 （转下页注）

软件。我爸还给我配了一台电脑，当时我开关机都不会，就自己学，学了之后，世界就打开了。网络让我彻底放飞了自我，认识了很多跟我一样的盲人，他们的职业是我从来都没有听过的。当时听一加一的广播这些，知道盲人可以做广播，盲人可以做杂志，盲人可以做速录，让我觉得好不一样啊，盲人不只是可以做按摩，但是其实当时我对盲人按摩也不了解。我自己就开始学做音频，那个时候学习的很多东西到现在还蛮有用的，比如做音频、写文章等。因为有了网络，我在视障小伙伴的引荐下，认识了谭维娜，我叫她谭奶奶，她教我写东西，我很认真地跟她学，还以为自己未来可以当个作家。

四　父爱的保护与枷锁

爱的保护成了枷锁。但是那段时间有一件事情让我很压抑，就是，慢慢地，我的想法多了以后，开始跟爸爸产生了一些分歧。我爸是很务实的，他觉得网络上的东西都虚头巴脑的，觉得我天天写写写，一点经济效益也没有。因为跟爸爸的观念有分歧，我就特别想出去上学，我觉得写的东西再好，没有学历也是不行的，那时候年纪小，大家也都赞成我去上学。我当时想去上长春的盲人大学，我爸就死活不同意，觉得我一个女孩子读这些书已经够了。我现在做很多残障女性的工作，也是当时埋下的种子。因为我发现，从我看得见到看不见的这段时间，我爸的态度有 180 度大转变。他以前是把我当作国际刑警去培养的，让我跟男孩子一样去"跑山"，我们爬山都是跑的，上山也跑，下山也跑，还去游泳、滑冰，去迪厅、酒吧，都是我爸带我去的，他什么都让我见识一下，抽烟也让我尝一口，我被呛着了就再也不想抽烟了，他就把我当作男孩子来养的。结果我

（接上页注①）软件，于 1997 年开始研发，1999 年研发成功，并获得了国家知识产权局颁发的"软件著作权证书"。"永德读屏软件"是运行在后台的工具软件，盲人朋友每按一次键盘，屏幕上出现新的内容，或者可操作界面上状态出现任何变化，系统都会有语音提示。通过清晰悦耳的语音提示，盲人可以轻松上网浏览网页、收发电子邮件、聊天、炒股、写文章、进行英汉翻译，还可以用它来操作扫描仪以阅读汉字书籍、操作刻录软件制作光盘等，明眼人通过电脑能做的事盲人一样可以做。——主编注

眼睛看不见以后，他就觉得我哪儿都不能去了，看着我，不让我做这也不让我做那，他就开始很保护我了，开始了他那种爱的保护，但对我来说，那真的是一种枷锁。

鼓励爸爸谈恋爱。我那个时候为了上学，就开始鼓励我爸去谈恋爱，想着他谈恋爱了就没时间管我了。开始我是不愿意有后妈的，但是后来我态度就软下来了，女儿一软、一坚持，爸爸就没有歉疚感了，很快就谈恋爱了，没时间管我了。不过那个时候就有点极端了，他虽然没时间管我，但还是反对我去上学，观念还没有扭转过来。

招个上门女婿吗？ 大概是 16 岁生日的时候，我跟我爸爆发了。那天我爸喝了点酒，他就开始跟我讲他给我畅想的未来："闺女你好好地看店，以后爸爸找一个农村的小伙子来咱们家当帮工，你就当'包租婆'。"当时我气死了，超级接受不了，我当时就哭了，就跟他大吵大闹，从那天开始就真的吵起来了，三天一小吵，五天一大吵。后来估计我爸也被我搞烦了，他就去谈他的恋爱了，那个时候我爸恋爱进展还蛮顺利的，虽然还没有结婚，但是后妈已经住过来了。但爸爸还是死活不同意我去上学。

绝食争取上学。为了争取上学的机会，我有一个月的时间没跟我爸说话，你要知道，以前我跟我爸说话可以说到夜里两三点钟，一个月不说话就很严重了。后来越来越严重，我绝食了 3 天，我记得我爸买了个鸡腿，拿给我让我吃，我就把鸡腿一扔，我爸还要硬塞给我，我就要拿菜刀去剁我的手，我跟我爸说不让上学就废了我算了。我爸冲过来抢我的刀，当时就无语了。我当时还给我爸做了录音，问我爸："你同不同意我上学？"我爸说："我同意，但是……"又说了一大堆，最后我还是去上学了。

五　4 年盲人按摩生涯

盲校按摩班的尖子生。2009 年，我 17 岁的时候，进入了盲校上学，到了学校之后，我就自由了。但其实我有点伤感，因为我爸不让我去长春，觉得太远了，只让我去上省内的南昌盲校。结果没想到去那里学的是盲人按摩，我以为是学文化课，语文、数学、英语这些，但是一看课表全部都是中医基础理论、中医推拿什么的，当时一看课表我整个人就很不爽了。但是我调整很快，我立马就给自己洗脑，告诉自己中医也挺好的，博大精深，其实也挺好的。然而整个学习盲人按摩的过程我并没有很认真，但可能是由于我一直在普通学校上学的原因，基础比较好，所以每次考试都是最高分。我当时有个 MP3，我就把书用语音的形式读出来，一本书我一个晚上就听完了，第二天考试就能全部搞定。

"上大学无用论"。开始的时候，我想的是上盲校，教一教盲人练瑜伽，应聘留校当个盲人瑜伽老师或者去搞文学，写一些盲人的故事，当时我希望成为一个作家。后来发现现实根本不是这个样子的，现实其实挺糟糕的，盲校的老师是没那么好当的。人的生长环境很重要，慢慢地也会被周围的环境洗脑，所有人都会跟你说，读书有什么用，还不如赶紧挣钱。我们班一个考大学的都没有，不管老师还是同学都会跟你说，"考大学也没有用，中专 3 年学按摩，即使考了大学也是再学 5 年针灸推拿，这样就得学 8 年，如果不上大学去工作，说不定很快就能自己开店了，上大学回来的人还要给你打工"。所以读完中专以后，我整个想法发生了转变，觉得最有价值的事情就是自己开个店。所以我毕业了以后，就去开店了。

打工遭遇性骚扰。按摩的收入其实还是很高的，2012 年，在南昌按摩店实习的时候，两个星期就挣了 2800 元，现在店里的按摩师月收入可以达到 8000~10000 元。我在按摩店实习的时候，遇到过一次很严重的性骚扰，所以我做了两个星期就走了，这也是后来我回家自己开店的原因，本来是不想那么早直接回家开店的。记得当时已经很晚了，有一个客人喝醉酒了，前台叫我下来上钟，把我领进房间。那个店本身环境就不好，是套间结构，就是房间里面还有房间，客人进来之后就说之前有别的按摩师也做那种服务，如果我不答应就会砸店，很吓人，我的裙子都被扯破了，然后我就跑掉了，那个客人很生气地走了。第二天我就去找老板辞职，老板就说："你去报警啊，砸店就砸。"但其实每个遇到这种情况的人，都会惊了，很紧张，会想着赶紧逃走是最要紧的，当时很紧张，根本想不到报警这些。

回老家开按摩店。因为性骚扰事件的影响，我后来在做残障女性工作的时候，也会做很多反性骚扰的倡导。这只是非常严重的一次，我在外面实习打工的那段时间，遇到过很多这样的情况，不严重的就太多了，我就觉得太黑暗了，待久了我心理都会变态，所以我就回家自己开店了。开店之后，为了预防性骚扰，我做了两件事：第一，我把我的店弄得像个医院一样，天天喷消毒水；第二，晚上我不营业，到了 18：00 就关门，所以其实生意也是很不好的。自己开店以后，18：00 之后我就有时间了，我就重新燃起了写作的梦想，也正是因为写作这根"红线"，我认识了现在的老公，谈了一场浪漫的恋爱，给了我离开家乡，来到北京，开启新生活的契机和勇气。

六 投稿邂逅主编男友

跟笔友的网恋。在 2013 年以前，我写了很长一段时间小说，在百度贴吧做一个小吧的吧主，认识了很多视障的小伙伴，他们觉得我写的小说还蛮好的。当时有一本残障杂志在征稿，而且有稿费，贴吧的朋友就推荐我去投稿，把我介绍给了这本杂志的主编。最开始我以为他都做主编了，应该年纪很大了，可能是个老头子，没有想到他还挺年轻的。我刚开始投稿的时候，我们只是邮件来往，我那个时候是很傻的，一般投稿都应该是传 Word 附件，我当时不懂这些，直接把我的文字粘贴到了正文里面去，文章需要配图片，我就加了主编的微信，也是直接把图片粘到了对话框，于是他就开始教我怎么写邮件，指导我写作。我以前跟谭老师学写作时，养成的习惯就是，别人指点我之后，我会修改很多，非常听话。大概跟他来往了十几封邮件后，我们就加了 QQ 开始聊天，聊了很多。

视障公益人的炫酷生活。我们通过 QQ 围绕写作、残障意识聊了很多，我觉得他的生活好丰富，都不敢相信他是盲人。我就问他："你真的看不见吗？"他说："是啊。"我又问他："那你怎么可以去那么多地方呢？"他说："你拿着盲杖就可以去了呀。"其实那个时候他认识我不久，大概一两个月，他就把他的个性签名改成了"北京有风有沙有雪也有花，让我们谈一场莫名其妙的恋爱吧"。那个时候我叫他师傅，我还以为有师母了，可难过了，心里酸酸的，还要祝福他。他一天到晚开会，还老是出差，我就觉得他的生活好酷啊。他无论去哪里都会录一些声音给我，比如黄山的风声、大海的浪花声，他让我彻底地颠覆了对盲人生活的看法。他那时候去穷游，还告诉我盲人怎么逃票，好逗啊，特别有意思。我那个时候对他充满了崇拜，也很想像他一样酷。

浪漫的爱情，心动的表白。 后来有一次他去敦煌的时候，我们第一次打了电话，后来就开始经常打电话聊天，发现我们在电话里面也有好多话说。我平时经常让他帮我找书，他也很乐意帮我，有一次他比较忙，没有及时回复我，我就去问了另外一个男生，他就吃醋了，当天晚上他就跟我表白了。他很逗的，他在 QQ 上跟我说："我喜欢一个女孩子，我要跟她表白了，可她不在我身边，你说我该怎么跟她表白?"我当时心里面一酸啊，特别痛苦，就快受不了了，我当时感觉我的心都碎了，强忍着跟他说："那你要不然就打电话跟她说吧，当着很多人的面对着楼下大喊。"他说："好的，那我现在就要给她打电话了，我已经坐在门口的地上想了很久了，我的胃都痛了。"结果我的电话就响了，才知道他是要打给谁表白了，他的表白非常成功，那种落差特别大，从失恋的心碎到被表白的幸福，我的心脏跳得特别厉害，我立马就答应了。

彼此喜欢，长相是浮云。 那个时候我们一直都是通过网络和电话联系，没有见过面，照片都没有见过。虽然对他的声音熟悉无比，可是我还是比较介意，我俩没有见过面，担心见光死。那个时候我用放大镜看屏幕的话，还是可以看清楚的，把照片放得很大很大，一只眼睛有屏幕那么大我还是能看清的。于是我把我的一些照片发给他看，他虽然也是视力障碍，但是靠得非常近的话，也是能看到一点点的。而且虽然他自己看不到，但是他身边的人是可以看到的。最早我心中的男朋友是要长一米九的，但遇到真爱以后，之前关于男朋友的所有想象都变成了浮云，虽然身高跟理想男友有差距，但大脑是最重要的。我想看看他，所以就跟他视频，当时他那边的光是从头顶照下来的，头顶打光的效果就是整个人丑到了极致，我当时心里咯噔一下，心想"天哪，怎么长这样"，其实是我眼神不好导致的。但也没有见光死，因为当时我已经很喜欢他了，所以我就默默地接受了。后来发现他长得还是很帅的，意外之喜。其实那个时候，我的视力一直都在下降，到后来即使拿着放大镜也看不清了，但至少我还用放大镜看到过他长什么样子。

第一次用盲杖，追寻自立生活。跟他关于残障意识的交流，已经慢慢融进了我的骨子里。在他的鼓励下，我第一次自己拿着盲杖从店里走回家。我的店离我家只有 200 米的距离，在那之前，都是我爸车接车送的，我一点行动能力都没有。我虽然上过盲校，但是学校是限制出行的，学校把盲人"圈养"起来。去店里实习打工时，也是在店里待着，也不会外出，没有自由。直到有一天，我走在大马路上摔了一跤，因为我很臭美，我看不见也爱穿高跟鞋，地上有一个坑，我不知道，就摔倒在了马路中间，裤子都摔破了。他就跟我说，"你应该拿着盲杖"。我买的第一根盲杖是在淘宝上买的，十七块五毛钱，买了个特别垃圾的盲杖。我自己一个人拿着盲杖从店里走回家，不小心敲到人，那人就说"原来是个瞎子"，我本来还想道歉呢，那个时候我还是很生气的。到家以后，我很高兴，跟我爸说"老爸，我今天自己拿盲杖走回来的"，其实那个时候我爷爷一直跟在我的后面。我爸爸说了一句话，"我知道你有这个能力就可以了，但是你总是这样子影响不好的"。他实际上是觉得我这样他不好给我找老公，他想把我眼睛有问题的这个情况隐藏起来。尽管我爸很爱我，但我们的观念完全不一样，已经没有办法再交流了。这件事就让我彻底下定决心，不能再继续待在家里，要奔赴北京，跟我男友在一起。

七　我的残障公益之路

全家人的反对。那个时候刚好一加一招募盲人速录师，我就写简历去应聘学习。我真的对这帮神奇的盲人充满了向往，他们所拥有的能力都是我没有的，跟他们在一起，哪怕一分钱挣不到，也是很开心的。我想来北京的决定，不但要说服我爸，还要说服全家人。当时全家人都是不同意的，一大家子人，七大姑八大姨，好像谁都对我的事情有发言权，一大家子人把我围在中间，爷爷、奶奶、姑姑、婶婶、叔叔、阿姨都围着我骂，

"你这个没良心的"，"心比天高命比纸薄"，"到了北京死在哪里都不知道"……他们还跟我描述各种女生独自生活不安全之类的事情。当时我还经历了一件事情，也推动了我想法的改变。我爸以前总是给我灌输观念，说留在他身边，他可以保护我。当时，我的店招贼了，把我钱包里的钱都偷了，损失了 2000 多元，后来就不了了之了，我爸也没找到那个小偷。所以我觉得，实际上父母也保护不了你，真正能保护自己的人，只有自己，只有提高自己的能力。所以家人虽然骂我，我还是会哭，但是我该做什么准备还都努力在做，我男朋友帮我买了一张火车票。

公益偶像成为说服家人的利器。我就跟我爸说，我在北京的工作都找好了，火车票也买好了，简历也写好了，我要去应聘了。好在当时一加一是很有名的，我跟家人讲一加一这些人的故事，比如解岩、杨青风他们的故事。当时我男朋友正在印尼参加一个性教育论坛，有一个新闻报道了他的全英文发言，我就把视频给我爸爸、爷爷他们看，其实我爸也听不懂，但是觉得能用英文发言很牛。当时我也没说他是我男朋友，就跟他们说这是我的领导，给他们讲故事。他们最开始担心我被别人骗了，看了这些以后就相信了一点，反对的声音就少了很多，慢慢地就被我说服了。

只身北上，成为速录师。2013 年，我就一个人来到了北京，成了一名速录师学员。接受培训大概有一年多的时间，边培训边做，有一些机会就会出去练习，由速录员带着我出去做副打。其实我在速录方面根本就不行，手指的灵活度、速度都不行，我的手指反应特别慢，在一年多的学习过程中，我真的很刻苦，当时为了学速录我都长白头发了，头顶掉了很多头发，整个人压力很大。当时想跟男朋友在一起，我给自己想的出路就是把速录干好，可以留在北京工作，虽然每天很刻苦地练习，但还是不行。

因速录结缘残障女性公益。但是有很多速录带给我了意外，当时我经常去给京师大讲堂做速录，听他们讲公益理念听得入迷。2015 年刚好是北京世界妇女大会 20 周年，当时刘伯红老师讲《北京行动纲领》，我特别感兴趣，就开始去分析中国的残障女性。一般人们都会以为残障人士里男女是一半一半的，其实根本不是的，而且农村残障女性和城市残障女性也有很大的差别。我们就开始把行动纲领里面关于农村和城市女性的区别扩展到对残障女性的分析上面，聊得非常起劲儿，当时聊了 7 个小时，我寒假回家练习速录的时候，就把 7 个小时的稿子全部都打出来了，作为礼物送给了刘伯红老师，后来她送了我很多关于女性权利的书。

为残障姐妹奔走发声。当时我也开始参加了一些与女权相关的活动，发现很多时候话语权掌握在一些精英女性的嘴巴里，很多残障女性、农村女性实际上没有机会去发言，但是她们遇到的问题是很大的社会问题。所以我就开始尝试去做与残障女性相关的工作。2015 年，我参加了一加一组织的第一届残障女性 TED 演讲①，人生中第一次面对 200 多人演讲，分享视障女性按摩师的性骚扰问题。从那时候起，我就一直在做与残障女性相关的工作，我参与了一加一跟芬兰使馆合作的"残障女性能力提升项目"②，还和金铃一起去人民大会堂做演讲，为残障姐妹发声。

残障女性小组 DAWS。随着跟残障女性的联结越来越紧密，2015 年，我和金铃怀着为受障碍女性提供支持和赋能的梦想成立了 DAWS 小组（Disability Associated Women Support Group）。DAWS 的英文意思是"寒鸦"——冬天受冻的乌鸦，在人们看来它是不吉利的象征，但作为独立的生命，寒鸦用生命诠释着自身的存在价值。残障女性面临的困境，犹如寒鸦，她们拒绝被定义，她们自己定义自己，自己绽放自己。DAWS 从理念倡导开始，建立工作坊，挖掘各地残障女性公益组织的领袖，把残障女性群体联合起来，共同倡导性别平等、残障平等，培养女性的社会性别意识，组织残障女性分享彼此的生命体验，促使她们开始觉醒并思考：为什么残障女性会遭遇各种不公平待遇？应该如何解决因残障女性身份带来的各种障碍、压迫？如何规避伤害？很多残障女性在工作坊的分享中第一次意识到自己生而为人，并不是一个错误，而应该像普通人一样享受很多权利，包括被尊重、就业、获得社会保障等。

我怀孕 7 个月的时候，还挺着大肚子去天津反歧视年会讲残障女性遇到的一些问题，后来因为生孩子休产假，就暂停了在 DAWS 小组的工作。DAWS 里的 S 有 Support 的意思，一方面是为残障女性提供支持，另一方面

---

① 《一加一残障女性工作发展历程》，http://www.yijiayi.org/black/index.php? catid=72。——主编注

② 2015 年 9 月，一加一获得芬兰使馆的项目资助，内容为"残障女性能力提升项目"，项目周期为 2015 年 9 月至 2016 年 7 月。——主编注

也通过领导力培训把参与的女性培养成社群领袖，为更多人提供支持。

残障意识传播的使命感。本身我也是想影响别人的人，后来联合国拍了一个关于我的纪录片《融益：看不见的美丽"魔术师"》，我当时就说了一番话，我的老师觉得我真的是非常有残障意识的，连老公都觉得我说的话很给力。我在成为玫琳凯经销商以后，在就职典礼等场合，也会跟同事们讲很多残障意识方面的内容，这种影响也是很棒的。后来我在教别人化妆、接受媒体采访、上娱乐节目的时候，都会打心眼儿里想去继续传播残障意识，我有一种天赋使命的感觉，为什么我会残了呢？可能就是上天让我去肩负做残障意识传播的使命，通过自己的经历去影响更多的人。

八　首位视障美容顾问

我也想给自己化妆。我看了杂志上的一篇文章报道，英国有一名盲人女孩子可以自己给自己化妆，视障人的形象还是蛮重要的事情，如果能够自己打理自己的形象就好了。我做残障女性工作的时候，单位是非常支持我去参加各种女性活动的，所以我经常去使馆之类的地方参加活动，觉得其他参加活动的女性都打扮得很漂亮，通过高跟鞋的声音、香水的味道可以感觉到她们很优雅，觉得她们肯定是有妆容的，然后就会觉得自己特别low。有一次去参加《公益中国》片子的录制，我小姑看了就打电话给我说："你在北京是不是混得很差？怎么电视里看到你显得那么沧桑啊！"其实我拍片子的时候，还特别梳了头，抹了乳液，穿了我觉得最好看的衣服，结果还被我小姑这样说，我就觉得这样不行，我要学习化妆。

免费女子彩妆沙龙。我因为工作的关系，认识了中国盲人图书馆的胡梅老师。2015 年 4 月，胡梅老师在 QQ 群里面发了一条关于"玫琳凯免费女子彩妆沙龙"的信息，我就去参加了，据胡梅老师说，当时只有我一个人回复了，而且是真去了。我才不管他们能不能教盲人，我先出现在他们面前再说。后来我就会经常去参加美妆沙龙，那是一段非常开心快乐的时间，整个怀孕期间一直在学习，护肤、化妆、皮肤构造、服饰搭配等都在学。玫琳凯经常搞沙龙，希望能卖出一些产品，我觉得一个女孩子花两三千块钱买一套化妆品，还有老师教你，还是挺好的，于是就天天挺着个大肚子跑去那里听课。

兼职代购的成就感。有一次我一个同事说"肖佳你最近皮肤好好哦"，我就告诉她："你缺乏皮肤里面的天然保湿因子，有一些护肤品里面有添加糖类同分异构体这些锁水保湿的成分，可以用一些这样的护肤品来补水。"我同事觉得我很专业，让我帮她定一下，这是我的第一笔订单，一共 1980 元。我们还有男同事给老婆、女朋友买生日礼物的，也让我帮忙搭配，突然间觉得这个收入很好，也很有成就感。如果我一个星期天天就给别人上课讲美妆知识，肯定能有更多收入，所以当时我的业余时间就都在干这个了。

辞职成为专业美妆师。其实我觉得促使我会做这么多事情的一个重要原因是，我这个人想到什么就会去做什么，即使想得不是特别清楚，可能别人还在想着的时候，我已经去做了，边做边再来想怎么去解决。虽然现在看来结果还是挺好的，但是当时辞职做玫琳凯，我的压力还是非常大的。在一加一做速录师的工作是很稳定的，那又是我很喜欢、很理想的工作。当时我跟老公聊了很久，大概一个星期，每天晚上都在聊这件事情。我们俩觉得，既然喜欢对方，我们就不会去干涉对方的想法，但是会把自己的想法说出来，去充分交流。当时他有些担心，因为之前没有盲人做过这个，如果我没有做好的话，这条路就会被堵死，所以最早的时候他没有帮我做任何的宣传，担心做砸了影响其他人尝试的信心。我说服他的理由就是，如果再回一加一上班的话工作会比较多，还要经常出差，没有太多时间照顾孩子。做玫琳凯经销商的话可以在家办公，时间也可以自己安排，会比较灵活，也有时间陪在孩子身边，比如一个星期可以安排上三节课，可以集中安排，其他时间照顾孩子，时间和收入的多少都由自己决定。

"视障美丽说"工作室。2016 年 4 月，我正式辞去了一加一公益集团速记员的工作，成了中国第一位专业非视觉美容顾问。我给我的工作室起名叫"视障美丽说"，希望更多的残障姐妹通过学习化妆，让自己变得美丽起来，并且通过这些外在的改变打开内心，自信地接纳更好的自己。成为美妆师之后，我工作还是很拼命的，在生娃的前一天还在工作。成为美妆师之后，我依然没有放下我的理想，因为残障发展、性别平等的意识已经深深印在了我的心里，我希望通过这份工作，在做化妆讲座、推广活动的时候，能把性别平等、残障融合的理念传递给更多人。

九　我的爱人和孩子

契合的婚姻观。2015 年，我跟男友结婚了，其实没见面之前，我俩就开始聊，盲人要不要结婚，如果结婚了要不要孩子，这些关于价值观的话题。之前我觉得不能生孩子，因为自己都照顾不了自己。后来随着自己能力的提升，想法就慢慢转变了，觉得那些困难都是可以克服的，那些都不是事儿了。其实我的很多想法来源于我老公，包括婚姻观、性教育，那个时候他接触很多，所以也会跟我聊这些。当时到北京做速录的时候，我接触了很多相关的知识，给 LGBT 大会做速录，听了很多与多元性别相关的知识，认识了很多不同的人，思想也变得越来越开放。了解过那么多不一样的想法之后，就会觉得每个人有不同的想法，我们要尊重每个人的选择。我们两认为婚姻没有必要去捆绑对方，关于想要的是什么样的婚姻，我们两的婚姻观是契合的。

父母的顾虑与接纳。父母接纳的过程很逗，可能每个父母都想让残障的孩子找个健全人，以方便照顾自己的孩子，但随着我能力的增强，父母的想法就慢慢转变了，顾虑少了很多。我老公父母那边，他很早就开始沟通，听说他父母还会去 QQ 空间围观我们的聊天。我家这边，我爸非常期望我找一个健全人，开始很反对我找一个残障人。经过我的洗脑，我爸已经觉得像我老公这样的残障公益人士很厉害了，但还是会担心两个残障人士在一起生活会有问题。我俩被我家人发现的过程是特别有戏剧性的。恋爱的时候，有一次他送我回家，分离的时候依依惜别、卿卿我我，当时用的是按键手机，我爸刚好给我打电话，不小心接通了，被我爸听到了我们说话，电话那一侧就传来了我爸的怒吼声。差一点我爸就要到北京把我抓回去了，我就肆无忌惮地跟我爸说了很多我老公的好话，还把我老公主编的杂志给他看，后来他就慢慢地接纳了我们。我老公家人那边他自己搞定了，从来没有把压力转嫁到我这边来，这方面他一直做得很好。

为自己的选择负责。现在经常会有一些谈恋爱的残障小伙伴问我父母反对怎么办，我觉得首先要想清楚父母反对的原因，他们无非是希望你过得更好，更幸福，怕你未来会后悔现在的选择，无论你选谁，他们都会反对你一下，不会直接支持你，以免你日后后悔。父母都有这个立场，希望你好，你就告诉父母，我自己已经想清楚了，可以做出选择，愿意为我自己的选择负责。沟通方式不要很强硬，既然希望自己的家庭和睦，就不要跟他们对立，要从情感上去感染和说服他们，这也是对你和另一半的未来负责，让你的父母慢慢地知道，不反对至少不排斥这个人，这样对以后的婚姻状况是很好的。

我的女儿小西宝。我是2016年1月生的孩子，女儿2020年已经4岁了，小名叫西宝，西是西瓜的西，因为怀孕的时候他们不让我吃西瓜，所以当时非常想吃西瓜，就叫她小西宝。我女儿活力饱满，天生有戏剧细胞，一上舞台就兴奋。

爱、喜悦与责任。我生孩子的过程，整个都是笑着生的，我当时一声也没有叫，但是我老公不知道，我边上有个女的叫得声音特别大，他以为是我，所以他也被吓到了。但实际上我一直都没有叫，我一直在默默地生，我生得特别快，可能是因为我怀孕的时候老是做运动的关系，所以姐妹们生孩子之前一定要多运动。孩子出生，听到她哭声的时候，除了爱和喜悦，就是两个字——"责任"，当时一下子就会觉得负有一种责任，要把所有最好的东西都给她。一下子会觉得生活有很大的变化，整个人睡眠不足，特别累，但是心里面那种动力还是很足的，很开心。

女儿1岁被送回老家。我把女儿带到1岁，后来因为工作等原因，她就回老家跟着奶奶了，我们经常出差顺路回去看她，奶奶也会经常录视频发给我。她听别人叫妈妈，就转着圈，对着天叫妈妈，我就受不了。那个时候每天想着我的小宝贝，就是我坚持下去的动力，那个时候爷爷教她说"妈妈你要加油啊"，我就听录音，我不敢跟她视频聊天，我受不了。

北漂的蜗居生活。我老公没上《奇葩说》之前，我们没有那么火，过着北漂的痛苦生活，真的很惨。那个时候他去上海出差，我在北京，自己租一个特别小的房子，只能放下一张床，要侧着身才能爬到床上去，房子租了十几天就要拆迁了，那个时候特别惨。自己晚上一个人下了班，因为是夏天又没有空调，房子里特别热，只能吹个电风扇，早上还要化妆化得美美地去上班，晚上在公司待到很晚。表面上很光鲜靓丽，回来的时候走到楼梯口狗冲我咆哮，那个时候就觉得好惨。但是想到西宝，就告诉自己一定要坚持下去，撑过这段时间。那个时候整个人的状态就是像打了鸡血般亢奋，晚上半夜三更给人家上美容课，现在我都很久没干过那么有血性的事情了。深夜两点钟给别人上课，被隔壁的室友敲墙让我不要吵。我朋友后来知道了这些情况就跟我说，"你当时为什么不拍个照？"只有一张床，其他地方都堆满了箱子，都没有地方走路。那个时候挺惨的，后来想想，自己北漂的生活就完整了，真的很完整。

把女儿接回身边。 我最初心里想的是既要有事业又要照顾好家庭，但是后来发现兼顾是很难的，虽然事业风生水起，也会每隔一段时间回老家看女儿，但还是觉得对她的照顾不够。有一次小米公司找我们拍一个母亲节特辑的片子，当时我带西宝拍的那个片子还是很感人的，都是真情流露。但是那个时候毕竟很久没有在一起生活了，西宝都不愿意跟我们在一起睡觉。本身一切的动力就是她，但是干这么多，对她却失去了照顾，后来就一直觉得很难受，状态就很不好，很抑郁，就很想让她在身边。所以等到搬家之后，在 2018 年 10 月我女儿 2 岁 9 个月的时候，我们就把她从湖北老家接回了北京。

如果孩子遗传怎么办？ 生孩子不是拍脑袋想的，之前我就一直跟我老公讨论，看到别人要孩子，我们也会去想。作为盲人，在要孩子之前，会有很多顾虑，首先很多人会害怕孩子遗传怎么办，大部分人会担心这个。这其实是一个概率的问题，就算她遗传了跟我们一样的视力障碍，那也没有什么啊，我们现在不是也活得很精彩吗？人生不可能一帆风顺，所有的事情都是你最好的经历，无论是视障还是其他的什么东西，每个人都有属于他自己的经历，这个就无所谓了，我不会因为她有某种残障的可能就拒绝她来到这个世界上。所以我怀孕的时候，医生找我让我做产前检查，因为我和老公都看不见，担心小孩万一有问题怎么办，让我做羊穿检查。我说首先你们不一定能检查出来，其次就算是检查出来了我也会要这个孩子，我不会因为有残障的可能性就不要这个孩子了。如果你拒绝了她/他的出生，就拒绝了她/他一切的可能，为什么说残障的人生就是没有价值的呢？好像你残了以后，就不可能有正常的人生了，这个是不成立的事情，好像你残了就完了，才不是呢！

孩子会觉得父母很糟吗？ 可能会有人担心万一孩子生出来之后，会觉得父母看不见是很糟的事情，这也是我曾经想的一个问题。后来我认识了一位70多岁从美国来中国教英语的盲人，她妈妈也是盲人，她其实就是遗传。我就问她会不会因为遗传失明怪她妈妈，她就说："我很爱我的妈妈，她教会了我很多东西，我妈妈也在做很多公益的事情，我觉得她的人生很精彩。"我就觉得，对于残障这件事情，只要父母不觉得自己是卑微的，孩子就不会受到这方面的影响，孩子生下来就是一张白纸，很多观念都是受父母影响的。所以说，想通了这些，我们觉得，既然我们很相爱，都很喜欢孩子，都希望有个爱情的结晶，都希望孩子能来到这个世界上，那我们就勇敢地要一个孩子！

孩子需要更加坚强吗？ 还有好多人会觉得，孩子老爸老妈都看不见，所以孩子要多么坚强，学习要多么好，要有出息，以后要照顾爸爸、妈妈之类的。因为父母的残障受到影响，就让孩子变得更加坚强，更加怎么样的，我们觉得没必要，让孩子自由地发展，开开心心的就好了。还有的人会给孩子灌输你爸妈很可怜，所以你也很可怜的观念，有很多同情和怜悯，这个也是我们不希望看到的。所以有了孩子以后，我们想要更努力，做得好一些，想让西宝以后能为我们感到骄傲，能跟她的同学们说："虽然我爸爸、妈妈看不见，但是我爸爸、妈妈很优秀啊！"

孩子的想法源自父母。 真的，其实人有什么样的想法，就会怎么去发展，很重要的就是父母不认为残障是什么事情，孩子也就不会这么想。我经常拿着盲杖去幼儿园接她，都没有什么了。刚开始她小时候会问："妈妈，你为什么看不见？"她不是很懂的时候我就会跟她说，"因为没有吃胡萝卜"，后来等她长大一些能听懂了，我就会跟她说是因为眼睛生病了没有办法治。我还会跟她讲一些故事，比如我同事不拿盲杖摔倒在地铁里的故事，她就说："妈妈，你一定要拿盲杖哦。"我们出门的时候不能让她撒欢到处跑，一定要牵着她，要不然她跑丢了很难找的，所以就教育她出门一定要牵着妈妈的手，就会经常跟她讲这些。孩子真的就是一张白纸，你怎么跟她讲，她就会怎样去做的，所以姐妹们不要有那么多顾虑。

十 脱敏、接纳、和解

为身边的同事脱敏。我身边的人也会被我的残障意识影响，我的同事刚开始接触我的时候都小心翼翼的，很关心我，很有爱心，什么时候都想把我照顾好，后来我就跟他们讲残障意识，久了以后他们的好奇就转变了真正的理解。我跟老师去香港学习，我那时候去挑战迪士尼的游学计划，全国有 3000 多个人，我达成了目标，就跟我的同事一起去香港，到了迪士尼，我的同事跟我说："佳佳，这里有一片草地，很平，你可以随便跑了。"有一次去上海开领袖会议的时候，当时特别冷，地上都结冰了，还差十几分钟火车就要开了，我同事拉着我，我拉着箱子，一起在冰上飞奔。那样的时候，他们完全不怎么在意我是一个盲人，很少去关注这一点，这让我很舒服。慢慢地，他们的思想也改变了，不会碰到盲人就小心翼翼的，脱敏真的很重要。

爱上自己，接纳自己。最近我们搬家、装修、给孩子联系幼儿园，所以做的就比较少了，玫琳凯做得少的话，职位就会掉下来，职位是跟销量、业绩挂钩的，不会有固定的职位。不过我还会继续做一些化妆的讲座，但玫琳凯的东西不会再讲那么多，我还是想通过化妆来传播残障意识。对一个女生来说，形象的改变，对于她自信心的建立是很有帮助的。通过化妆了解自己，从以前不爱自己到更多地接纳自己，觉得自己是好的，爱上自己，不仅爱上健全的部分，也爱上不健全的部分，认识到自己是一个整体，能够悦纳自己，这个是很重要的。

"视障女孩美丽说"公众号。我喜欢写作，经常写一些相关的文章，也慢慢开始尝试做公众号，我的公众号叫"视障女孩美丽说"，主要是给视障女孩子推荐可以变美的好东西，分享带娃的经验之类的。其实化妆讲座、公众号都是传播的媒介，现在找我录节目的人越来越多，我发现娱乐节目也是一个很好的传播媒介，通过这些媒介，可以做很多关于残障女性的事情。我也很爱运动，做瑜伽多一些，瑜伽不容易受伤，对身心都是很好的一件事情，是缓解压力的最好方法，能让你安静地审视自己的内心。做瑜伽整个人会放空，其实人一直被各种信息塞得很满，没有办法放松，压力就会越积累越多。

每个人需要与自己和解。说残障，其实与残障无关，只是说从残障的角度切入可以扩展到更多群体，其实每个人都有跟自己和解的一个过程。很多人都会因为各种各样的原因导致不能去爱自己，当一个人不能接受现在的自己的时候，这种状态是很痛苦的，所以每个人都需要与自己和解，这个过程任重而道远。

撕下残障与妻子的标签，
我独立、坚强且无畏

夏伟伟[*]

在家中，我是被父母以爱捆绑的残障女儿；在婚姻中，我是被丈夫和婆婆控制的"生育机器"。在从小到大的唯唯诺诺与委曲求全中，我一步步地迷失自己，也开始不断地反问自己——什么是爱？这是我想要的生活吗？我可以做一些什么？于是，我义无反顾地与过往的生活切割，撕下所有的标签，勇敢地、独立地面对未知的一切，做真实的自己。

一　与黑暗共生的日子

我的眼睛，虽然不能直观和清晰地看到东西，也没有对灯光的感觉，但还是能分清白天或黑夜的状态，包括外面的一些比较大的物体，比如说汽车。如果现在有一个特别大的物体，迅速地来我面前时，我是能明确地感觉到其存在的；如果有一个特别大的汽车在一个位置停着，那么我可以径直地走过去，不会撞到。

很小的时候，我的视力比现在的情况好一些。家人说我小时候能看到一些物体，也能认识很多汉字，甚至知道阿拉伯数字，分清各种东西的颜色。但因为那时候年龄太小了，这些其实我都忘了，想不起来了。唯一有印象的，就是小时候从外面的院子里，我依稀能看到从房间内散发出来的

---

* 夏伟伟，视力障碍者，盲人按摩师。

光，小小的，就像是平时打开小灯泡的感觉，不刺眼，只是觉得亮度微弱。

还有行走，这件事情我还记得，因为那时候稍微大一点了。那是 5 岁的时候，我跟我奶奶在外面，看见那边有卖东西的，奶奶让我自己回家去拿钱，我还可以认路，能自己走回家。后来我自己回想了一下，好像还能记得我妈妈长什么模样，别的都忘了。

6 岁以后，我的视力开始下降，再后来就一点都看不到了。那时候去很多医院看过，医生说是眼底的问题，左边的眼球，特别小，没有发育，根本没有随着成长发育，右边眼球好像是比左边稍微大了一点。

刚开始的时候，家人是不愿意接受的，但听了医生的提醒，都有了心理准备，后来时间长了也就接受了，也没怎么听他们说过感到愧疚的事情。那时候我年龄很小，因为视力的问题，可能会遇到一些困难，比如别人能做但我不行的事情，那么我会努力想办法，所以我一直也没有因为视力的问题过分难过过。

后来，我进入了盲校。一般盲校从 10 岁左右的孩子开始招生，当时，我们这个地方的盲校招生年龄都比较迟，不愿意选择年龄太小的学生进校。现在好像可以早点招生了，但是以前盲校招生都是普遍愿意要年龄稍微大一点的。因为他们认为盲生的年龄稍微大一点，更容易教一点，生活更能自理一些。

到学校以后，个体都要自己独立。盲校是九年制的，现在基本都是九年了。从盲校毕业我差不多成年了。我感觉上学的那些年比较平常，就是放假，还有开学什么的，基本上都在学校里学习。那段时间主要就是遇到了很多同学，虽然离家比较远，但我也能自己坐车回家。当时看到很多人都自己走，我就想尝试自己独立回家，但是家里不同意，我也就这样想想，一直也没有去做。那时候比较简单快乐。

盲校的教学课程与普通学校差不多，也是学习语文、数学和英语，只是我们采用的书籍是盲文，有几个点，然后组成了一个字。中国的盲文跟外国的不一样，点位不一样。其实我感觉英文字母是比较好学的，因为英语只要把 26 个字母都学会了，其他的学就行了。但是你看汉字，有很多声母和韵母，太复杂了，所以到现在我都记不住那一堆。

二 控制欲旺盛的父母

青春期的时候，我和父母之间出现了很多问题，关系不是特别好。我那个时候也是年龄比较小，老是有自己的想法，然后不听他们的，在父母看来我就是不听话的孩子。其实到现在我父母对我的看法中很突出的一点就是：特别不听话。我父母对这一点是特别生气的。

因为我是视障，然后我的家人都是这样认为的：因为你有残疾，所以你各方面跟健全人都不一样，所以你就是什么都不行，什么都做不了。再加上我又是一个女孩子，外面也不安全，然后我自己就哪儿都去不了。总而言之就是：视力不好，看不见就什么都做不了，什么都比别人差，什么都不行。就是一种这样的看法。家人这样的一种想法，限制了我很多的自由，对一些我想做的事情来说，也有很多的限制。因而我缺失了一个很好的锻炼独立能力的机会，比如做饭、做家务，还有出行。

父母让我什么都听从他们的。比如他们怎么安排我，然后让我做什么事情，我都要听从他们的——"父母都是为你好，因为你看不见"，父母就是让我听话，让我怎么做，我就得怎么做。而我比较有自己独立的想法和自己想做的事情，所以很多时候我都不愿意按照父母的想法和他们的要求去做，因为那些都不符合我的心意，不是我自己内心想做的。因此我不听从他们的话，所以有些时候就会出现一些矛盾、一些争论。很多事情我想自己尝试着去做，但他们不让我做。有一次我想自己试试做饭，我父母就不同意："你自己照顾自己，你还照顾不了，你这个事还做不了，你还做什么饭，要是烫着或者是说怎么着了怎么办？"就是说不同意，后来我也没有做成。

上学的时候，也是我青春期的时候，我们学校是住宿的，因为盲校都是住宿，所以每次放假还有开学，都是父母接送我：开学的时候送我去学校，放假的时候去接我。但是我看有很多同学，他们都是自己回家，我就想自己走，自己独立地回家或者上学，这一点我父母就不同意。他们就说："他们一个个都是离家特别远的，你有父母接送，你怎么会身在福中不知福?"最后因为父母都不同意,感觉我自己肯定走不了,因为我看不见,所以家人也不放心。再一个,学校离我们家也不是太远。虽然我一直自己要求走,但是父母就是不同意,所以一直也没实现。我跟他们有过一些争论,还跟他们有过一些交流,但最后他们也没有同意,后来上学期间自己回家这件事也一直没实现。现在因为我在外地,所以离家比较远了,我才独立出去的。不过也没有感到特别遗憾,那个时候只是想自己独立地去做一些自己能做的事情。

因为我早晚要自己独立的,父母他们也不可能跟我一辈子,所以那时候我是想尝试着自己去独立的,只是家人一直不放心,因此一直不同意。不过也没有什么感到遗憾的,现在比那个时候还好一点,因为自己一个人在外地,所以会感觉有更多的个人空间。然后那个时候可能也是因为在青春期嘛,现在比那个时候应该是成熟了一些。再一个就是因为我现在学习和上班的地方离家都比较远,父母也没时间送我到这么远的地方去了,所以我现在比那个时候要多了一点独立。

我们家是河北衡水的,在河北和山东交界的这个地方,所以我是在山东德州上的盲校,离家特别近。毕业后我去了我同学开的店里工作,店也在德州,离我家特别近。然后我就一直不是在德州那边,就是在我们家这边。后来同学的店这边也不是太好,我就去了天津,我是2017年快到年底的时候才去的天津。独立之前和之后的生活其实也没有什么变化,因为那些年一直在学校上学。其实我在外地离家远的地方待的时间也不长,总体来说也就是一年,刚一年多点吧。我是2018年中秋节之前,9月以后去的唐山,在9月之前,我一直在天津。

一开始我父母也不想让我去这么远的地方,我妈妈是不同意的,从一开始就不同意,一直就是说不想让我出去,去这么远的地方。妈妈说:"一个是外面的生活不方便,你又是一个女孩子,外面有很多的不安全因素;再一个是你又看不见,外面生活肯定不如你在家里生活方便,然后你在家里有我们照顾,我们能照顾你,什么都有,在外面你需要照顾的时候,就不是那么方便,也没有那么多像家里这种好一点的生活条件。"现在他们还是说不同意,不想让我在离家这么远的地方生活。

第一次是我妈妈送我去的,她特意把我送到天津那个地方,因为我是第一次出这么远的门。但我妈送我相比我自己走，还是我自己走更容易一些，因为我会打电话预约重点旅客，要是出站的话，工作人员会带我出去，其实是很容易的，没有特别费劲。

我父母虽然是健全的，但是他们并没有怎么出过远门，当时在天津西站下了火车之后，因为火车站都特别大，所以出站很麻烦，出站的时候问了很多路，走了很多路才出去的。后来我回家，我发现其实不送比送还容易一些，他们也都更方便。国家在这一块其实做得很不错，基本上每个地方都可以打电话预约重点旅客，他们工作人员就直接把你带进去了，或者你想出站的话就直接把你带出来了，因为他们的工作人员都是很熟悉路的。要是自己的家人带着，就会很麻烦了。因为我父母都没有怎么出过远门，所以他们在外面的时候也是要问好多路才会走的，因为没去过的地方你肯定都是不熟的。再后来就是我自己坐火车回去，然后再走的时候也是我自己坐火车走，我和我同学一起走。

我父母他们其实担心我的安全，"你看你，你又看不见，你怎么去坐车"，或者是"怎么去找地方"什么的。我坐火车回家，或者回去的时候，我父母会问我是怎么走的，怎么去的。我会跟他们说，"你看我现在打12306预约重点旅客呀，然后他们就有工作人员帮忙"。听我跟他们说了这些，然后我父母也是真的看到了、知道了、了解了各方面的一些帮助，还有一些无障碍的东西。让他们知道了这些，他们就会觉得：原来你在路上是这么走的，然后坐火车的时候是这么走的。他们知道了，就不会再说送我去，或者说我要是走不了怎么办，就不会再有这种担心了。以前的时候他们就会说"不行，不让你去，你就是不能去"；现在的话，还是有一些担心，但是没有以前那么强烈了，就是说，"你自己多注意"，"在外面多注意安全就好了"。然后态度上也稍微有了一点改变，虽然这一点的改变不是太大，但是稍微也是有一点变化了。

其实到现在，做家务、做饭这些事情我还是不怎么会，我只是简单地会一点点，因为我独自一个人生活的时候很少。虽然说像出行这种事情比以前稍微有了一点机会了，但是我在外面生活的时候，还是和同学或者朋友们在一起，我在外面住的也是宿舍，然后吃的是食堂里的饭，所以到现在做饭这个事情我还是一直没有机会，但一直都很想做。

当时我的看法就是：我们虽然是残障人，但是并不是什么都做不了。我们每个人其实早晚都得要自己独立，有自己独立的生活。任何人都是没有办法去依靠的，而且谁也不可能让你靠一辈子，父母也不可能跟你一辈子，只有靠自己才能生活，所以说，还是要自己独立。虽然我很多年前就有这种想法了，但是我一直没有机会去锻炼这种能力，而且到了大学这种想法才慢慢成形。

在和父母相处的过程中，主要是他们对我进行各种保护，不过要是我自己独立的这种能力越来越强的话，我想他们应该也会慢慢改变的，这算是对以后的期待吧。

三 离开保护，学会独立

我现在是在河北省的唐山待着，一边学东西一边上班。我现在在学中医按摩，过来有四五个月了，在这个学校跟他们学按摩。好多时候父母他们的这种担心，还有这种保护，其实是可以理解的，但是作为我们自己来说，当自己独立生活的时候，这种保护不可能永远跟随着你。

我不害怕失去这种保护，我害怕的是我自己的独立能力锻炼不出来，因为我感觉现在我学着独立的时间都有点晚了，因为之前我一直没有机会。我也是从最近一两年刚开始学着独立的，最近这一年多才离家远一点了。因为离家比较远，到外面就可以自己锻炼着去独立，然后父母就不会再去进行那样的保护了。我之前的时候是在我同学开的店里工作，离我们家特别近，我父母会经常去看我，就是看我穿什么，吃什么。我父母基本上过一两天就会去看看我，然后我也不敢自己走得太远，也不敢自己到处转，我怕我父母看到我。父母本来就嘱咐好了，"你没事就待着"，"你没事别到处去走"什么的，所以我也不敢去做什么。

我跟我父母说了我去唐山这个事情，我也是刚让他们知道的。刚开始他们说："你在天津待得好好的，你怎么又上那边去？"但是他们也没有特意限制不让我去。因为我弟弟也在唐山上学，我那边离我弟弟也是比较近的。

其实刚开始一个人出门，我也是有点紧张的，因为这么多年，一直没有自己一个人出过门，但是我还是想去锻炼自己的。因为这么多年，一直是由父母保护着。我父母是不会鼓励我去一个地方玩耍的，我在外面的时候，父母经常提醒我："你不要到处去，你不要到处去跑，你不要出去乱转。外面人多事情杂，然后也不安全，你就在你那店里待着，没什么事情，不要经常出去，外面一般车也多，然后人也乱什么的，不安全。"

但其实我经常出去，比如去超市，也跟同学或者朋友经常去一些地方。父母在电话里经常提醒这些，当然，因为他们不放心，但是其实只要自己知道，就可以了。平时我自己单独出去的时候也是不多的，如果没有什么事情的话，我也不会单独出去。有的时候我可能会跟朋友们一起去超市，或者跟他们一起出去吃点饭，出去玩。

我还跟几个同学去爬过一次山，是一个小山，很小的，应该是秋天的时候。在唐山的时候，我们去凤凰山玩了一次，那个时候也是跟几个同学一起去的。刚开始往上走的时候，还有同学带着我、领着我，后来我们下来的时候，很多同学在旁边看着我，我就自己拿着盲杖往下走，走歪了或走斜了，他们就提醒我。

现在我跟我父母的关系倒是还可以了，因为我现在基本上不会像上学时候那样了，感觉自己年龄越来越大了，没有那么强烈地要跟他们反着去做了，尽量能顺从的，我就顺从了。以前的时候我都不理解父母的想法，可能那个时候也是年龄比较小，那个时候总是想按自己的想法去做事情，也没有什么感觉。

现在想想至少现在比那个时候，还是有了一点进步，有了一点改变的，就是说现在比以前要好一点了。现在我和父母之间很少有不一致的东西了，基本上我要是想做什么事情，我会跟父母说一声。他们现在对我好像也比以前宽松了一点，以前的时候，他们总是想让我按照他们的想法去做，现在也没有那种特别强烈的要求了。有时候，他们会建议我怎么着，然后只给我建议，让我自己看着办，自己参考，不会强烈地要求我必须按照他们的想法去做了。我有时候有什么事情跟他们说，他们也没有太强烈反对。

其实我觉得，在父母他们看来就是：我们给你计划的事情，我们给你安排的事情，你不按照我们的想法去做，你自己不听话，那你就自己看着办吧；你自己的事情，你自己做主，我们也不能跟你一辈子；你愿意听我们的你就听，你不愿意听你就自己看着办。

之前我跟他们的关系差，主要可能就是他们想给我安排计划，给我安排事情，我就是不听他们的，可能主要就是因为这些事情。我那时候也是青春期，特别想自己独立，但是他们就不让。他们总觉得他们比我的经验要多，所以我要听他们的，他们不理解我的想法。

我当然会想进一步改善跟妈妈之间的关系，但是这种改变需要时间。我觉得理想的母女关系就是什么事情都可以说，但是我现在有一些事情还是没法说的。比如说，我经常出去玩的事情现在还是不能和妈妈说的。往好的方面发展的话，我当然还是希望什么事情都可以说，可以自由地跟妈妈分享自己的心里话、自己的经历，在外面出去玩的时候遇到了什么事情，或者碰到什么想分享的东西都可以说。

我现在正尝试着锻炼自己各方面的独立的能力，不过才刚刚开始，还不是太好，有很多时候还没有那么勇敢，还是不太敢去尝试。很多的事情，我都想自己尝试，因为我还没有一个人去商场、过马路，还有做饭这些事情，还都没有一个人尝试过，我一直没有机会。但是现在我已经走出了这一步，我觉得万事都有个开头。所以我倒不是怕失去那些保护，我就是怕自己锻炼不好独立的能力。

四　无疾而终的早恋

青春期的时候有过早恋，但是那个时间很短，应该说也不算正式谈恋爱，没有怎么样，后来就过去了，最后也没有走到一块。那个时候年龄比较小，对方是我的同学，不是我们一个班的，比我要高好几级。我们刚刚开始没多少天，他们那个班就毕业了，他就走了，所以后来我们也就分开了。

当时是在 2007 年的时候，我 16 岁。在我看来那应该也算不上第一次恋爱，因为也没有多少天，然后他们就毕业了，跟没有谈差不多。我都想不太起来有没有恋爱的感觉了，因为时间太久了。我们是在暑假之前开始的，然后没有多少天他们就毕业了，然后暑假之后也联系，但是快到年底的时候联系就越来越少了，应该是到年底的时候差不多就已经分手了。早恋的时候是 16 岁，其实结束的时候也是 16 岁，快 17 岁了。

当时是我跟另外一个同学到他们班里去玩，然后认识他的，当时就是聊了会儿天。其实我很少到别的班里去，也很少跟别的班里的异性同学接触，我不经常跟别人接触。其实那时候我是陪女同学，去他们班里玩的。我有一个女同学，跟他们班的同学挺熟的，她经常到他们班里去玩。有一次她去的时候就想让我陪她一块去，后来我跟他们班的几个同学就认识了，然后从那个时候开始，没几天他就开始追求我。我那时候还挺容易被追的，他追，我就同意了。

我在上学的时候，可能是因为我接触的人太少了，与其他的女同学相比。她们经常和很多同学接触，和很多男同学一起玩，而我很少跟别的班里的男同学接触。

那时候，我感觉我们班里的女同学都有对象，其实不只是我们班里的同学，也包括别的班的同学，我感觉基本上都有人追，但是没人喜欢我。我感觉很多女同学都有人喜欢，但就是没人喜欢我，所以他表白了之后，我感觉我也有人喜欢了。

那时候，学校里其实是不允许谈恋爱的。我们班同学就说了，"你们俩肯定不行，你想想，他们那边很快没多少天就要毕业了，而你这还有好长时间，肯定不行；再一个，学校也不让，影响肯定也不好"。他们就说肯定不行，而且我也不太喜欢那个同学。

其实我那时候也没有怎么想，就是"有人喜欢我"，我就同意了。那个时候其实我对他了解得不多，再后来他们毕业了，我们也就分开了。刚开始的时候也有过联系，但是也不经常。没多长时间，他就喜欢上别人了。

他有了新的女朋友，但也没有和我分手，也是一直跟我联系，也不是说经常，但是联系没有断过。后来他不断地下午给我打电话，我们还是保持这种联系。他还说了，我们的关系还是那样，还是不变。我们聊得还挺好，他还说要等着我上完学。其实在那个时候，他已经喜欢上别人了。

我是听那些毕业的同学说的，当时我还不相信。刚开始只有一个同学这么说，我本来还不相信，后来好多同学都说他不靠谱，都建议我别跟他聊了。我就考虑了一下：很多同学都这样说，应该不会假。于是我也就不怎么跟他联系了，他往学校给我打的电话也越来越少了。那个时候都还没有手机，学校又只有一部电话，也不可能经常让我用。再一个就是，他本来联系我也少了，再加上我不跟他联系了，时间一长，他也就不跟我联系了。

其实不联系了以后，我并没有完全相信那些同学的话，不是说不信，就是没有完全相信，我感觉自己是更偏向于信的。后来又过了很长一段时间，他来学校里玩，那次又见到了，我就感觉他跟以前不一样了。见了面之后打了个招呼，然后说了几句话，也没有正式地说分手，后来他就不联系我了，我也就算了。

他有新女朋友这件事，后来我求证了。他来学校的时候，他的女朋友也来学校里学按摩了。后来我就知道了，确实是有这么回事。他还说等我上完了学什么的，但是那个时候他已经喜欢上了别人。他的新女朋友是在他在外面打工时认识的，她也是盲人。他为什么不把这件事情跟我说，这点我不清楚，我也没问。但是当时我们聊天还是很愉快的，还比较平常。

我们学校也有用电话卡的那种电话，买电话卡打电话的，学校里的都是这样。我打电话的时候因为很多人都要用，所以就会排队，就等着别人用完了再用。但是如果往学校打电话想找谁的话，还是打过去比较好。比如说，要是谁给哪个同学打电话，别人接的，肯定还得去找那个同学去，所以过一会儿还得再打一遍。我没有打多少电话，也没有怎么买电话卡，一般都是他打过来找我，别的同学叫人去找我，让我去接电话。

因为那个时候也不是特别好买电话卡，我还得让别人帮我买。另外，平时我还需要给家里打电话什么的，所以我没怎么给他打电话。我没打完几张卡，我打的卡不多，好像一共就用了几张卡。2009 年以后，我们学校换了一个新的校址，我们就搬到了新的学校。到了新的学校以后，公用电话就没有了，撤了不用了，学校开始允许我们自己带手机了，后来很多同学都自己带手机了。

公用电话没暴露我的早恋，应该说，这段感情其实也没有多少人知道，主要是这段感情时间没多长，而且我用电话的时候也不多，我不经常打，他也不经常打。他就是刚开始毕业之后，前十多天的时候可能打得稍微多了一点。后来，就是一个星期给我打一次，后来就好几个星期打一次，再后来就不打了。应该也没多少人知道的，因为我们表现得都不明显，也不怎么能看得出来。

我们打电话总体来说也不是太多，而且每次持续的时间都不长。他可能会问我，"你在干什么"，然后我说"我刚才在写作业，然后有人叫我接电话，我就来接电话了"。

表白的话他说了很多，他还给我弄了一盘磁带，里面全都是表白的话，比如说"我喜欢你"这种。磁带是他们毕业走了之后，过了一些天，他又来学校的时候拿给我的。他当时没说是什么，就给了我一盘磁带。刚开始我拿到磁带之后，我以为里面是歌，所以就和其他磁带放在一边了，也没有去仔细听。因为那时候听歌都是用磁带听，那时候我很多同学都爱听歌，我以为这里边是些什么歌，准备等有时间再听，我就把它放在一边了，也没再去管它，一点没在意这个。我真正打开去听的时候，是在分手之后了。

后来再听，我也没什么感觉了，那时候讲有什么用，就觉得都分手了，这个时候才听，没什么意义了。我也没什么后悔的，只是听到得晚了一些，但是早听晚听，结果其实都一样，这也没什么后悔的。

现在回过头来看的话，感觉这段经历其实属于早恋，但是也属于一种经历，一个提升自己的动力。那个时候恋爱结束，我就在想，这个时候我们还比较小，还是学习的时候，应该还是不谈恋爱比较好。如果说早恋之前，确实是年龄小不懂事的话，那么早恋之后，应该还是成长了一大部分，感觉自己长大了一些，各方面都有进步，比如说会看人了，比如说我知道学习了，经常学习。因为我在早恋之前的时候，我生病有好多天没上课，然后课落下了好多，我那时候也是在补课，补前面的课。

谈恋爱那个学期的成绩肯定是不好，也不怎么学，经常跟他们出去玩什么的。下个学期，就是年底的时候，我的成绩进步了很多，突飞猛进式的那种进步。我就想到了他说的那些东西，说等到我上完学什么的这些。说这些有什么意义呢？有什么用呢？好多事情，不是说说怎么样，就一定会怎么样，很多事情不要太早去下结论。经过这件事，我就明白了很多，感觉也明白了很多道理。

五 平淡如水的爱情

后来几年也有人追我，不过不多，主要是我只跟我们班里的同学接触，很少认识别班的同学。也有同学追我，但我没同意。当时想着我不谈恋爱，上学，我肯定不谈恋爱。其实还有一个原因，就是我也看不上那个男生。当时我也不知道怎么想的，就是看不上他。

后来我有个女同学说，要给我介绍一个也是毕业了好几年的一个同学，其实那个男同学我也认识，有的时候也会聊天，不过我没同意。那个男同学后来又打过电话，他跟我说过这个事情，但我还是没同意。我就表示我现在还在上学，然后年龄还这么小，一个是学校不允许谈恋爱，再一个就是我也不想谈恋爱。心动的感觉我也不知道，当时我就是没感觉。

2011 年的时候，我去读了一个中专。中专是两年的一个课程，我进班不久就开始谈了恋爱。当时我们是在一个班里上学，那时候我们用的是盲文，那里有写字的盲文纸，他写了一些东西问我，咱们可以谈谈吗？因为那个时候我年龄比较小，我当时没同意，然后他就说"那我等着你，等你自己好好想想，考虑考虑"。再后来他就给我充了十块钱的话费，我就同意了。

反正就是那个时候我比较年轻，对未来有一些很美好的期待，还有一些对未来的憧憬什么的，各方面想得都是比较美好的。毕竟只是刚开始谈恋爱，也只是在谈恋爱，我还没有想到未来会结婚怎么样，那时候还没有想过这些。他应该算是我的初恋，因为之前的时候也没有怎么谈过，这也算是正式谈恋爱吧。

我和对象在学校里是同学，一起上学，上完学之后就没多长时间，大概半年我们就结婚了。我们一共谈了不到两年，然后一直到毕业。我们好像是 2011 年国庆节之后开始的吧，在学校里，也不能表现得太明显，因为在学校里是不可以谈恋爱的。

他也是视障，比我大两岁。他应该是先天视障的，我不太清楚。以前的时候他能看到一些，后来就发烧，烧得视力一点都没有了。一般如果我们不在一起，不见面的时候就是打电话沟通，也有发短信或者什么的，但主要还是语言沟通。他没有给我写过信，也没有给我唱过歌。其实我也没怎么感觉很喜欢他，也没有想过是怎么接受他的。之所以接受他，是因为后来他给我充了十块钱的话费，我那时就感觉他应该对我挺好的。

当时和我对象在一起的时候，感觉比较平常，因为那个时候我们的同学还有老师都不赞同我们在一起。他们都对我对象的评价不太好，认为他人脾气不好，说话也特别横，而且跟谁也都脾气不好，感觉不怎么好惹。很多同学基本上都不愿意跟他接触，具体原因我也不清楚，主要是他跟很多同学都合不来，反正很多同学都不喜欢他。老师感觉他不上进，他技术不太好。其实在我们谈恋爱之前的时候，在我印象里他也是挺不好的。我感觉这个人不怎么好惹，挺蛮横的。

有一次我拿垃圾桶出去倒垃圾，不小心碰着他了，我给他道歉。我当时想的是，他肯定会冲我发火，当时还吓得不行，但他竟然没跟我发火，还跟我说话的态度特别好，当时我就想，他还行，没冲我发火。那时候我看他还算可以，也不是说看法因此就改变了，因为除了当时倒垃圾这件事情，其他对他印象很好的事情就没有了。他后来也没有送其他礼物给我了。

之前，我们两在家里都没有去说这件事情，所以家里人谁都不知道，后来在我们快要毕业的时候，他跟他家里人说了。我这边，其实不是我主动跟家里人说的，是我的老师告诉家里人的。我们学校有一家按摩店，我们在快毕业的时候，我对象上我们学校的按摩店里去工作了。那时候我也打算过去，然后我们校长就跟我父母说了。当着我父母的面他就跟我说："你和××是不是谈恋爱呢？你们俩要都过去，那可不行，你们要谈恋爱怎么着？"当着我父母的面，他就这么说的。后来我父母就问我，然后我也只能承认了。

那个时候说实话，是老师和校长他们不看好我们，因为与此同时还有一对情侣，他们也是在我们学校的店里待着，但老师和校长他们也没人说什么。其实他们很多人都不看好我们，所以就不愿意让我们一起去店里。

我当时好像当他们面说了，我说"你看那谁，他们也是在谈恋爱，也都在那里"。我忘记爸爸当时是怎么说的，反正校长就是没同意我过去。

我们在快要毕业的时候，我们班的班主任基本上每天都在给我做思想工作，但是一直做到我毕业都没有做通。那时候我们班主任说，"其实你们俩我感觉是不合适的。也不是说不想让你找个和你一样的视障人，也不是说你们俩在一块生活不好或怎么着，主要问题，一个是他不上进，再一个就是他这个人的脾气也不好"。其实老师和同学没有一个支持我们的，就我自己坚持。现在想想，我也不知道那时候哪儿来的那种坚持。

我现在想想，真的想不起来为什么那个时候会那么坚持，为什么很多人包括我们班主任每天都在给我做思想工作，就是不管用。那时候我身边所有的人都反对，就我自己坚持。现在想想，我真是想不明白，那个时候我哪儿来的那股劲儿。

他父母同意我们俩在一起，但是我家人不同意，就觉得我们都是视障人，感觉一块生活有困难，再一个就是，我父母去问了我很多同学、老师什么的，他们没有对他评价特别好的。所以我父母就说，"你看，很多人都对他评价不好，这人脾气不好，然后再一个，你们两个人都是视障，生活上肯定有困难"。他们家和我们家的距离不是太远，我父母就说想让我找一个距离比较远一点的。反正我父母就是不同意，特别不同意，不想让我和他一起生活，也不想让我找一个跟我一样残障的人。我妈妈那个时候跟我聊过，我就是听不进去，我固执地要跟他在一起。

那时候我家里人也帮我在家乡找了一个，但是我不同意。那个对象，他的条件不是特别好，我感觉跟他没有共同语言，聊不来。我感觉那个人脑子有一些问题，智力上是有一点缺陷的，但也不是太大。主要我那时候就想跟我男朋友在一起，所以我很快就和他在一起了。

六　压抑的婚姻

我们毕业之后，我回到家里，我父母就不让我出去了，直到男朋友来接我，我在家待了不到一个月。那时候我父母不同意，不让我出去，我是从家里偷着走的，是在 7 月暑假的时候。趁着我父母不注意的时候，我半夜走了。我和男朋友提前说好了，然后我半夜就自己偷偷地溜出去了。

我悄悄准备了一点东西，也没有带太多东西，就带着我自己的一个小包，因为我一个人也拿不了那么多东西，而且我带的东西多了，也不是很方便，所以我就带了一个小包。里面有我平时用的电器，也包括随身用的一些东西，连衣服我都没带。那时候我对象在德州，因为德州离我们家比较近，他和他叫的另外一个同学从德州打了一个出租车过来接我了，然后我就离开家走了。

我离开家和他在一起以后，他表现是比较平常的，就是他平时什么样就还是什么样。平时我不惹他的，所以那个时候我们也没有出现什么矛盾。虽然他脾气是不好，但也不是说随便发脾气。只是和别人之间发生问题、发生冲突的时候，他才会脾气不好。谈恋爱的时候，也和他吵过架，当时他挺生气的，但那时候他没有对我动过手。

我们俩一吵架或者分手的时候，就都态度不好，他对我态度不好，我对他态度也不好，然后我先对他态度变好，然后慢慢就好了。我们也不是说一吵架就要分手，要分手总共有一两次吧。后来我对象就是说，分手就分手了，不聊了。后来我是叫控制不住还是说坚持不住呢？怎么说呢？过了一天，我又给他打电话，然后他说什么都不讲了，不谈了什么的。后来我又给他打电话，对他又说话又好什么的，后来他也就好了。我好像跟他说过，我们不要分手了。复合之后，他还是和以前一样。

因为当时我家里人不同意，所以我们就去一个地方上班去了。那段时间是在离他们家比较近的一个地方工作。我当时和他在同一家按摩店工作，是他的家人给介绍的。他们家也属于德州市，但是他们家离德州比较远，他们家是德州市庆云县的。

大概半年之后，他家里人提出来要我们结婚，当时我就想结婚就结婚。但其实那个时候我还没有考虑要这么早结婚，我也不想这么早结婚。后来我想，因为我们家里人不同意，我们在一块上班的时候，他家里人也给了我很多的帮助，所以我想，他们家人要求结婚，那就结婚吧，反正到时候也是结婚这个结果。

当时是我婆婆提议我们去领结婚证的，是在毕业之后半年才领的，那时已经是年底了。办酒席的时候，我父母就同意了，说"反正你们也都愿意，那就同意吧，你们自己都愿意，那就这样吧"。好像他们当时也没办法了，所以就同意了。

刚开始走入婚姻，我是一种特别单纯的心态，想法也很单纯，对未来有很多美好的期待和憧憬。但我婆婆是一个表面演戏特别好的人，但是其实隐藏了很多算计，她就是把我当成了生孩子的一种工具了。

本来刚毕业半年就结婚了，在这半年时间里，我们也没有多少工作，也没有多少收入。结婚之后，我的想法就是我们暂时先不要孩子，我们先工作，因为各方面的条件都不好，因为他们家的家庭条件也不好。然后等工作一段时间，各方面条件成熟了，收入也稍微稳定一点了，再考虑一下孩子的事情。

但是他父母，尤其是他妈妈，就不让我出去工作了，就是让我在家里怀孕生孩子。然后我就跟我对象商量这个事情，但我对象他是那种比较听从他父母的人，所以他父母让他怎么做他就怎么做。我有想法也没什么用，他就是一直保持沉默，不管不问，父母怎么安排他就怎么做。

婆婆经常关心我怀孕的事情，不让我出去工作，也没有让我对象出去工作。一直到我怀孕之后，我婆婆才同意让他出去的，他就出去工作了。我那个时候太年轻了，即使觉得不舒服，但也没有特别强烈坚持自己的意愿，还是听从了他们的话。

那段时间我跟父母有联系。那时候我父母对我对象已经接受了，因为他们同意了，我们都结婚了，而且我父母对我对象的态度还是比较好的。我也没有跟我父母说我的不适，毕竟当时是我偷偷走的，是我自己同意的，是我自己选择的。

和他结婚之后，三个月还是四个月，我就怀孕了。结婚之前，就是从我偷偷走的时候算起，五个月之后我又回了家。我当时也是不敢回，我怕我父母不同意，怕我回到家里我父母再把我扣在家里，不让我出去了，所以当时我也是带着一种侥幸的心理回去的。

在偷偷走一直到我回家的这段时间，一共是五个月，这段时间里我做了一次流产，大概是秋天之后，差不多是 10 月或者 11 月的时候，不过这件事情我父母到现在都不知道。当时去检查，发现这个孩子发育不好，留不住了。其实我当时的想法是不留下来，但是他父母的想法是让我留下来。因为那时候我是偷着出去的，他父母不让我回家，就说："你先不回去，等你一年以后生了孩子，带上孩子，再回你们家去。"那是我们还没领证之前的事情。我那个时候刚怀孕没多长时间，就检查出来孩子发育不好。检查之后，我就大出血了，不流产不行了，我当时差一点休克了。

大出血的时候我没有什么感觉，医生把我转到做流产的手术室去了，直接就打止血针止血，然后一边打止血针，一边把这个流产手术给做了。流产的时候是特别疼的，因为那个时候已经来不及打麻药了，如果再去打麻药的话，会耽误时间，所以直接就做流产了，当时我真的好痛。

经历这件事后，我真的觉得不管孩子是男女，尽量在没结婚的时候不要去流产，每一件事情都要考虑好了，然后再去做。因为做流产确实是很疼、很受罪的一个事情。所以很多事情，尽量还是考虑好了，再去做。

当时他不在我身边，他父母在。后来在我休息养伤那些天，他爸妈就是说，"你做完流产以后，再接着怀孕，赶紧地怀孕"。就是说赶紧要孩子，赶紧怀孕，但是我当时还是不打算要小孩子。我对象知道我流产后，什么态度也没有，也没有关心我，也没有说什么安慰的话，他也不会这些。我做完手术之后直接就回他家里去休息了，但我没怎么在床上休息，平时还是自己在做什么，只是在他们家。只是刚开始那几天没有怎么出去，但是基本上我都没有躺在床上，还是自己的事情自己做，还是该做什么做什么。在我做完流产的时候，他还在上班，当时我们就分开了。我一直在他们家里休息，也就是说他过了好多天之后才回来的。

6月的时候我又怀孕了，怀孕之后，我对象就出去上班了，一直到我生孩子，他也就回来过几次，然后在我生孩子的时候，他都没在我身边。其实生孩子的时候他是打算在家的，但是他妈妈不让他在家，他妈妈说"你在家能做什么，出去上班"。他妈妈让他出去上班，说什么也不让他在家陪我，然后他就走了。我对象他也不是孝顺父母，他就是听从父母的话。他平时跟他父母说的话也不多，就是听从父母的话，自己没有太多的主意，没有什么主见。

在我生完孩子后，婆婆不让我碰孩子，不让我抱孩子，也不让孩子跟我们在一起，一切都由她霸着。她的理由就是："你们都看不见，你们眼睛不好，孩子不能跟你们在一块，你们要碰着怎么办？你们要是压了怎么办？不能跟你们在一块，不让你们看着！"

我是顺产，当时我对象的姐姐先把小孩抱了过去。那天晚上，我对象的姐姐就说把孩子放在我身边，因为小孩一直在那哭。然后他姐姐就把孩子放在了我身边，他就不闹了，不哭也不闹。但我婆婆就说，"孩子不能跟她在那儿靠着"。然后我对象他姐姐就说，"让他跟他妈妈在这看着挺好的，他不哭也不闹"，她帮我说话。但是婆婆就说："不行，她要是碰着了怎么办？不能让孩子在这！"就直接又把孩子抱走了。算一算和孩子在一起，差不多也就是四五分钟的时间。后面也不是一直没见到孩子，但婆婆就是不让他跟我在一起。她的理由就是："你们看不见，你们看不好，不能让你们看。"

她一直霸着这个孩子，我感觉她一直想把这个孩子当成是她的。我婆婆她不让孩子跟我在一起，孩子吃奶的时候她就给我打电话，让我到她屋里去喂，喂完之后，我就再接着回去；或者她抱着孩子来找我，吃完了奶，接着就抱走孩子。晚上的时候也不让孩子跟我在一个屋里睡。再后来时间长了，因为孩子经常跟她在一起，我婆婆就说："孩子不愿意跟你在一块，他只认我，不认你！他就愿意跟我在一块。我都看他看多了，我经常看他，他就认我！离开我一会儿都不行，他没有我不行！你看你生这孩子怎么样？他就把我当成他妈了！他认错人了！"

因为我一直是自己一个人在面对我婆婆，一个人在跟她要孩子，但我一直就要不过来。虽然我一直跟她要，但她就是不给我。我就跟我对象说，但我对象什么都听从他父母的，他父母跟他怎么说，他就怎么听。我不认同他父母的看法，我跟他沟通过好多次，都起了冲突，但是没有用，他还是比较听从他父母的说法。

确实，孩子小时候并不是说跟着爷爷、奶奶在一块生活，就觉得父母不养他，将来长大以后就不是你的孩子了，不是这么回事。但是孩子不管是什么时候，还是要多和父母在一起，多和父母接触，这样比较有利于孩子各方面的成长。

我给我对象提过，我跟他说，我们还是要多跟孩子在一起，我们得一块跟我婆婆要这个孩子。我对象就说："要你跟孩子在一起，你能看得了孩子吗？我反正承认我看不了。""哎，"我说，"你承认你看不了，那你说，你生孩子干什么呢？如果说你不负做父亲的责任，那你做父亲干什么呢？"其实我也逼着他，然后他说："你能看得了吗？""我并不是说，我现在就特别肯定地说，我一定能看得了，我肯定行，我肯定能看得了，但是很多事情你可以试试。再怎么说，咱们是父母；再怎么说，孩子他是咱们自己生的，我们有权利和义务去做自己的事情，并不是说别人能代替得了这个位置的，并不是说他爷爷、奶奶可以代替这个位置的。你看现在都什么时候了，现在她，你的妈妈，等于把我的所有位置都给占据了。"我就跟他在这个事情上进行沟通，然后我们俩就产生了矛盾。

我跟他父母之间，因为很多的事情，主要是要孩子，还有一些其他的事情，也存在矛盾。其实刚开始的时候，我跟我对象说过我跟他父母之间的一些问题，但是我对象他也不管不问，一直保持沉默，而且有的时候还说我事多，把问题都推到我身上，最后甚至说所有的问题都是我的问题。"你事儿多，就你爱闹事儿，你怎么这么多事儿？"他就这样说。所以后来我也就什么都不跟他说了，这还有什么意思呢？

主要是他的妈妈特别强势，而且她的妈妈想让我什么都听她的，但是她不想让我养自己的孩子。她想："我就一直霸着。"因为她想让我什么都听她的，有的时候我就是不听她的，就是不按照她的想法去做。然后我婆婆她还特别能吵，如果跟她吵的话，我确实吵不过她。她嗓门特别高，有的时候吵着吵着，我就感觉，你越跟她吵，越想跟她比，好像在跟她比赛，就感觉你越是比不上她、追不上她。她也不是说话不清楚，平时的时候她也会在一些问题上吵，一些小事上也会大吵特吵。

到现在为止（当然现在是已经分开了），我都没有觉得我们这段婚姻有相爱的感觉，我反而觉得，我在这个婚姻里感觉更多的是：怎么去攻击别人，怎么去算计别人，或者是说怎么去对付别人的一些东西。当然现在我还是做不到这些，其实我只是看到了那一方面，但是我是做不出来的。因为刚开始我是真心实意、全心全意去面对的这样的一种态度，以一种特别单纯的态度去面对婚姻的。等到几年之后，分开的时候，得到的是一种什么样的感觉呢？其实我特别不愿意说我最后的这样的一种感觉，因为我仅代表我自己，我不想去影响别人对婚姻的看法。其实婚姻还是比较美好而有意义的，并不是说很多婚姻都是像我们这样的，我仅代表我自己是这样的。因为我们也是刚分开时间不长，我也是刚从里面走出来。因为我经历的这个过程、面对的那些人是这样的，他们让我看到了这样的一种态度，但并不是所有的婚姻都是这样的。

最后我在婚姻里，就是说我们分开以后，我什么都没有得到。其实我结婚之前还是有工作的，后来他妈妈不让我出去上班了，让我在家怀孕生孩子，但是我生了孩子之后，她又霸着孩子不让他跟我在一起。

最后，我在他们家里实在待不下去了，我实在是面对不了他们了。因为我一直跟他爸妈吵，到最后我吵不过他们了，我实在是吵不过他们了；而我对象直接就不管不问，要不然就是帮他父母说话，或者把所有的问题和责任都推到我身上来，认为全都是我的事情，有的时候还说我事多，说我爱闹事。我跟我对象的关系也越来越差，我和他父母之间的问题，最后演化到我们俩的事情上。到了最后我们俩的感情也慢慢地恶化了，后来也就分开了，就这样。

我为什么感觉是一种算计，因为我感觉我是让他妈妈他们害的。他妈妈让我失去了工作，失去了孩子，失去了这个家庭。其实最后我们分开的时候，我什么都没有得到，包括孩子也没有得到。我们结婚之后差不多有三四年的时间里，包括我怀孕还有生孩子的这段时间，我一直也没有上班，我没有收入。其实我跟我对象我们两个所有的钱基本上都被他父母拿走了，所以我最后什么都没有，连钱我也没有得到。

从他们家出来之后，我身体如果休息好的话，是没有什么事情的。但其实我那个时候也没有怎么保养好，我生孩子的时候，我对象也不在我身边，他妈妈让他走他就走了；我住院的时候，特别想让孩子跟我在一起，但我婆婆说什么都不让，不让他靠着我，不让他跟我在一起，也不经常让我见；再有就是我坐月子的时候，我婆婆对我的态度，冷言冷语的，特别不好。

我生完孩子从医院出来的时候就贫血，挺厉害的。我那时候稍微活动多一点，就感觉浑身发酸。我不愿意动，我婆婆就让我不要老是在床上待着，"你要多下来转一转，要不然你时间长了不下来，你老是在床上待着，你就不会走路了"。然后她就让我下来转一转，我下来之后，感觉走上几步，就全身都发酸，我就不愿意走了，我就回去了。然后我婆婆看到就说："让你下来转转，你怎么又回去了，你不转的话，平常就不会走了。"我说"我不愿意转"。再有一个，我生孩子的时候，虽然是顺产，但是有一个侧切的，也是稍微缝了几针，还有一个伤口，这个伤口还特别疼，一动它就疼。但是我婆婆就说："还能有不疼？哪还有不疼的事儿啊！你看你那虚的，这哪还有不疼的事？哪有不疼？怎么会不疼呢？"然后说个没完，态度特别不好，一直就是冷言冷语的态度。她还说："实在不行让你妈妈来！要不让你妈妈来！"

我生完孩子第七天的时候，我对象回来了，他回来之后也没有做什么。有一次，我婆婆对我说话，冷言冷语的那种，态度特别不好。那个时候她说了好多话，让我听了特别不舒服，我就自己在那掉眼泪，也没人管。我对象就在那坐着，就像空气一样，就像他不存在一样。他为什么会这样？但是他就像空气一样，像他不存在一样，也不管我的事。

其实在我还没有去他们家的时候，我们在学校的时候，我感觉我们俩还可以。后来我从我们家偷偷走之后，他把我带去了他们家。自从他把我带到他们家之后，他就好像把一切都交给了他父母，他也不照顾我了，也不管我的事了，之后，都是他父母在照顾我，他父母在帮我做什么事情，他就不管了。去他们家之后，我们的感情也并没有说变动吧，就是他不照顾我了，对我不负责了，这个是我觉得婚前婚后最大的不同。其实在刚开始的时候也没有多大问题，只是他把我带去他们家之后，感觉就和之前不一样了。

其实，结婚之前我也看到了他在家里是一种什么样的状态，但是那时候我还是坚持跟他去领证的。不过我那时候也犹豫了一下，我脑子里突然这么犹豫了一下。我在想，我来他家里有一段时间了，也看到他在家里是一种什么样的状态了，包括他和他父母之间的关系。我当时其实有点不太满意，认为得考虑一下，得考虑好了。一定要跟他结婚吗？后来我就在想，也只能跟他结婚了，就结婚而已，那又能怎么样呢？

我在家里偷着出来的时候，是他把我带出来的，而且我出来之后，他父母也给了我很多的帮助。我当时也没有带衣服什么的，她父母帮我买的衣服，所以那时候比较感恩，就感觉他家里人给了我很多的帮助。那我呢，不能到这个时候再说我不结婚，不跟他结婚，这不就等于对他们家是一种欺骗吗？我想，结婚就结婚，结婚应该也没有什么事情，反正我父母也已经同意了。然后我就去领证了，就结婚了。

婆婆对我态度的变化，应该说主要是在婚后，特别是在我生完孩子之后，在我生孩子之前和生孩子之后变化是比较大的。生孩子之前，在我怀孕的那段时间里，我对象没有照顾我，都是我婆婆在照顾我；生孩子之后，在我坐月子的那段时间里，他爸妈照顾了我一点，我对象是一点都没照顾，我基本上都是自己的事情自己做的。其实他爸妈也没怎么照顾我，因为光照顾孩子，基本上都不怎么管我，即使照顾了我一点，也是带着怨言的。我婆婆就说了："你看我还帮着你，我还得照顾你。你说，别人的婆婆哪有照顾得这么周到的？"她都是带着怨言的。后来没多少天，我感觉自己可以做自己的事情了，我就不想让她照顾了，我就不需要她了，我就说"没事的"，我自己去做。所以很多事情我就自己做了，也就不让她照顾我了。

变化为什么会这么大，这个事情确实就在于：生了孩子了。这就是为什么到最后我才感觉到，才真正明白——他们家人把我看成生孩子的工具了！之后我们分开的时候，他父母不想让我们离婚。我刚生完孩子的时候，他父母就想让我再去办二胎证，生二胎。我自己坚持不要二胎，一直到最后他们也没有办法了。

他父母让我们俩去办二胎证，我对象就准备去，我说"那行，你和你妈妈去吧，我是肯定不去的，我不想去"。他父母开始对我态度不好，用各种说辞来说我："为了你们两个好……趁着我们现在年龄还不大，给你们两个多带几个孩子，将来孩子长大了，照顾你们。为了你们两个好，你看你还不要。"后来他们拿我没有办法了，就跟我说，山东这边还有一年二胎的政策，一年之后就不开放了，就没有了。他父母后来又跟我说："你去办吧，现在都说了，你只要是在怀孕就给钱！"他们也用了很多办法，但是我一直坚持不去。再后来我对象他妈妈上我们家去，让我父母劝我，就跟我父母说："你们劝劝她，让她去办个二胎证，我们劝不动她，我们劝不了，她不去。"他们让我父母劝我，到最后我就是坚持不去。我对象就说了："以后要是再生一个孩子，给你看还不行？"我说："不行，那我也不生，那我也不办。"我坚持不去，一直就没办，所以最后这个事情也没办成。

最后我们分开的时候，我对象的父母特别不同意我们离婚，因为他们还是想让我回去再生二胎。我对象他也不想离婚，因为他听从他父母的。但是平时我们俩吵架的时候，他说："你不要拿着离婚这件事情来要挟我，我不怕你，我也不怕你离婚。你不要拿别人来要挟我!"我也不知道他为什么这么说。

其实我是跟他们家人生活不下去了，主要是我自己一个人实在是面对不了他的父母，我对象他又是这样的一种状态，他也不承担责任，他好像没有责任似的，他什么都不管。让我自己一个人去面对，我就感觉实在是面对不了了。最后的时候我也是在他们家待不下去了。最后，我什么都没有了，包括我个人的低保。

我和我对象结婚那几年，基本上钱都被他父母拿走了，当然其实这个事情我当时是同意的。因为我对象那边的家庭条件确实也不好，然后他说他在家里安暖气，还有各种事情，包括我对象他父亲又承包了一个加油站什么的，都要用钱。小的数字我没算，我把大的数字算在一块，我们结婚3年多，他爸妈在我们那拿走了4万多块钱。还有我生孩子的时候，因为我们家和他们家离得比较远，我父母这边的一些亲戚什么的，就把钱给我爸妈了，让我爸妈给我带过去。我爸妈去他们家看我的时候，包括我爸妈给我的一些钱，还有亲戚给的钱是一块带过去的，差不多有两三千块钱，我公公、婆婆全都自己收起来了，我连见都没见到。我回家以后，我父母还问我："我们那些钱都是给你的，怎么你公公、婆婆他们自己收起来了?"

我现在这么想，可能他们家里的条件也确实不好。如果他们家条件还可以的话，就不会没这点钱，生活也不会活得那么算计；或者说，只是这一点钱，他们家也不会去做这个事情。其实我也想不太明白，那时候我确实感觉到他们家的条件不好，所以每一次他父母向我们要钱的时候，我对象给他们，我都是同意的。

到最后的时候，我就跟我对象说："你看，咱们结婚好几年，钱基本上都让你父母给拿走了。"我对象说："这个你别说，反正你都知道，当时也是你都同意的。并不是没给你说，并不是你不知道，也并不是你不同意，这事你都是同意的，你也都知道。说起来，说什么呢?"对，还真是这么回事，其实我也没什么可说的，因为这些事情我都知道，当时也都是我同意的，但是没想到最后会变成这种情况。

七　告别过去，重新开始

我是 2019 年彻底离的婚，但其实我们已经分开有两年多的时间了。一直是各种的手续程序，彻底地把这个事情结束掉是在 2019 年。我不是突然想离婚的，刚开始分开的时候，我还带着我们可以和好的希望。刚开始是 2017 年分开的，慢慢地，时间长了，我们的感情越来越恶化，到最后就没法再和好了。我在他们家待不下去了，他父母欺负我，我又对付不了他们。

我跟我对象两个人的感情已经恶化了，我们一定要离了。他的态度也很强硬，一直软不下来。2017 年刚开始我一直在我家里，快到年底的时候，我去天津了，所以说我现在才出去一年多。其实刚开始的时候，我是去一个按摩店里工作的。说实话，我都好多年没有工作过了，也没做过这些工作了，放下好几年了，我再重新去工作的时候，很多技术、很多方面都做不好，很欠缺，所以才有后来去唐山学习这样一个事情。

当时他们家里人特别不同意我出来，但刚开始我们分开生活的时候，我在我们家里待了一段时间，后来我去天津的时候是从我们家里出去的，没跟他们说自己就出去了。他父母知道这件事后，希望我回去生活，回去过日子。怎么说呢? 他的妈妈可以说是特别会演戏。他父母来到我们家的时候，他妈妈对我态度特别好，但只要是回到他们家，她态度直接就变了，就回到之前的时候了，有点什么事情就是大吵大闹的态度。包括最后我们分开时，他妈妈都一直是一个表面上看起来很好的人，对她不了解或者没有和她生活过的人当然是看不出来的。她是一种特别虚伪的状态，只有跟她生活过的人才会知道，才会了解。

分开的两年中，我婆婆的态度一直没有改变，对我一直都挺不好的，她跟我一直没怎么联系。因为说实话，虽然我和我对象的感情最后已经和好不了了，但在整个的事情里面，还是我和她之间的矛盾最大，问题最大！

我对象家，一般都是我婆婆说了算的。我公公比较听我婆婆的话，但总体来说，他给我的感觉还是可以的，刚开始的时候他也是站在我这边的，对我比较好。后来因为我跟我婆婆的矛盾恶化了，他就什么事情都跟我婆婆站在一起了，他们就站在一起跟我吵了。

因为他们那边一直拖着不肯签字，所以拖到现在。我直接就去离婚了，我们之间也没有什么财产，因为我们这边的钱基本上都让他父母拿走了；再一个就是，我们这边包括我结婚的时候买的那些东西，我都放弃了，我就不用再纠结那些东西了，他们家用就好了。

我们分开后，我也没有感觉轻松一点，感觉比较平常吧，因为很多事情我们还是要向未来努力的。就是说，你再怎么样，你还是要自己一个人生活，你更得努力，只有你自己去努力生活，你才能让自己生存下去。

最后分开的时候，我的家人都对我带着一种指责、责备的态度："你半夜偷偷走，感觉特别好的这个对象，是你自己选择的。但最后，你看你，自己的路走成这样了！"到现在，其实我的家人他们都对我是另外一种眼光，就说："你看你，现在你的婚姻失败，你从婚姻出来之后，什么都没有得到，一分钱都没有拿出来。你说你，婚姻失败，你还什么都没有得到，现在什么都没有！"

现在我的家人对我特别看不起，当然我不在乎他们怎么去看。可能在很多人看来：婚姻失败了，而且最后你什么都没有得到，你什么都没有；你也就这样了，你也就不行了，你完蛋了。

我现在已经习惯了，我没有什么特别的感觉了。有些同学说："你心里不难受吗？"他们就说，"跟我们说说吧。"我说我没事，要不然就是我习惯了。其实现在别人对我的这种看法，我感觉还好，因为你要是不在乎就好了，因为我已经习惯了。其实我不是太在乎这些眼光、态度，我认为只要是自己努力就好了，也不要在乎别人怎么看。

当时我也争取孩子的抚养权了，但他那边也在争取。最后，毕竟因为孩子一直在他那边生活，他爸妈一直霸了这么长的时间，孩子在那边生活也比较习惯，就算是争取过来也不好执行。可以说暂时是先让孩子在他那边生活，同时也允许我们这边去看他的，就是这样，不过他们那边就算不想让我看我也没办法的。

其实不管孩子在哪边生活，只要他能生活得好就行，反正他们对他也挺好的。虽然我婆婆一直在跟我争夺、跟我抢这个孩子，但是他们也是真心对他好的，他们也是特别疼爱他的。所以只要他生活得好就行了，不管他跟谁生活，能有一个很好的生活就行。

我父母他们对这件事也没有什么看法，主要是看我自己怎么去做决定，都是让我自己做主，自己拿主意。不管我做什么决定，我父母都支持。现在我父母对我的事情，比如他们平时聊天或者干什么事的时候，只要想起来我的一些事情，就会去指责我，但其实我也无所谓了。

最后我对孩子是有一个探视权的，我一年可以去看他多少次的，这个是法院规定的，他们是不能不让看的。法院规定的是不管孩子在哪一边生活，另外一家必须有探视权的，每年必须要多少次的。当时我还问，如果他们那边不让看，怎么办？法院说，"他们不让看的话，你就申请法院执行，如果法律正义就行，因为这是法律规定的"。

2018 年的时候我去看了孩子，然后 2019 年还没有去看。他那个时候 3 岁多了，但因为是我婆婆经常带着，所以他对我还不是太熟。那次去看孩子，我的婆婆一直是一个很虚伪的状态，对我表现得尤其如此。上一次我去看孩子的时候，她见着我的面就拉着我的手说："我真的特别想你，我常会想起你的！我太想你了！"我真的没想到她当时会这么说，我在想，以前还没有这么虚伪，现在怎么会这样？她表现得特别虚伪，拉着我的手，对我那种非常好的态度，说："我太想你了！你知道我多想你吗？我特别想你！好长时间没见到你，我特别想你！"然后还摸我的脸，说："你知道我多想你吗？我都拿你当亲闺女，你知道吗？你知道我多舍不得你吗？你以后要是生活不下去了，你再回来，我肯定还收你！"

我当时是跟其他朋友一起去的，还有我的父母也是跟我一块去的。我父母其实也看到了，也感觉到了她确实是一个很虚伪的状态。其实很多人都已经看到了，包括没见过我婆婆的，和她一见面就能感觉到她确实很虚伪。因为最后去的时候是我爸的一个朋友开着车，拉着我和我爸妈一块去的，然后他是第一次和我婆婆见面，就看到了她这种虚伪的表现。

对这段婚姻，我已经没有什么感觉了，觉得过去就过去了，这一段经历是非常尖锐的。但还是说，人们一定要提醒自己，不管是在谈恋爱还是在结婚前，一定要都考虑好，自己和对方都需要好好地感受，考虑清楚再做决定，比如这段关系是不是适合自己的？是不是自己满意的？

我依然相信爱情，只是因为我刚结束了一段婚姻，所以我感受到的就是一种不适。但其实很多人的婚姻都是比较美好的，比如我有一个同学，她和她的老公结婚之后，现在好几年了，生活也是挺幸福的。

目前，我还没有想在唐山定居，暂时一边学一边工作，近期不打算找男朋友，以后遇到缘分再说，现在只想拥有属于自己的、独立的生活。

代代相传的母性力量，支撑我一路前行

梁　娉[*]

　　在一个家庭里面，如果有一个残障的孩子，或者是有一个有问题的孩子，那么母亲的付出可能是最多的，全心全意且不厌其烦。这种强烈的感受，尤其是当我也成为一个母亲后，变得更加明显，甚至有时候，我会觉得成为一个母亲，是在走一条没有尽头的道路，世代相传，生生不息。

一　悔恨交加的家人

　　当时应该是七八月，我跟着哥哥一起到外婆家过暑假。外婆就带我们去碾米，通过碾米机把谷子碾成米，之后作为我们的食物。碾米机当时在一条河边，旁边有一条全新的渡船。为了把船晒干，大人拿了两个旧的小长板凳架在那里。

　　我那时候才3岁，爬不上船，只能在船下面转。他们大一点的孩子，比如我哥哥，就爬到船的上面去玩，不停地蹦蹦跳跳。突然，船就莫名地倒下来了。因为有板凳在，所以倒下来的时候有一个凳子的侧面挡了一下，把我身体的一半压在了下面，庆幸没有整个压到我身上，不然我就不在这个世界上了。

　　因为这个事情是在外婆家发生的，所以她一直很愧疚，认为是自己没有带好我，才让我变成这样。其实我也没有怪她，但她一直到临走的时

---

　　*　梁娉，脊髓损伤患者，字画店老板。

候，都觉得这一辈子自己没有做好这件事情，非常不安。

我印象特别深刻：因为我的母亲还有一个姐姐，我们家我这一代的孩子有七八个，那个时候是一九九几年，外婆老了存了一些养老金，别人是每个人给了 500 块钱，剩余的所有的都是归我的，就是不管剩了几千块或者一万块，都是给我的。很早外婆就说好了：以后这些子孙，她会给他们每个人 500 块，其他存的再多的都是我的。她觉得她是有愧于我的，但其实在我心里，我并不这么觉得。因为这个事情也是意外，不能完全怪罪她，她肯定不愿意发生这样的状况。

当我站在外婆的角度去思考这件事，很明显地感受到"母亲"的角色真的不好当，而且母亲的责任，是不断延续的，上一代传递给下一代。毕竟，她是母亲，这件事情影响到了她孩子的孩子，其实也在影响她自己的孩子。

但是那个年代就是那样，医学也不发达，每个人对这方面的知识也不是很了解。如果事情发生的时间是现在，那么当时小船倒下来，只是压在了我的背部，并没有把我压到底下，只是把我的脊柱骨给撞断了。当然，这也需要有一些专业知识才行，因为现在去抢救一个人，就会特别注意后续的二次受伤，比如把一个人拉出来的时候，需要先平铺一个床板，尽量不去挪动伤者。

当时被压之后，我已经彻底晕了。我的妥妈（妈妈的姐姐）不知道二次伤害这个可能性，就惊慌失措地等大家翻船把我拖出来后，努力地想把我叫醒，就把我抱起来坐了一下。可是，这一坐，就把骨骼整个挪位了。

如果当时也是平铺着把我拉出来送到医院去，因为那时候我才 3 岁，可能躺一段时间就慢慢恢复了，可能恢复得就会很好。但是当时她不懂，把我抱着坐了一下，等于就是二次伤害，脊柱骨就挪位了。我们也不懂，回去后又在家里躺了一个礼拜，再到医院去的时候，神经就已经很难恢复了。

其实，当时大家都不懂，上医院也并不能像现在马上动手术、做支架、再次释放神经。那时候什么都没有，即使是骨头变形，也没有办法把它再拉回原位。现在就有很多种医学方法能把你扭正过来，或者怎么样，比如用支架等方法。所以，这个事情是那个年代造成的，不完全是家里人的失误，是各个方面的因素造成了我现在的状况。

当时，我们在南昌，那里的第一、第二医院都去看过，也做了手术，医生把我的脊柱骨切掉了一小块，释放了一点神经。但那已经是受伤后的一个礼拜了，骨骼已经定型了，神经元也已经伤得很厉害了，所以很难再恢复了。

因为延误了治疗，母亲也充满了愧疚感。当时医生告诉我妈，我这一辈子都要躺在床上了，如果能坐起来就是非常幸运的。讲完之后，我妈就开始情不自禁地哭泣，以此释放内心的难受与焦虑，因为她实在无法承受这个事实。

我的父亲没有完全相信医生说的那些话，虽然他自己是一点医学知识都不懂的人，但是他看了神经这方面的书。书里写着，神经随着年龄增长，可能会恢复一些，就是要进行康复锻炼，比如说经常按摩脚，或者是让我慢慢恢复腰部的力量，保证腰部的力量不再衰退。

当时我是 3 岁，人小，所以神经确实在慢慢恢复。后来到了五六岁的时候，因为我坐不起来，父亲就在家里的床上做了一个铁架，上面绑了两个手环，我拉着手环，就可以坐起来，等于可以把自己身体拉起来——靠手的力量。这种行为让我的腰部力量增强了，后来我居然真的可以坐起来，坐起来以后就慢慢地恢复了，也可以坐稳了。原来是坐都坐不住，后来是可以坐稳，再后来还可以下地，可以摸着东西摇摇摆摆地走一走。

当时妈妈是很开心的，觉得医生的话不能全信，因为我可以坐起来了，但医生当时说我坐都坐不了。我至少可以坐起来，还可以拄着拐杖这样走，她就觉得很欣慰了。将近 7 岁时，我就可以拄拐杖了，可以在外面摇摇摆摆地走。小学的时候，我也可以拄双拐走一走，但是学校离我家比较远，大部分时间是哥哥背着我去上学。所以童年时哥哥为我付出很多，这个家庭里面的人都对我付出很多。后来我一直是拄着双拐去上学，然后包括到大学都是拄着双拐。

现在这两年，就没怎么拄双拐走了，只是在家里稍微移动一下的时候会拄双拐。因为我那时候没有做支架，后来发现脊柱神经又随着年龄的增长变得畸形了。其实畸形应该早点去看医生的，但我是在将近 40 岁的时候才去看的，因为那一次是痛得太厉害了。

医生说，我应该在十多岁，青春期脊椎正在生长的时候再动一次手术，把脊柱给纠正回来，那样可能恢复得更好。但是那时因为母亲觉得我可以坐起来，已经打破了医生的预言了，已经是奇迹了，就没必要再看了。所以听到医生这样说，她又觉得后来没有带我再去看医生，心里更加内疚。

现在我的情况，就是脊柱又再次压迫神经了。那种神经痛的滋味，特别难受。如果腰部的神经突发炎症，或者坐久了，半夜都会痛醒。身体，一旦坏了以后，如果再想恢复，真是难于上青天。

医生建议我现在去动手术，但是我很犹豫。因为我现在的腰部有力量，大小便的知觉也恢复了，可以自我控制。但是一旦动手术，如果动得好，就不会压迫神经痛，毕竟现在差不多每个月都会痛几次，而且很厉害的；如果动得不好，可能大小便再次失禁，然后腰部力量可能又会全部失去。

母亲让我自己去选择，因为我现在也这么大了，他们年纪也大了，对外面信息的了解程度没有我多，所以他们现在不管我怎么选择，都会支持我。但是我自己很担忧，所以一直没有动手术，一直在拖着，拖到了现在，有 30 年了。

这也是我一个很大的顾虑，如果不动这个手术，我以后就会越来越痛，可能会痛得受不了；但是我动了，可能又面临一个回到最原始的情况，又要重新去面对所有的一切，一种新的生活方式。

二 在母亲的呵护下成长

我的母亲，一直努力地照顾我，为我付出了很多。因为我从小身体不好，经常生病，断断续续地读了三次一年级。第一年，我报了个名就生病了，当然就去不了了；第二年又是由于生病，一个学期也没上几节课。当时，第一次读一年级，还是母亲背着我到学校的。后来，我正式读一年级，已经比别人晚了很多，将近 9 岁了。再后来，就是哥哥背我继续上小学的。

除了背我去学校，母亲为我做得最多的事情，就是上药了，一直持续到我上大学的时候。因为截瘫后，我的下肢就完全没有感觉了，甚至有时候受伤了，自己也不知道。所以，母亲就承担了为我上药的责任，以及无微不至地照顾我。

在我的记忆中，小时候的脚就一直处于有伤的状态，有可能磨破皮，有可能被冻伤，有可能被烫伤。冬天的情况尤其严峻，因为那时候没有电热毯，天气十分寒冷，我的脚经常被冻伤。为了让我的脚暖和起来，母亲会准备一个热水袋，放在我的脚下。但是，我的脚并没有知觉，所以有时候被高温烫到起泡了，我也不知情。烫到起泡后，整年冬天都要持续上药，而且由于我好得慢，母亲必须每天都给我换药，怕脚发炎。

印象很深刻的是，有一年春天，我的脚又受伤了，家里的药也用得差不多了。因为那时候拿药需要上街，我们住的地方离街上很远，而且路不好走，没有正儿八经的水泥路，也没有公共交通工具，每家都是依靠一辆自行车出行，所以每次买药的时候，父母都会尽量多买一些存着，这样可以多用一段时间。当时本来药就不多了，我又不小心把装药的那个玻璃瓶子打碎了，就一点都没有了。因此母亲发了一次火，她觉得很烦，因为药本来就少，最后那一点还让我弄掉了。最后那一天没有换药，因为下肢没有知觉，所以也不知道痛，就觉得不上药就不上药。但妈妈当时气得眼泪都出来了，因为她知道今天如果不上药，明天伤口有可能就坏得更厉害。上药这件事，反而成了母亲身上的东西，让她一直战战兢兢，却与我无关。

那个时候我是没有办法理解的，反而是母亲把上药看得特别重要。因为如果我不上药，发炎的话可能引起发烧，我们去诊所又很远，就会很麻烦。每次生病，我就是躺在那里，接下来就是依靠家人照顾我，主要是我母亲带着我去看病，然后后面的所有事都是她去做。可能因为我 3 岁就受伤了，从小就是这么被母亲照顾着长大的，所以甚至觉得那些事情不是自己的事情，好像都是母亲的事情。

所以现在回想起来，觉得自己那个时候真的是很不懂事，而且上药真的是很烦人的一件事情：每天不停地在给我上药，要重复这些事情。我自己现在会注意很多，受伤就少了很多，但有时候受伤了也要一两个月才能好，自己都会觉得很烦。

后来就是我自己来弄，比如哪里受伤了，或者突然有新的伤口，我就自己来上药消炎，处理伤口。反正在这件事上对妈妈印象是很深的，就是我生活上所有的一切几乎都是她来照顾。我也觉得她挺累的，尤其自己做了母亲以后，为孩子操心很多事情的时候，回想起妈妈那个时候，才会觉得原来母亲在那个时候，其实是很没办法的，肯定特别心烦。

我这一生就是这样了，可能对母亲来说一直都是一个遗憾，对整个家庭来说也都是遗憾。不管是天生的还是后天的残障，一个家庭有一个这样的孩子，整个家庭可能都会觉得很遗憾的。

无论是在家里还是出门，对于我们这种后天残障的孩子，母亲的观念还是要过度保护。她就不太支持我到外面去接触其他事情，或者是引导我去做正常孩子做的那些事情，她尽量是不让我去做的，因为她怕我再受伤了，而且出行到外也不方便。

现在，我自己做了妈妈，才开始明白当孩子不听话，母亲强求孩子的感觉，无可奈何，也无计可施。原来小时候自己做这种事情，不听妈妈的话，凭着自己的想法去做，然后造成的后果都是母亲去承担，她其实真的是付出了很多。一个家庭里面，如果有一个像我们这样的孩子，就是有一个残障的孩子，或者一个有问题的孩子，那么母亲的付出可能是最多的。

三 爱的捆绑与别的偏见

其实，很多残障者会因为爱，被捆绑在家庭里面，包括我自己。家里人对我是特别照顾，其实有时候，有些事情我们（残障人士）是可以做到的。

现在我经常出去上一些课，接触了一些事、很多人，才发现原来很多事情我们是一样可以去做的。现在大家都在想办法改变这个障碍，因为生活也是可以改变的。我是有新的这种理念灌输进来才知道，原来父母的这种爱是一种捆绑，让你自己不敢去努力，或者是害怕去面对很多现实的东西。实际上，我们也是可以跟正常的那些孩子一样去面对所有的一切的。

从小到大包括现在，我也没有去做过饭，也不会做饭。但就做饭来说，其实我们也是可以做的，但是家人就会觉得这个事情你不方便做，你就不要去做了。比如我哥哥，他很小就开始做饭了，他就觉得到了年纪就应该会做饭，但他就觉得，我不应该去做饭。有时候爱是好的，但是有时候爱也有不好一面。

其实他们应该换一个角度想，我们跟他们应该是一样的。其实我们是能做饭的，如果厨具稍微为我们设计一点、改变一点，可能我们也可以照样去做所有的这些事情。但是家人就会觉得要照顾你，你就不要去做了，你做太麻烦了，我们做一下就可以了，你肯定要做两下。当然，这种想法皆出于爱，才会这么去考虑，但其实这也是一种阻碍。因为我们（残障人士）其实也可以正常地去做一些正常的事情。

在外面我经常碰到有人帮助我，尤其是出门的时候，比如我碰到了一个阶梯，有人过来帮忙，但他会说一句："你这么不方便就不要出来了，就让家人帮你买一下就可以了。"这个人可能是出于好心，但实际上这句话就会把一个人阻碍在家了，因为听着的残障者会变得很自卑，那么下次出门的时候他就会犹豫去不去，去了是否又被别人这样提醒，非常难受。

所以，现在有人跟我再说这个话，我就会说："你愿意帮我很好，但是你千万不要说这句话，你说了就会让人家再也不出门了。"当然，讲完之后，有些人会很奇怪地看着我。我就会继续解释，其实他们说这个话也是出于好意，也是出于爱心去说的，但是他们不知道，这种爱的后面有一种伤害，他不能理解一个残障人士的心情和痛苦。所以现在很多社会组织会站出来去呼吁一些事情，我觉得真的是挺好的。

青春期的时候也有体验过不被理解的这种感觉，比如说，像我们在初中、高中的时候，发现别人都在谈恋爱或者怎么样，我就觉得好像别人不会喜欢我们这样的，在这个方面就会很胆怯。

那时候我是拄拐杖，不坐轮椅的。别的女孩子都会去逛街挑衣服，穿得很漂亮。但我就会觉得，一个是逛街走不了那么远，再一个就是觉得衣服穿到我身上不好看，因为拄拐杖会把衣服全部顶在腋下，穿什么都不好看。反正看着别人的事，说说笑笑可以，但是轮到自己头上，就觉得这不太可能。家人也觉得我找男朋友是很难的一件事情。在青春期，对我来说，我根本就不怎么跟别人成帮成派地去玩，所以不存在"你怎么会跟着那个坏男孩一起玩"的情况，因为根本就没有那种成伙的同伴。

我自己也做妈妈了，现在我的两个女儿都 10 岁了，还在上小学，当然还没到这个年纪，我就会说，"你们去玩要注意坏人"。我有时候会看到别的大一点的女孩子在路上跟着男孩子一伙一伙地在那里玩，甚至有的小小年纪的，像初中生一样叼根烟，我就会觉得，自己女儿这样怎么办？

但是对我来说，我们家人对我从来就没有这种感觉，我自己也没有什么感觉，因为我不会跟别的伙伴成帮地去逛街、去看电影或者怎么样，这些跟我是没有关系的。因为人家不会跟我搭到一块去，我最多就是跟邻居或者同学看看电视，说说电视情节。后来到了大学，有些男孩子骑自行车出去玩，就会带我一起去，他们会觉得这样的举动是一种帮助。但是我妈从来不会觉得这些男孩子会对我怎么样，她觉得我们这种人不会有人喜欢，所以也不会有这方面的不安全。

作为一个女人来说，我觉得挺可悲的。在外貌上，我觉得自己长得还是可以的，但是真的谈男欢女爱的时候，就觉得自己没有底气，或者是不吸引人的，觉得不会被男生喜欢。

现在，残障人的婚恋是一个很大的问题。第一个原因是自身的问题，自身不够自信，不敢去面对这个事情；第二个就是考虑残障不方便的程度。因为，两个残障者的结合，可能彼此有一种平等感，但是大家谈到这点又会觉得我们不方便。我们要先考虑将来生活上的方便问题，再去考虑婚姻，因此就造成很多人一直是单身，包括我自己现在也是单身，我自己好多好朋友也是单身。

当然，也有很多胆大的残障者敢去跨出这一步的，比如说去追求正常的人结婚的，当然也有很多这种好的，不能说都是不好的，也有那种因为爱情真正得到幸福的，像电视里面或者是小说里面的事情也是有的，不能说不存在，真爱也是有的。但是也有很多成了以后又分开的例子，也有很多人一直是单身。

我们处在残障群体之中，就更了解残障人士婚恋这个难题。有人一直是单身，或者是在一起了又分手，毕竟有时候也遇不到特别匹配的人，或者有时候就不太敢往前走出那一步。比如说我在上大学的时候，也有男孩子经常会愿意跟我玩，我这人也还外向，但到底人家对我有没有这种想法，或者我对他有想法，但真的就不敢迈出这一步，连去证实一点东西都不敢，真的是不敢的。

我真的希望有一些社会组织能站出来，用健康的心理方法去疏导一些青春期的思想。我真希望有这么一个社会组织可以做这么一件事情，因为我们经历过的人就知道，如果在人生中有缺失爱的经历，其实也挺遗憾的，毕竟爱情是非常好的一种体验。不管有没有，它都是一种很好的体验。我觉得作为一个人，七情六欲这一块缺失了的话，也是人生挺大的一个缺失。即使你是残障，残障也应该拥有爱情，人生拥有一段爱情，才是比较完整的。

四　大胆地追求爱情

我 20 多岁的时候，到了谈婚论嫁的阶段，母亲并没有很急迫地让我嫁人，肯定她也是怕我受伤害，怕我会觉得她要把我嫁出去。所以一直拖到很晚，到了二十七八岁的时候，有人跟我妈妈说，给我介绍了两个农村的，家里条件很差，就希望入赘。人是很老实的那种，觉得是要给我找一个人生寄托的这种感觉。当时给我谈过两个这样的，但在我心里是很抵触的。

我们虽然是残障人士，其实内心还是很不服从于残障的。别人会觉得你既然残障了，就应该去接受自己不喜欢的这些，改变成那种固定的模式，也就是刻板印象：你现在不方便了，就要找一个人成为你的助手，做你的手和腿，为你处理生活琐事。

那我觉得，我找一个手脚方便却不喜欢的人，到底是在找丈夫、找人生的伴侣，还是在找一个佣人？所以，我是很抵触的，其实很多残障人也很抵触这样的方式。当然，也有很多残障人组成这样的家庭，选择一个手脚方便的人，组成一个家庭来照顾自己。但是我自己那时候是很抵触的，这两个人我都没有去接受。

到了 30 岁的时候，我觉得自己 30 岁还没有谈过一场恋爱，我不甘于这种平淡，当时我也说不清楚，只觉得我的人生也应该拥有一次爱情，不管对与错，或者结果怎么样，我要去尝试。所以，我就大胆地去追求了一份爱情，因为我喜欢那个男人，所以就很坦然地去追求他了。但是追求了以后，结果最后人家接受不了，就离开了。我们分手了，我自己留下了孩子。

我并没有非常恨他，因为他也在追求他的幸福，我不应该去干预。我去追求我的幸福，那是我的事情，如果我太强势的话，我觉得对人家来说也是不对的。所以他那时候要走，他说谈恋爱可以，但真正考虑婚姻，面临未来，他胆怯了，他退缩了。我也没有非常坚持，所以他就离开了。

但是我对这一次不后悔，我至少迈出了这一步，不像很多人就是一直没有迈出过这一步，我觉得那样更遗憾，当然现在我也会有一些遗憾，毕竟不是那么完美。他对我来说，不是真正执着于爱我的人，也是我人生的一种遗憾。但是我觉得也可以了，不能去要求太多完美，更何况很多健全人都追求不到那种完美，毕竟生活都不是想象得那么好，都差不多。所以对于残障人而言，婚恋就更难了。

但是，在处理第一个男朋友的事情中，我对母亲的处理方式一直是很不舒服的。虽然我没有与母亲坦白明了地说，但在心里是很不舒服的。

当时，我跟那个男的谈了一年多以后，将近两年的样子，我怀孕了。那时候我是隐瞒着父母的，因为我也不知道这个结果会是怎样。我当时跟那个男孩子谈的时候就说了，我也不知道未来会怎样，如果我们将来不会有最终的未来，我觉得也可以。我是这么想的，在我内心也是这么想的，就是说先谈一场恋爱再说，不去考虑那么多，先享受爱情。有了孩子就没有办法了，当时我是想去做掉孩子的，但是因为我们这种病史，医院也不是那么轻易就给做手术的，然后我的妹妹就知道了，就赶快去告诉了我妈。

我母亲知道了以后就很惊讶，因为我是一直没有告诉家人的。她当时对于我有了孩子是很高兴的，因为她已经准备，万一我真的不想嫁的话，就从我姐两个孩子里捡一个孩子来做我的孩子，她给我带，是给我的下半辈子找一个寄托。因此，当她听到我自己有孩子了，她就很高兴，坚决不让打掉这个孩子。她可能跟那个男的聊了，就说到这个事情，那个男的当时就是说，他觉得自己这个事情做错了，如果他去跟他父母说的话，他父母肯定是不会同意我们结婚的。

我父母那种处理方式，让我觉得很难受。因为我跟他之间谈恋爱谈了两年了，这不是我一个人的问题，这是我们两个人的事情。我母亲的意思就是，如果你不接受结婚的话，你只要把孩子留下就可以了，你去追求你的幸福，你走，我们不给你增加任何麻烦，也不给你增加负担。意思就是，反正孩子归我们就可以了，他任何责任都不用负就可以走了。这让我很不舒服：这个决定不应该是我父母去做，而应该是我去跟他商量的，而且我觉得这件事情是我跟他之间的事情，他如果要走，也不应该一点责任感都没有地就这么走了，这也不是一个做男人的担当，至少他要跟我有一个交代。

这个事情就是我父母替我做的决定，在我心里其实一直是不舒服的，可我不能指责我的母亲。因为确实是这个结果，可能最后也会是这么一个结果，但是这个过程肯定不应该是这样去做的。我心里是不舒服的，我就觉得自己没有受到尊重，在我自己的一件事情上面，我没有决定权。现在残障人士很多人都被爱包裹着，也被爱绑架着——这种也是绑架的一种形式——那些爱你的人可以去做你生命中的任何决定，这让我觉得很不舒服。

所以我后来变得做什么事情都自己去做，自己去独立，自己在经济或者各方面都尽量去独立。我觉得，只有你独立了，父母才没有权利去做你的任何决定。因为我那时候还是听父母的比较多，还有那种做女儿的感觉。我后来一直没有结婚，还是跟父母住在一起，包括现在我都觉得，就是有些时候父母会觉得你还是女儿。

当然，现在他们在很多事情上都会尊重我的意见，或者问一问我再来决定一件事情。但是我的爱情，就是父母做了一个决定。其实我觉得他们应该算是做错了，等于我被动地接受了这样的一个结果，所以在我心里一直是觉得很难受的。当然他那么走，当时我也同意了，但是我觉得父母不应该很快地去做这个判断，然后他们以这个判断去做了这个决定，最后让我觉得很不舒服。

后来，我跟心理医生说，我自己一直觉得我没有做一点努力去挽留这个人，然后这个结果也是让我觉得有点遗憾的，非常茫然。母亲给我做了一个这样的决定，我虽然很不舒服，但还是顺从于她这个决定去做了。现在我回想起来，如果在现在的情况下，也许我会去挽留他一下，当然不是强制性地挽留他，也许我可以争取，但是那个时候就是没有人去给我一些建议。

在我的心中，我一直觉得这是一个遗憾。但是换一个角度来说，这又是妈妈出于爱我而做出的决定。她就觉得这个孩子一定要留下，不要去做掉。她就是盯着这一块了，觉得其他都不重要了，她觉得孩子留下来了，就是我的后半生。

五　艰难的怀孕历程

他走的时候，我已经怀孕七个月了，肚子就已经很大了，还有一两个月就要生了。当时父母知道这件事时，我怀孕大概三个月都不到，他走这件事情折腾得也有几个月，感觉一会儿就到七个月了。

我觉得，他既然要走，肯定是决定不在一起了，我说，"你不要看孩子了，不要看着孩子出生了"。那时候我自己也说不清楚为什么，就觉得"你就这么没有任何的解释，也没有任何的争取，就决定要走，很肯定地要走。你将来就不是我的任何一部分了，你也不要是孩子的任何一部分了"。当时心里觉得，"你要走你就走，你就不要跟我有任何关系了"。那时候还是很年轻，换到现在可能就会去分析这些事情，我们将来会怎样，至少会去面对很多东西、去做很多事情，然后再去做这个决定。

他走了以后，我也什么都不想去想。孩子出生以后，自己变成了一个母亲。在孩子没有出生以前，家人，还有一些亲戚来看我，最常说的是"有了这个孩子就好了，将来老了就有人照顾你了"。可是，我的孩子还没有出生，他们怎么就知道我是孩子的负担呢？

其实很多残障人士，包括我，也对自己说过这句话，我的人生还有一个目标，那就是不要变成孩子的负担。真的，所有的妈妈都不愿意自己是孩子的一个负担，不想去连累自己的孩子。

现在很多正常人，好多妈妈都会这么想：如果我老了，都动不得了，变成别人的麻烦和负担了，干脆去死了。其实我们残障人也是有同样的心理的，孩子还没有出生，大家就一直在说这个话，其实让我心里感到很难受。

也许，我给不了女儿们太多的、像别人那么富有的生活，或者其他母亲能给的非常优越的生活，但是我觉得我至少要很努力地去做到：将来老了不是她们的一个负担。所以，我们残障朋友坐在一起聊的时候就说，老了我们是不是大家一起找一个养老院去养老，将来大家一起互相帮助地生活。这是残障人之间，作为母亲，作为一个有后代的那种残障人在一起聊的天，聊的话题会经常说到这个内容。

到孩子出生了以后，我自己慢慢体会到，我两个女儿的出生，我母亲的付出肯定是最多的。因为我那时候是剖腹产，在床上躺了一个多月，我妈妈要照顾我，还要照顾孩子，她是很累的，那段时间她的肩周炎就发作了，因为要经常抱孩子，又要哄孩子睡觉。坐月子期间我没有带过孩子，全在睡觉，全是我妈妈带的，我就是自己睡，管管自己。那时候还有一个妹妹跟我在一起，妹妹也来照顾我。母亲又要帮我带孩子，又要做饭，还要做其他事情，母亲付出的是最多的。现在自己做妈妈了，觉得做妈妈真的是很不容易的事情，不管是身体上还是精神上。

现在，我自己做了妈妈，才会知道做妈妈的不容易。如果女儿生病了，比如前几天大女儿晚上发烧了，半夜她说，"我好渴，我头好痛"。我赶快去给她量体温，又给她去倒水，就是我再不方便，我还是要坐着轮椅去做这些事的。

如果在原来的话，我觉得我母亲生病了，我就肯定不会想着去倒一杯水，或者拿药给她吃，那些妈妈自己会全部做好。但是我女儿生病了，我就觉得，不要再去叫妈妈起来了，因为妈妈年纪也大了，我应该去做一件母亲该做的事情，这是最基本最应该做的。但是这个事情我是自己变成了母亲以后才知道的，母亲原来做了很多看似很微不足道的事情，我自己都觉得很不应该让母亲做这些事情。从小到大，可能我都没有去记得太多的事情，但是现在自己去做这个事情，才会回想起，才会体会到，原来母亲为我们做了很多这样的事情。

　　我原来晚上经常发烧，母亲带着我去急救，守在我旁边，给我擦身体，喂我吃药，给我打吊水，在医院一待就是一个晚上，这样的事情是经常有的。我自己做了母亲才会觉得，原来女儿半夜生病了，我就是要起来端水或者怎么样，我就会觉得半夜也必须得起来，因为这是女儿，你是妈妈，你就是要去做这些事情的。我就会觉得，原来我自己做女儿的时候，妈妈为我们付出了太多太多，真的付出太多了。

　　刚发现怀孕的时候，已经是两个多月了，我不想要孩子，就准备去医院堕胎。但我妹妹知道了，就赶快去告诉我母亲，那拖拖拉拉就是两个多月、快三个月的样子了。现在回想起来，我自己内心还是蛮喜欢孩子的，虽然当时决定不要，但是一直有不舍的感觉。

　　不想要小孩，肯定也是两个人还没有完全去接受。一直还是觉得在谈恋爱的，不是说想去结婚的，没有想过去结婚的那种，当时我自己都是这么觉得。去结婚，我会不自信地觉得自己会成为别人的负担。但是我自己现在其实什么事情都是能做的，现在我自己也能找工作，也能去做生活上的一些事情，我自己开了个店，店里的打扫卫生或者其他什么事，我其实都是可以做的。或者是说工作上面，其实我们有时候也做得很优秀，也不比一个健全的人做得差，所以我们应该很自信、坦然、平等地去争取任何事情。

　　那一段感情，确实是自己不够自信。而且当时自己的性格很偏，觉得对方不接受我就需要离开，甚至有些话也说得很过分，有些话又没有说出口，这也是年轻的一部分。一个人成不成熟，不在年龄大小，而在我们经历过多少。

　　现在经历了这么多事情以后，回想起这个事情，才会觉得自己那时候做的事情太不成熟了。其实按年龄来说我那时已经30岁了，很多人在这个年纪已经做了几个孩子的妈妈了，做事情肯定是很成熟了，或者对这个事情可能会处理得很委婉。但是我那个时候就还像那种20多岁的小女生一样，也不会处理第一份感情。

　　包括我的母亲，她也是不会处理这个事情。因为她也没有经历过，她一直把我们作为特殊的人群去对待。现在我也不知道她是什么想法，对这件事情有没有觉得自己做错了或者怎么样。但是我也不想去说这个话，再去伤害母亲了，只是我自己内心有这种感觉，觉得这个事情她没有处理好。但是人生肯定不会再经历一场同样的事情了。如果再遇上这个事情，我就不会让母亲去做这个决定，或者自己就会先把一些事情处理好，不会全部撒手，抛给母亲去做这个决定。产生这个结果，只能说我自己那时候太年轻，太不会处理事情，太不懂事。

有了小孩之后，我的人生开始自己做决定了，思想慢慢地变了很多。没有孩子之前，自己还是个女儿，很多事情就是不用去考虑、去做的，甚至就是说，对未来也是想得很简单的。比如说我赚的钱，以前就是想着自己怎么去花，不会想着存留一点或者怎样，就会想去花掉、去看、去买。现在做了母亲以后，就发现其实不应是这样的，你后面还有两个人，你要为她们着想，你的钱在她们身上花得会更多。一个月要两三千块钱，你在她们身上花得肯定比在你自己身上花得要多很多的。做了妈妈后，想法上完全不一样了，很微妙，真的，有时候做妈妈真的是很微妙，做很多事情也成熟了。

经历了这么一场事情，也觉得自己成熟了很多。之前的很多人生决定，比如说工作或者是大学的专业，我妈妈、爸爸两个人帮我决定的会更多。像我那时候学美术也是受爸爸影响很大，因为我爸爸也是画画的，他对我的影响很大，所以我也选择了美术专业这一块。这似乎是没有什么可选择的样子：我父亲是画画的，我肯定也是喜欢画画，或者是走这条路，我也知道怎么走。父亲帮我选择也很好，选择这方面的朋友也特别多，所以很自然的，我就选择了走这一条路。

我怀孕生了孩子以后，其实人生也是有一个很大的变化的。因为怀孕，工作也几乎是退掉了。我们这种截瘫群体的人，其实医生是不建议我们去生小孩的，因为我们的脊柱是承受不了这个孩子的。后来我的脊柱变形得更厉害了，也是跟怀孕有关系的。

当时，像别的孕妇，如果是剖腹产的话，她们打麻药打是的局部麻药，把孩子给剖出来就可以了；那我们就不能打那种麻药，因为那种麻药是打在脊柱上面的。虽然我们也会打麻药，但是打麻药的方式不一样，人家打麻药是打在脊柱的上面，麻痹整个这一段，然后把孩子取出；我当时打麻药，然后就整个人全部麻痹，就是"全麻"的那种，因为医生不敢在我们的脊柱上打麻药。

当时我本来是想到县城的医院去做剖腹产的，但是县城的医院都不敢接受我，所以我就直接到省级的妇幼医院，在南昌省级妇幼医院做的剖腹产。所以像我们生孩子的话，是有很大风险的，可能生孩子的时候会造成二次截瘫，也是有这种病例史的。所以我当时也是很紧张的，这孩子来到这个世界上，我也是很勇敢的，觉得要承担很大的风险。

当时，我也就不想那么多了，就是想着把孩子生下来，所以这个结果不管是什么，我都决定去面对。就不像我现在，我要再次去面对纠正手术这个东西，要犹豫这么多，我这么多年都不敢去做这个决定。当时生小孩就没有想这么多，就是想要把孩子生下来，再次截瘫也是没有办法的，那都是后期的事情，做妈妈才是最重要的，只能是这样的。很奇怪，像我现在面对再次截瘫或者动手术或者怎么样，我犹豫了好几年，痛了好几年，我都还不敢去做这个决定。

在我怀孕的时候，其实医生也是建议我把孩子打掉的，因为我的身体是不适合去怀孕的，很危险的，包括生产，因为生孩子剖腹产我可能会缺氧，就各方面来说，人家都觉得我是不适合生孩子的。而当时我要做妈妈的时候，就没有想那么多了，包括我妈妈也是，就没想那么多，都觉得先生了孩子再说。当然生命危险是很小的，但是身体受伤害的程度会更大一些，包括我怀孕时，脊柱侧弯压迫神经更厉害了。

怀孕肯定是会对身体造成很大伤害的，因为那时候，我坐不了，脊柱也承受不了孩子，孩子也挺重的。但是那个时候就不会想那么多，截不截瘫或者后边结果怎么样都不管，就想先保住孩子再说，因为两个小生命在肚子里面。那个时候什么都不想，一天到晚睡觉，坐都坐不起来，非常难受。但是也没有想过那么多，就考虑要先把孩子生了再说。做母亲的力量，有时候真的蛮伟大的。

六　开启新事业

孩子出生以后，我不管是事业上或者其他方面上，那个时候算是到了一个低谷。就是说伴侣也走了，孩子也出生了，工作也没有了，然后只能在家里了。当时我在家里待了几年，待了三年多四年不到。我就觉得自己的存款也没有了，不可能总去伸手问父母要，但是再去做老师也做不了了，因为怀孕以后脊柱侧弯得很厉害，站不住了。

因为自己会画画，于是我就决定开一个字画店，就在我们八大山人纪念馆这里开了一个。那时候也没有想那么多，也从来没有开过店。我当时还有一万多块钱，又在家里拿了一点，就这样懵懵懂懂地开了一间小店，花了个两万多块钱。因为它不要装修，也不要什么其他东西，店面很小。那两年的话，经营得还好，游客也挺多的，还可以自己一个人去做所有的事情。

在没有生孩子之前，在没有做母亲之前，如果我开店的话，觉得所有的事情，都应该是母亲要帮忙的。不管说是布置店面，还是说是打扫卫生，抹抹擦擦，我就觉得应该是母亲做的事。

在我自己做了妈妈之后，开这个店，好像在内心里，我就觉得一切的这些事情都应该我自己去做。也不知道是为什么，我现在也不知道。可能就觉得我不再是女儿了，我做什么事情都应该自己去做了。也有可能是因为我妈妈为我做这个决定，让我觉得没有自尊。

当时我觉得我自己要强大起来，就是觉得我得成长了，我已经是一个成年人了，我应该自己独立了，那么所有的事情都应该自己去做了。然后这个店真的是所有的事情都是我自己去做的，包括去买里面的设备，或者是怎么布置，或者做什么事情之类的。我没有叫父母来插手任何一点点事情，都是我自己去做、去决定的，或者在外面去找人来做，或者找朋友来布置。我妈妈也没问，因为她也没有开过店。所以我开店，我去做所有的这些决定和所有的事情，他们也没有插手。店开张了以后，我每天去店里，或者回来，或者所有的事情都是我一个人去做的。

自从开了店以后，我的朋友圈跟生活范围就跟之前相比大了很多，变得很不一样了，也接触了很多人，也去参加了一些画展，也去了很多地方。原来我是很排斥去跟残障者做朋友的，虽然我自己也是残障人，但是我内心并不接受残障，因此我的残障朋友不多。现在我也有了很多残障朋友。我觉得其实残障人都有一个通病，就是不愿意跟残障人在一起，因为就会觉得从他那里看到了自己，但如果不看到他的话，另外一个残障人就会觉得看不到自己。我反正原来是不爱去照全身镜子的，但现在我会照，现在我坐轮椅，我会去照。我穿什么衣服，我会去照镜子。原来我拄拐杖，我从来不去照全身镜子的，因为自己摇摇摆摆的，走路姿势什么的我都不知道的，我不看的。

很多残障人其实跟我是一样的想法，不去接受残障人做自己的朋友，其实很多人是这样想的。但是现在不一样了，整个残障朋友之间的气氛也不一样了，可能跟我们国家的发展也有关系，就是残障人思想上也变化了：残障人互相之间应该要经常去沟通、去了解，从别人身上看到自己，然后去改变。

我自己开了店以后，就有很多残障朋友来店里，或者我自己也会跟一些残障朋友一起去玩，或者是参加他们的活动。后来，我组织成立了一个南昌市残疾人文联，就是这个东西让我迈出了很大一步，接触了很多人、很多事，去参加了很多残障人的画展，甚至我还出了几次国，这跟我的专业相关。我走出了国门，也接触了与残障相关的事情，自己的眼界各方面也开阔了，思想上也变化了很多。

做了母亲以后，我才去改变这一切的。现在希望自己做得更好一点，也希望为女儿们再做一些，包括经济上也是。毕竟我的店经济效益不是很好，因为那是一个旅游景点，但是现在那一条主路在修地铁，造成那里的生意全都不好，就影响了收入。现在大家几乎都是在保住店面，虽然也许店面都保不住，但是大家都在等地铁修好。所以这一两年我还得想办法做点别的事情，或者是在外面接一点小课去上，或者是接一点活动去做，或者是打一点零工，或者是卖点小东西，就是想办法再多赚一点钱，也是因为钱不够用。

现在女儿们也这么大了，读五年级了，她们穿衣服或者其他方面钱都是不够的。但是我就觉得不能再去用妈妈的钱，因为他们也老了，我也不能总去拿他们的钱，我自己应该去赚钱。

有时候我的钱不够，会借用朋友的资金，但是没有向妈妈开口，就是怕妈妈会紧张，会觉得我钱不够用，我很怕妈妈担心我。我妈妈问过好几次这方面的问题，我就说够了。其实现在经济上还是蛮困难的，因为生意不太好，也没有办法逼着自己去做很多零散的事情，再增加一些小的收入。

我也会跟一些没有孩子的残障朋友聊工作，因为我们都很难找工作。现在人家会觉得：我想请一个人做两个人的事情，但是你（残障人士）肯定一份事情都做不了。从他们（招聘方）的角度去想，有时候我们也要理解他们一点，但是也有一些歧视，因为有些工作其实我们（残障人士）是可以做得了的，但是他们会觉得：我请你会不会增加负担？或者请你会不会增加危险？我不想增加这个麻烦，我不想增加对我未来的一些顾虑，所以我干脆不接受你。

我即使专业学得很好，画画很厉害，但是有些时候，我去一些地方应聘，人家一开始也是不愿意接受的，这是没办法的。这个需要很多社会组织、很多人慢慢去呼吁，去改变人们的一些思想，改变很多老板的思想，让他们去接受。需要慢慢来，也没有办法。

七 学习成为一个单亲妈妈

有了女儿之后，除了经济上的这些困难，还遇到了其他一些困难的事情，可能就是开家长会。小孩开家长会，我从来没去过，一个是因为家长会都开在楼上，有几个阶梯我是上不去的，另一个是因为我还是有一点顾虑的，就是怕我带着孩子去开家长会，别的小孩会笑话她们。

但是其实我女儿没有这种感觉。我经常带她（大女儿）去散步，碰到她的同学。从她懵懵懂懂的时候开始，就有些小孩子会说，"你妈妈的椅子好奇怪，还会有个轮子"。我女儿会说，这个是轮椅或什么。可能她从小跟我长大，她就没有这种感觉。作为一个妈妈，在我的内心还是有点顾虑这个东西的，所以从她一年级到五年级，我没有去开过一次家长会。这一点对孩子来说是一个缺失，我也觉得自己做母亲做得不够好。

女儿小的时候，一二年级的时候，说过一些话，当然现在没有说了，就是说"妈妈你坐轮椅，你都没有人家的妈妈漂亮"。我当然也不会生气，因为她还是小孩子。但是就会觉得，妈妈对孩子还是有一些影响的，尤其是残障人做妈妈，做不了那么好，经济上也没有那么好，别的小孩肯定会比她过得更富有一点，但我做不了那么好。有时候她开口说想要什么东西的时候，我会觉得这个东西太浪费了，不舍得去满足她。可能别的小孩就会被满足，而我们可能就满足不了那么多。

还有一个就是去旅游，现在家长都是带着孩子去旅游，到哪儿都要带着孩子，但我就没有。比如我们出去几次，当然也是跟公司有关系的，但是说实话，也是跟残障朋友一起去的。比如说"生命之歌"的那种旅游，或者就是残联组织的旅游，我们不可能带孩子去的，因为我们自己都觉得不方便，如果带孩子去，在路上碰到危险或者碰到什么事情，我怕解决不了，怕孩子不安全，所以没有带孩子单独去旅行过。这一块，她也会说，哪个妈妈又带着她哪个朋友去哪里玩了，但是我没有带她出去玩过，这个也是一个困难。

残障人做妈妈，在旅游这一块确实也是一个遗憾。其实我一个好朋友也是这么说，她也是截瘫，她说："我好想带我儿子来南昌玩一次，或者是出去旅行一次。"她儿子也说："妈妈你老是去哪里玩，都不带我去！"但是我们不带孩子的原因主要还是怕他们跟着我们不安全。比如我们残障人一起去玩，轮友一起去玩的时候，我们经常不坐公交车，因为有很多地方可能只有一段一两里的路，那我们就划过去了，如果带着孩子那就不太可能了，这一块也是很遗憾的。孩子经常跟着舅舅也跟着我妈妈去散步，我也会带她们去散步，散步倒是会散步，就是出去旅行的话，我没有单独带她们去旅行过，她们都是跟她舅舅去，跟着我父母去。这一块我满足不了孩子，就觉得挺亏欠孩子的。

我女儿现在也快青春期了，已经10岁了，还有两年，现在还不太懂事，因为10岁还不太懂。刚刚她（大女儿）就打两个电话来问我，平时差不多也是"妈妈、妈妈"地围着我转，我每天还给她梳小辫。做了妈妈也是蛮开心的，会觉得有一个寄托，但也会觉得自己好像欠孩子一些，没有像别人那样可以给孩子那么多，好像自己做母亲做得还是不够好，总觉得欠孩子一些，不能说是欠一些，而是欠缺很多。不像别的母亲，特别有些周边的朋友，那种母爱特别浓的，那种爱我觉得我真的是做不到。比如说变着花样给小孩子弄好吃的，或者带着孩子去哪里玩的。老实说我会觉得有点惭愧，是不是做妈妈做得不够好，就是这种感觉，但这个也是比不来的。

虽然现在自己是妈妈了，但是我自己的妈妈还是要为我付出很多，她还要帮我带孩子，就像我女儿还是喜欢经常跟着外婆去散步或怎么样，还是依赖我妈妈蛮多的。我觉得自己还要努力，努力还不够，不管是哪方面，只能这么说。但是和那些没有孩子也没有寄托的残障人相比，其实他们也会有遗憾，他们也会觉得人生缺一点目标吧。有了孩子就会更努力一些，就觉得自己需要去努力更多，所以做了妈妈才懂这个的。你不可能再那么自由了，原来自己做女儿的时候，真的是觉得不用想什么东西，都是妈妈想好，然后现在自己做了妈妈才知道很多事情你要去帮女儿想好。

母爱，不管是不是残障，爱孩子的心都是一样的。

八 缺席的父亲

和女儿们之间很刻骨铭心的故事倒没有什么，都是很自然地这样过来的。小时候两个孩子都是坐在我的轮椅上，坐在我脚上划，在一起走，一起玩，没有什么好深刻的。可能我心里最顾虑的就是她们没有见过她们的爸爸，她们也不知道爸爸是谁。在两三岁上幼儿园的时候，她们懵懵懂懂，就会问："妈妈，你怎么没有穿过婚纱，没有婚纱照？"

从她们长大开始叫爸爸，无形中就把"爸爸"这个名词放在了我哥哥身上，就管我哥哥叫爸爸。她们懵懵懂懂的，从幼儿园就开始"妈妈的哥哥是舅舅"这样念，她们就会觉得很奇怪："舅舅为什么是爸爸？""哎？那你的哥哥是你老公吗？"说这种话我都很尴尬，怎么给她们解释？没有办法，那时候就胡言了事了，就说："叫老舅爸爸，他是老舅，也是爸爸。"就这样糊里糊涂地过去了。

但是这两年已经很肯定了，不能再糊涂过去了。年前我就跟她们直说了，让她们知道家里缺了一个人，就说老舅不是爸爸，这点肯定还是要分清楚的。她们就说，"我们的爸爸是谁"，然后我就说，"其实是有一个人存在的，但因为我跟他感情不好，然后他就走了，他成立了自己的家庭，有了自己的宝宝，他就去带他的宝宝了，所以你们是妈妈的宝宝"。

孩子从幼儿园开始懵懵懂懂问的问题在我心里一直是一个很大的结，一个很大的顾虑。原来一直是懵懵懂懂地骗她们，现在也就是年前，没有跟她们坦明这件事情以前，我心里是很忐忑的，因为孩子们从来不知道这个人的存在，如果她们突然知道这个人的存在会是怎样的一个结果？她们会不会一定要去找这个人？要见这个人？或者是有什么想法或者怎么样。我自己想了很多乱糟糟的事情，这是我一个很大的顾虑。

上次我跟心理医生聊了一下，心理医生跟我讲，应该是我努力去面对这个事实，而不应该是我的孩子去面对，把该跟她们说的话说出来，也许后果不会是我想得那么糟糕。后来我跟孩子讲的时候，当时是找了一个散步的气氛，想跟她（大女儿）比较平淡地说一下，然后就跟她说了。还有为什么我觉得这个事情不能再拖了，因为她期末考试的时候写了个作文，作文题目是"你有什么愿望"，然后她说她的愿望是有一个又可爱又帅气的爸爸，然后她写她的愿望是她的爸爸长得是什么样子的。我就觉得这个事情我不能再瞒了，如果再瞒她就会更想象了，所以就找了一个很平静的气氛跟她说了。

我说："你的作文妈妈看了，我知道了，但是妈妈让你很失望的，就是你爸不帅气。"我就说："他长得不帅，甚至有点小丑。""怎么办呢？"我说，"你的愿望不能实现了。"

但是她也没有太惊讶，她说："是吗？我可以看他的照片吗？"

我说："我可以找一张他的照片给你看，我回家给你找。"

她就说："他为什么不跟我们在一起？"

我就跟她讲："因为他觉得妈妈不能给他幸福，他有他自己的幸福，他就去追求他的幸福去了。"

她说："那为什么扔下我？"

我说："因为妈妈身体不方便，他可能不能完全接受。现在他有他的新的家庭，有他的孩子了，他要去照顾家庭。"

我女儿就说，她觉得他是一个坏人。她还说："我不喜欢他。"

我说："你不能这么说哦。"因为我不希望孩子心里有恨。

我说："你不能说他是坏人，他只是不能接受妈妈，这也是很正常的。

因为他想追求他自己另外的幸福。"

因为我当时告诉她，爸爸是不能接受妈妈的残疾，其实我不应该这样去表述的。她会觉得爸爸不接受妈妈这个情况，但是我又不希望她觉得他是个坏人，于是我就跟她很轻淡地去聊这个事情。

然后真的也不是我想象得那么可怕，她只是很简单地去了解了一些事实，她说她想看一下他的照片，问了他是哪里人，叫什么名字。然后我就很真实地告诉她了。她之后也没有问太多。

我说："以后你想问什么就问妈妈，妈妈就告诉你，你现在不知道问什么，那就以后想问的时候再告诉你。"

可能这个是最好的一个结果，没有让她觉得受到伤害。可能这个事情真的是不应该拖得这么久，如果我拖得越久，她想法就会越多，积累起来去问这个问题，或者扭曲了她的想法的话，我觉得对她的伤害会更大。

所以这一次过年前把这个事情解决了，我觉得是好开心的一件事情。原来这件事情没有我想得那么复杂，我原来想了很多，甚至想我是不是要找一个好朋友来假扮她的爸爸？怎么去把他演好一点？怎么在我的控制范围之内让这个事情发展下去？我很忐忑的。如果说出来了，她真的要求见这个人，我是不是要跟那个人说？或者怎么样跟他商量？万一他拒绝我，我要怎么办？我自己想了很多乱糟糟的事情，实际上根本不是那样。我女儿就是很简单地说："以后可以见到他吗？"我说："可以。"我说："以后你大一点，如果你真的很想见他，可以考虑让我去联系他。但是要在他时间方便，或者我们有时间的时候去。"她也很平淡地说："是哦。"

他叫什么名字或者怎么样，我很坦然地告诉她了。这一切就是很平淡的，我觉得应该是这样的，其实真的就是这样的。

我想，我们大人的思想太复杂了，结果把孩子想得那么复杂，其实孩子的想法是很简单的，她就是想知道：这个人是谁？他长得怎么样？他长得是不是很帅？是不是像什么？你们俩为什么不在一起了？

没想到后来我跟她讲这个事情，很平淡地去讲，效果挺好。

女儿一开始想他长得很帅的，后来她就要求看一下他的照片，我就找了一张不怎么样，反正有点丑的照片给她看了。她看了，就说："是有点丑。"我是希望她看一张丑照片，所以故意找了一张丑的照片。其实如果平时在正常生活中的话，他本身还是比那张照片好看很多的。但是我找了一张好丑的照片给她看，让她不要想见他。

这两天有的时候她还会又问我一下："他现在在哪里？"我说我现在不知道，她就算了。等她想知道什么的时候，她来问我，我就告诉她一点。我觉得这样她就不会把这些东西，像一个人背沙包一样的，一担一担地，全部累积在那里，那就很累了，一点一点告诉她，可能她就不会觉得这些东西像一个炸弹一样地炸开了。

这个是我最欣慰的一件事情，因为从她会说话开始，这就是我的一块心病。但是现在不是我想得那么恐怖的结果，作为一个特殊的母亲，特殊的家庭，这个对我算是比较重大的一件事情。

九　与女儿们相处

跟女儿（大女儿）之间有那么一件事，她三年级的时候，也就是 8 岁的时候，这里有个社会组织说，让小朋友到那里去玩，说是四点半活动结束，就是四点半我去接孩子。当时我就四点半去的，哪知道那个活动提前结束了。

活动是在一个小区里举办的，那个地方离我的店还有一段路，要过一条马路，大部分的参加者是本小区的小朋友，我女儿是另外加进去的。小孩子还在那里玩的时候，活动就提前结束了，本小区的那些小朋友就各回各家了，就只剩下我女儿一个人了，她就不知道怎么办了，就一个人走了。其实她没有去过那个小区，虽然她也知道回家的路，但那也是很长的一段路，她又从来没有一个人走过，当时还下雨了。

当我去的时候，小孩子不见了，我问主办活动的人，他说："我不知道，说一句散场后小朋友就全跑了。"他说不知道她到哪里去了，我急得不得了了，我就到处找她。我当时就过马路，过马路的时候我没看到她。那个小区离店里还有一段路，有一里多路，我跑到店里的时候，旁边店里的人就说："我看到你女儿好像来了，不过她看了一眼你的店里没有人就走了。"

我又赶快追出去找，正好过马路的时候看见她在马路的对面，当时我看到了她，我那个心情真的是好紧张的，从来没有那么紧张过。

女儿也很紧张，可能是因为她从来没有一个人这样做过，她也是很慌的，不知道怎么办，就去店里找妈妈，但是又找不到，她就想自己一个人走回家，她就朝回家的路上走。

我在马路的对面看到她了，我叫了她一声，当时十字路口虽然是绿灯，但是车还是挺乱的。我们这里有好多电动车，不管红绿灯的。然后她就要往这边跑，那时候我好紧张，我都不管那么多了，就赶快划轮椅冲过去了，很害怕她冲过来。那时候我用很大的声音叫她："不要跑！就站在路边！"那是印象比较深刻的一件事情。孩子从来没有离开过自己的视线，如果孩子真的有什么事，我真的会受不了，真的好怕找不到她。

当时觉得好紧张，不知道孩子到哪儿去了。我女儿看到我第一眼也是好紧张，妈妈突然出现了，她肯定开始也是很紧张的，因为没有人来接她。当时那架势，看到她以后，孩子到了身边以后，我第一反应就是告诉她，"你不能乱跑了，你应该在那里等妈妈"等，真的跟小时候妈妈对我们的反应是一模一样的，真的是一样的。

我两个女儿是双胞胎，小的跟我哥哥、嫂子跟得比较多，老大就跟着我比较多，她们两个不经常在一起玩，两个人性格也不一样，两个人到一起经常打架。那次去小区玩，为什么我说就看到一个女儿呢，因为当时小女儿在家里不去，老大就说要跟着去，所以老大去了，老小没去。幸好是一个，要是两个一起找不到我就会更紧张了。

她俩性格特别不一样，表现在问爸爸这方面的问题也是不一样的。小的就不问，就大的问，然后大的就说："为什么不跟妹妹说？"我说妹妹不想知道，就不要告诉她这个。妹妹从来没问过这个事情，我也在等，等着妹妹问，然而妹妹就真的不问。她从小就没有去问过爸爸，就是管我哥哥叫爸爸，她现在也是管我哥哥叫爸爸，"老舅就是爸爸"。老大也会叫老舅爸爸，一直就是叫爸爸。小的现在还没问，我还在等着她问。但是我觉得小的她不会有太多想法，没有大的想得多，大的她早就一直在问这个问题，顾虑很多。但是小的从来不问，小的她也知道我哥哥是老舅，但是她就是叫爸爸，她也不问那个爸爸。其实这么一说，我觉得小的会不会也想法很多，但是小的平时感觉是，她不想去知道那个人，好像那个人就是不存在或者怎么样，她没有一点反应表现出来。

但是两个女儿之间肯定会去讨论，会去说一点。大的是顾虑最多的，问得最多的，也是知道事实的，如果小的想得也很多，那大的跟小的去沟通一下就不会有问题了。这个问题很自然地就会解决了。

小的顽皮的时候也特别顽皮，大的就是比较爱说、爱唠叨，她们俩经常打架。小的不爱跟着我，小的就跟着我哥、我嫂子，大的就老爱跟着我。睡觉的时候，小的差不多都跑到我哥那边去睡，她就不跟我睡，大的就要赖到我这里睡。我买了一个高低床，大的就睡上面，我就跟小的睡在下面。不过小的嫌我的床太小了，就又跑到舅舅那里去了。两个孩子也挺开心的，挺幸福的，我觉得有她们很幸福。

从小我就没有让她们觉得我特别不方便，特别可怜。她们两个人，是很自然地长大的。比如说我进家门，那有一个小坡，原来她们俩推不动，就是等着，不会想着去帮我一把。这两年，就是到小学二三年级的样子，她们开始知道帮忙了，比如我上坡的时候，上得比较吃力，她们马上就会去推。

她们很自然地也会说一些话。原来一二年级的时候，我会去小学门口接她们，这两年不接了，接她们的时候大女儿就会说："同学都在说你的妈妈是坐轮椅的。"我说："那你觉得呢？会不会觉得人家在笑你？"她说："没有，我同学只说妈妈是坐轮椅的，好奇怪而已。"

现在不像我们小时候，原来社会气氛不好，有人会叫一些"拐子""瘸子"这种歧视的话，现在没有了，比如小孩妈妈牵着小孩从我身边经过，小孩会觉得好奇怪："她的椅子有两个轮子。"妈妈就会马上说："不能说，说了人家会不高兴，这不礼貌。"现在大人就很注意给孩子灌输这些礼貌问题，所以小孩子没有感觉特别怎么的。我的两个女儿在这一块还是蛮健康的，没有觉得"妈妈是残疾人，别人会笑话"，没有这种感觉，从来没有。

开家长会的事，我不能去她们会失望，但是她们也很明确地知道了"因为妈妈上不去，所以不跟我们开家长会"，也不是懂事吧，就觉得这是很自然的事——妈妈上不去肯定就不去开家长会了，那肯定就是外婆去了。这是很自然的想法，就是这样的，没有什么特别的。

我教她们画画教不了，自己的孩子教不了的，不学，两个都不学。像那时候我还带过一两个小孩子学画画。但是如果她们两个在，我反而是教不了别人的，所以我去教画画时反而要把她两个支开。

她们两个跟在我后面，"妈妈""妈妈""妈妈"的，我做不了事情，教不了画画，别的小孩都会受到影响，学不了的。

我绘画的画友都会开这个玩笑，就是说"我把孩子拿给你去带了，你把孩子拿出来教了，不想换就教不了，自己教不了的，没办法教，教不了，都是这样的"。好多我画画写字的朋友都这样说。我说："你女儿你教得了吗？"他说："教不了。"他说："我们天天在画，你教她画，她根本就不学。"我也是这种感受，我说："确实是教不了。"

你教她的话，她听了一会儿又想去看电视剧了。教别人小孩，你可以严格一点点，她们也会怕你。女儿，你跟她讲什么都没用，反而把自己教得累死了。但是她们也会跟着我涂涂抹抹的，有时候我不会约束她们，你想写两个字，你就拿毛笔，随便你怎么写；你想画画，想怎么画就怎么画，她们自己画。她们没有专业地去学，不过感觉涂涂抹抹地涂得还蛮胆大的。

平时我也没有去参加什么特定的聚会，但是残障朋友们会经常过来店里聚聚。我在店里她们俩也去店里玩的时候，我就有很多残障朋友来，她们也觉得很正常。比如说我有时候会打电话，都是残障朋友，比如说残障朋友的一些事情，她们俩就会问："你的朋友？"我说："是，他不方便。""他是残疾的还是聋哑的？"我有一些画画的朋友是聋哑人，我也教了几个聋哑的孩子学画画，就学了一些手语，她们俩也会跟着学两下手语，觉得很好玩一样。

她们俩对我的残障朋友没有什么特别的看法。但是受我的影响，她们会知道轮椅怎么推。比如说上次在外面时候碰到一个老年人，要帮忙把轮椅推过一个小阶梯，她们就会知道要把轮椅后面翘起来，前面的轮子才能推上去。要是人家不知道这个方法但她们知道，她们还会赶快去说。而且我会跟她们讲，我说："你们到外面碰到残疾朋友或者跟妈妈一样不方便的，你们要积极帮助，听到了没有？"但有时候，比如我跟大女儿出去逛街的时候，我需要帮助，别人帮了我的时候，她马上会跟对方说"谢谢"，她已经很习惯地去说了，因为她觉得人家帮助了妈妈。这两年表现得特别明显，她也会想，要怎么去帮助别人。

可能是因为我经常接触这一块的人，所以她们不会像别人一样看着残障人觉得很好奇。她们两个人很熟悉这方面的事情，比如轮椅的使用方法，她们都好了解，她们玩轮椅玩得好溜。我们大人在谈话，她们俩就坐着轮椅玩，玩得轮椅到处跑，动不动轮椅就被她们轮到客厅去了，又轮回来，划来划去的，我都要被她们烦死了。

因为妈妈是特殊的，我觉得她们将来到外面碰到需要帮助的残障人，她们应该会很积极地去帮助的。她们跟我在一起的时候，如果我们出去或者碰到什么事，别人就会过来帮忙，或者我会告诉她们："妈妈上不去，你们去帮我叫人来帮妈妈。"比如在银行，我上不去那里的一个台阶，我说，"你去到里面叫人来帮助妈妈"。她们现在也很胆大地去找别人来帮助，她们会很坦然，不会说很害羞、不好意思或者怎么样，就是很胆大地去叫："我妈妈不方便上来，你能帮我妈妈上来吗？"之后说谢谢或者怎么样。也就是说，孩子们如果跟着我遇到这种事情，她们会知道怎么去处理。

那天我们去春游的时候，大女儿说："我还看到了一个跟你一样的叔叔，也坐着一个轮椅，他轮椅轮得也好快。"她就不会觉得这是很惊奇的一件事情，她就会觉得也看到了一个像我一样不方便的人，他们的轮椅是怎样的，就是会关心一点这方面的事情。

我觉得她们将来遇见了像我们这样的群体，肯定也会很积极地去帮助的，毕竟她们是从小看着长大的。我挺高兴她们这样，不过小孩子都是这样的。

因为我一直还是跟母亲住在一起，我和母亲关系还一直都是很好的，现在我和母亲的关系应该是更好了，更亲密了，因为我更了解妈妈了。原来还会想着自己一个人去玩或者什么的，因为母亲现在也更累了，我自己也就在家里面不乱出去了。因为有了孩子，妈妈要帮我的忙，我也要做生意，两个人聊天的机会就更多了，两个人可以聊的话题也更多了，可能会聊聊什么事情，比如小孩子的任何事情。因为我跟母亲一直沟通都是很多的，没有什么好大的变化，还是一样的，都挺好的。不过自己会更感悟到妈妈为我们付出得太多了，因为我有两个孩子，妈妈也为我的孩子做了很多。

可能因为是家人的原因，我不会特意去说感谢的话。比如说妈妈过生日，或者母亲节，回去还是照样回去，会多关心妈妈一点，但是没有特意跟妈妈说一些感谢的话或者什么，可能因为是家人，说这些好像会觉得很别扭，一切尽在不言中。我也会觉得妈妈这两年老了很多，自己也应该多多关心妈妈一点了。前段时间她心脏不太好，做了一次心脏搭桥手术，我自己就会很紧张，会多注意她一点，因为现在她年纪也大了，60多岁，快70岁了。我们做女儿的，也觉得她进入老年了，应该多关心她一点，因为这是所有女儿都应该做的事情，并不是跟我们特殊群体有关。

饭现在还是妈妈做，要做这么多人的饭。有时候会因为小孩子要吃什么，我们两个人会一起逛逛菜市场什么的。天气好了，我也会陪她一起散散步。因为我爸也在嘛，他们两个人会经常散步，有时候我也会去跟他们一起散散步。

没有什么很大的变化，很自然地就这样了，都挺好的。我跟我妈妈感情一直都很好，跟家人的感情都很好，感觉这样就很好，挺幸福的。人生没有完美的事，我觉得自己挺幸运的。

妈妈一直说想去海南，包括我女儿也是很想去海南一次。看看今年（2019年）能不能存上一点钱，寒假的时候带着妈妈、女儿一起去海南玩一次，这是今年的一个小愿望，写在计划案里面了，努力把这个愿望实现，争取带她们一起去玩一次。去海南玩一次，应该是可以的，这个也不是很大的愿望，小愿望应该可以做到。

十　代代相传的母性力量

女儿们也快到青春期了，我现在会给她们讲一些生理教育——看看她想知道什么事情，我们就会让她们知道。现在她们的小乳头开始长出来了，大的长了，小的还没长，她们两个都好奇怪。其实小的吃饭吃得更多一点，身体也更好一点，但是她还没长出来。两个人都觉得很奇怪，然后就问我，我就说这是很正常的。

大的讲："夏天要给我买小背心！"我说："好，就买小背心。"因为她看别人已经开始穿小背心了。小的也会说："那我也要小背心哦！你要买小背心给我。"看到别人有，她也想要一个。毕竟再过两年，她们就开始要做大女孩了。

她们有时候发现我来"大姨妈"，她们就问："什么是'大姨妈'啊？"我就很自然地告诉了她们一些女性跟男性的区别或者怎么样。她们开始看性教育的书了，我也开始教她们了，因为她们马上也成大姑娘了。

其实说到这一点，我有时候总在盼，盼着再过十年，我女儿就读大学了，我就轻松了，就是说一个阶段结束了。但是又回过头来想自己的妈妈，她是不是会觉得这个阶段永远是没有尽头的？

我作为一个母亲，会觉得再过十年，女儿就读大学了，那我就轻松了，就自由了。可是换了一个角度来想，我妈妈会对我是什么想法？她是不是觉得这一辈子永远也结束不了，永远也不会有自由了？不像我都还有个盼头，盼着十年以后，女儿读大学，我就自由了，我就可以放松了。

那我的妈妈，可能她原来会觉得，如果我结了婚找了一个她觉得可以照顾我一辈子的人，她可能就轻松了。有时候，我就这么想，那个时候没有去选择母亲安排的未来，也挺对不起母亲的——当妈妈没有了一个尽头。

所以我真的是不知道该怎么做，不知道怎么才能慢慢让她觉得放心。这个不是说经济上你赚多少钱，妈妈就能把这个心放下来了，她可能会觉得等孩子长大了，她把她那个责任给了我的孩子，她可能会觉得心里轻松一点。不管我们怎么去努力，怎么去做，妈妈对我们都是不放心的，我们成了她永远的孩子。我是很愧疚于自己母亲的，真的是愧疚。

我还在想着自己十年以后可以放松了，她们读大学去了，我就很自由了，不用管了。但是觉得自己好遗憾，真的是愧疚于母亲的，因为我是她一直放心不下的。

而且母亲的辛苦她从来不会说，真的，妈妈从来没有说过多辛苦或者怎么样。当然平时烦躁的时候，劳动的时候会说一些，但是她从来没有说过那种话，因为她知道女儿已经很辛苦了。没有做妈妈的人还体会不到，等你做了妈妈，你就会有这种感觉。然后从孩子身上换一个角度去想自己的妈妈，自己就体会得更深。

我们总去想一些太美好的东西，其实生活没有那么多美好的。可能我那时候听从妈妈的意见，去接受一个照顾我的人，可能也会有美好的一面。其实人生没有对与错的，真的，失去的一块就自然有好的一块去补上，人生永远选择不到最好的，也永远不可能是最坏的。只要你现在觉得是对的，就争取去做。

叛逆女孩的自我救赎之路

黄 杨[*]

与非主流的身体共生不是一件易事——比如忍受亲人的差别对待，比如遭遇求学的显性歧视，再比如面临空白的职业选择。上述种种，都是我的经历、我的日常、我的苦与痛。但我并不甘心于此，不愿再做那只笼中鸟，也不想继续坐在房间里无所事事。所以，我从原生家庭中搬离出来，然后努力地一边学习一边做生意，这是我救赎自己未来的开始。

一　在缺乏病识感的环境中成长

我是一个小儿麻痹症患者，小儿麻痹症也就是医学上俗称的脊髓灰质炎。据我妈妈的回忆，在我9个月的时候，我突然高烧不退，还陷入了一种半昏迷的状态，之后从脚到手都出现了无法动弹的状况。

那时候，我们家在乡下生活。当地人整体的受教育程度都不高，医学常识缺乏，病痛知识普及率很低。因此，大家都是处于孤陋寡闻的状态，没有见识过这种症状，都以为我是普通的感冒发烧，妈妈便迅速地带我去卫生所打了退烧针，但情况一直没有好转。

邻居家一位老人知道我的情况后，她可能是之前对这个病症有过一些了解，便告诉我妈，我有可能是得了小儿麻痹症。但我爸妈都没有读过很多书，生我的时候他们也只有20岁出头，所以他们对这种病一无所知，比

---

*　黄杨（化名），小儿麻痹症患者，公益从业者。

较茫然，不知道这种病会引起的严重后果。所以，听到那位老奶奶的说法后，妈妈很紧张，然后马上带我到别的地方去治疗。

可惜的是，当时父母也不知道该如何处理，最相信的是亲戚的经验之谈，所以他们把我从农村带到城市时，第一次见的就是别人介绍的一个"神医"，结果也毫不意外，我的病情继续恶化。到大医院去求医时，已经非常迟了，而且医院人多拥挤，我错过了最佳的治疗时间。经过一系列的治疗，我的手恢复了知觉，但是脚就没办法了，下肢永远地失去了行走能力，成为二级肢残人。

知道我的病况后，家人仍然抱持着一点希望，经常会带我去各种地方治疗，咨询病况恢复的可能性。时至今日，我还清晰地记得部分求医的场景，比如医生用酒帮我按摩，又或者自己在家每天吃大量的中药。在我们那个年代，吃的并不是现在的胶囊药，而是一种粉状物，味道极其苦涩。但为了让我把药吃下去，爷爷会使劲地用手夹着我的头，奶奶用勺子喂我，将那些药强行灌进我的嘴里。吃的次数多了，我变得特别反感吃药，但又无可奈何。

后来，我听周围的朋友说，其实在城市的小孩都有接种疫苗，他们会吃小儿麻痹糖丸[①]；但是，因为乡下医疗条件有限，可能卫生所也没有特别认真考虑过这件事，所以我也就没有机会吃那个糖丸，错过了最佳预防的机会。而且乡下的信息闭塞，不像现在互联网信息渠道这么畅通，所有疾病的救治方式和治疗手段都可以通过各种渠道去了解，所以，我也只能感慨"生不逢时"了。

这种缺乏病识感的状态，不仅体现在我得病之后错过最佳治疗时机，还体现在之后的康复活动上。当时我年龄特别小，身边也没有人给我科普小儿麻痹症或者坐轮椅的个体如何护理的事情。其实，我应该从小就接受康复锻炼，坐适配轮椅支撑我的腰椎，然后睡硬板床，不要跷二郎腿。如果注意这些日常细节，则最多也就是部分肢体产生障碍。但那时，亲人普遍都是茫然的状态，缺乏对康复的认知，所以也没有去了解太多信息，没有特意地纠正我的坐姿。

---

① 小儿麻痹糖丸的正式名称为脊髓灰质炎减毒活疫苗，接种的方式是口服。——主编注

当我年龄再大一点之后，残联曾经带我做过一次体检。如果有希望治疗，就可以领取国家的补贴去救治。但是，当我去检查的时候，医生直接告诉我，我的腿已经没有任何希望了，神经已经死了，只能软塌塌的，无法再次站立了。听到之后，我当时就受到了狠狠的打击，父母又忙于工作，而且家里还有妹妹，父母无法再付出更多的精力和时间带我去看病了，所以我就停止更多的治疗了。

现在，随着年龄越来越大，我越发明显感受到身体的不适。以前坐一天也没事，没有太多反应。可如今坐在电脑前面一天，或者外出太久的话，我就需要在身上绑一个支撑的腰带，不然腰会很痛，整个人承受不了。当然，这也是属于后遗症了。

二　与妈妈"针尖对麦芒"的状态

我们家以女性为主导，妈妈的性格很强势，管教小孩的方式也非常粗暴，经常争吵和动手打人。但我爸爸通常都会附和妈妈，只有在她骂得太过分的时候，才会反驳和反抗。

我生病之后，妈妈觉得我不是一个健康的孩子，所以就准备再生一个。很快，我就有了一个妹妹。与健康的妹妹相比，作为一个残障个体，我在家庭生活中虽然受到无微不至的关照，但是也能明显地感受到妈妈对两个女儿的培养存在差别。即使她不会直截了当地表达出来，可当她在亲戚或朋友面前对比我与妹妹时，我永远是"让她丢脸"的那一个，甚至会被她叱骂得极其难听。

小的时候，妈妈对我完全是放养的状态。无论我阅读什么书，她都不会认为我会出现任何问题。即使我看琼瑶的言情小说，她都不曾担心我会在外面有早恋的想法。在她眼中，我是相对而言的安全个体，不存在被人欺骗或者其他可能。但是对于妹妹，妈妈则是严格管控，无论是看书还是做事妈妈都会过问。而且，妈妈还会送妹妹去学美术、书法，或者是其他技能。总而言之，妹妹得到的教育机会是比我多的。

上了初中，我也开始对青春期里异性之间朦胧的感情有了向往，喜欢上了一个男孩。其实这也仅仅是青春期情感的一种正常萌动，随后，没有找到出口宣泄的我，将其悄悄地写在日记本里，记录自己的情绪与状态，写完之后我就随意地将日记本放在了桌子上。然而，这本日记被妈妈发现了，她还看到了里面写的一些对父母的怨言，一些我不愿意与他们当面讲的话。通过书写来表达或宣泄情绪明明是一件非常正常的事情，但对于她来讲，却是非常严重的事情，因此她采取的方式也非常粗暴——骂与打。最后，我气得把日记全部撕了，现在想起来还觉得有点可惜，因为里面毕竟记录了很多回忆，即使内容很可笑，但也是我少女时期的宝贵记忆。

这件事情过去之后，我和妈妈的关系也变得越来越差，冲突越发变多，我也是不甘示弱的性格，争吵经常是一触即发，两个人就是"针尖对麦芒"，和平相处的时间比较少。有一次我和妈妈又吵架了，具体事情已经不记得了，印象中我是干脆利落地摇着轮椅，跑到同学家住了两天。那时候我特别羡慕同学，可以在家随意地看电视，自由地聊天，不用担心说错话或做错事，能够畅所欲言，没有战战兢兢的感觉，特别自由。

初中考高中时，我没有考好，没有达到心仪学校的录取分数线，但是我还想继续读高中，不愿就此放弃学业。但是，我无意之中听到了父母在讨论这件事，我妈讲了一句："读书没用的人想读书，读书有用的人却不认真读。"显而易见，她口中不认真读书的人就是妹妹，读书没用的人就是我。可我依然回应不了太多，面对这种说法真的是一言难尽，尤其是这句话出自生育我的妈妈之口。与此同时，我内心有一种愤怒感也在慢慢地累积，渴望冲破"残障即无用"这个笼子。

当我到了适婚年龄，妈妈依然把我当作"金丝雀"养着。即使我有健全的大脑，但是他们都认为我应该继续活在爸妈的保护之中，满足了基本的吃饱穿暖，就应该感到知足和恩惠了。但如果我要逃离，不再过笼中鸟般的生活，则是他们不希望的，特别是结婚生育的事情。他们担心万一我嫁不好被欺负，被对方嫌弃我的残障，又生下来一个不健康的小孩，拖累他们怎么办呢？他们没有底气，害怕出现更多的"累赘"。妹妹结婚和受教育都是应该的，毕竟她是家里的希望，但是我呢？

经历的事情越多，我就越觉得自己不是被妈妈爱着的。因为每次她与爸爸吵架的时候，总会讲她要带着妹妹离家出走，留下我与爸爸，甚至在亲戚面前也是如此说，丝毫不会理会我的感受，我就好像是父母的一个耻辱。刚开始的时候，我还会反抗，但到了后来，我也不愿意再与妈妈有更多及更深入的交流了，彼此面面相觑，我连基本的称呼"妈"都不是很愿意叫了。

通过对残障的我与健全的妹妹的差别待遇，妈妈不仅让我形成了做事自卑的性格，也带给妹妹很多伤害。妈妈把所有的希望都放在了妹妹身上，但正因这种严格的教育形式，妹妹原有的活泼性格变得越发压抑，小时候经常会做噩梦，人也逐渐形成了懦弱和没有主见的个性。妈妈这种掌控一方面令妹妹形成了独立发展的能力，另一方面也影响到了她在婚姻等方面的选择。

直到我结婚有小孩之后，我才可以换位思考母亲的角色。妈妈表达的方式虽然不好，却也尽到了做母亲的责任，比如给感冒的我们准备药，给冬天怕冷的我们编织毛衣等。

由始至终，她还是没有学会平等地对待自己的小孩，但这也不可能完全怪她。也许她的暴躁易怒、横加干涉以及管教方式的简单粗糙是跟当时的原生家庭和社会环境有关的：外公早逝，外婆一个人带大四个小孩，历史原因导致家庭困难、孩子读书少等，所以她也是在这种特殊的环境下成长的。当她成为一个母亲，就会复制自己的童年记忆，严重缺乏安全感的她，也会不自觉地把上一代的教育方法移植到我们身上，严厉地教导和培养我们姐妹二人。

以前我的心里有很多怨恨，但现在已经不怪她了。我最希望的还是，妈妈可以在别人面前，坦然且骄傲地讲起我与妹妹两个人，我们的位置是一样的，也是平等的。

三　没有挺身而出的爸爸

小时候，其实我也会恨爸爸，因为我特别希望他能站出来为我说话，但他就是不会，即使我知道他是偏袒我，但他总是说不出我想要听的话。所以到了后来，随着我与妈妈关系的恶化，我也不想理爸爸了。我就是觉得全世界都是我的仇人，我处于被所有人孤立的状态。

毫无疑问，当时我确实有点儿偏激，却也是真实的心态。现在认真回忆父亲在我生命中留下的印象，其实他还是为我做了很多事情的：有空就会推我出去走一走，带我逛一逛好玩的地方。但可能是他的能力有限，也可能是个性使然，所以他能为我提供的支持会比较少。

比如求学的时候，从上学的路上到上教学楼的楼梯，一直都是爸爸扶着、背着我，为我不求回报地付出着。特别是在我大专自学考试的时候，每次拿到准考证之前，我都会祈祷考试的地方不要太远，教室的楼层不要太高。毕竟那时爸爸已经 50 多岁了，身体无法承受我趴在他背上所造成的长时间的重压。而且，当时我们家没有特别好的代步工具，只有一辆普通的男式自行车，为了让我可以稳定地坐在单车后座，避免突然掉落，爸爸需要花很大力气去平衡。有时候，他老人家过于疲惫，自行车就会失衡，突然歪倒，而我和爸爸就会一起滚到地上……

所以当时的我心理压力特别大，担心自己考不过，还需要麻烦爸爸再多背我一次，再忍受多一次的漫长路程。但爸爸总是会鼓励我，尤其在我特别想放弃的时候，他会告诉我现在已经努力到这种程度，我就应该再坚持一段时间。他的安慰确实对打算退缩的我起了很大的作用，让我多了一些信心去应对接下来的考试。

又比如为了让我一个人在家不那么无聊，爸爸特意给我买了一台电脑，就是那种很原始的电脑，显示器特别大。那时妈妈生病在家，爸爸只有一点微薄的退休工资，再加上我只有一点点低保，在整个家庭都不是特别富裕的情况下，一台 7000 多块钱的电脑已经是非常大的一笔花销了。不过，我也没有充分利用上电脑，因为上网费用在当时特别贵，家庭承担不起，有时候太闷了就会打字，或者在电器城的商场买一些软件来玩。我的社交圈也十分小，整个人极其闭塞。

以前我听一些人说过，女孩谈恋爱的对象会以自己的爸爸为模板参考，当时还没有什么感觉，但现在看我自己的老公，也确实有爸爸的一些痕迹。但是对我来讲，从小到大，父亲的角色，我就是觉得有小小的遗憾，如果当时他可以为我多说一些什么，或者多做一些什么，也许家里的气氛不会那么僵硬，我的成长过程也不会那么痛苦。

四　残疾人刻板印象的枷锁

在我成长的过程中，我一直都觉得健全者是有点歧视残障者的，比如最简单的称呼，从"残废"到"残障"，就是不断演变过来的。当时，讲起残疾这种称呼，其实社会大众并不认为残障者是人类多样化的一种，反而觉得我们这些残障者是一个负担。

我爸妈不能完全理解和同情我的处境，但是我也没有办法谴责他们的思维。因为在固定情景中，他们的思想也是随波逐流的，很少会上升到对残障者进行人文关怀的程度，以及拥有人与人之间的平等意识——这些对他们来说，都是难以触及、很少存在的东西。

爸妈之外的其他亲人，有些人对我的态度是特别好的，让我甘之如饴；但有些人又特别坏，就是非常恶劣的那种。他们就好像两个极端，让我更加陷入对自己残缺身体的焦虑中。

比如我的舅舅，哪怕是现在我都结婚生娃了，他偶尔到家里串门，还会跟我说觉得我非常伟大，同时强调一句：直到现在，他都不赞成我结婚生孩子。和舅舅有类似想法的还有一个姨妈，在我小时候，她曾经给妈妈提过建议要拿掉我的子宫，切除我想当妈妈的欲望，说是这样就不用担忧以后会产生不良后果，我在他们面前就可以一直保持千依百顺的样子。

妈妈和爸爸两边的亲戚多数人都对我有着或多或少歧视的态度，比如我的奶奶，我从小她就对我的残障有着某种意义上的嫌弃。因为我们家很小，只有三间房，奶奶跟我一起睡的时候，她总会拨开我的脚，但我下肢又很难动，所以长期以来我的身体在持续地变形。我的自尊心很强，当感受到这种异样的时候，就会很敏感，之后便干脆一个人搬到客厅去睡沙发了。

有差别待遇的亲人，但也有相对友好的亲人。比如我的外婆，对我就非常好，她一直带我到 7 岁多，等我上小学她才离开我们家。我也能明显地感受到她对我的保护，那是一种浓厚的、没有条件且毫不保留的爱，对我极其宠溺。

高中毕业以后，我没有参加高考，因为当时老师就直接告诉我，说："其实你也没有必要参加高考，参加了也过不了体检，没有大学会收留你的，你参加了也没有任何作用。"

我本来意志就比较薄弱，听完之后就更加不想考大学了。当时高中，已经没有固定的同学接送我上下学和背我上下楼了，所以每天都是自己摇轮椅，早早地来到学校，静静地躲在楼梯间等待着一个热心的同学能帮助我上楼。在这种情况下，再听到如此的说法，我就更加不想继续学业了，内心充满了挣扎和自卑，于是就直接回家了。父母知道后，也没有再跟我提上学的建议，毕竟像我这种情况的人在当时能坚持读到高中的已经很少了。

在那个环境中，大部分人的观念就是残障即残废，个体已经没有生气，也起不到任何作用了，父母的继续养育已经是最大的恩惠。但只要他们转换一个思考的方向，或者当时有多一些有关残障的资料可以阅读和参考，也许人们就不会把所有的负面情绪都转移到我们身上。我能理解这不是由他们自己意愿造成的，毕竟我们每个人，其实都在无形中被那些对残疾人的刻板印象影响着，束缚着。

五　打破束缚，追求梦想

离开学校，我开始出现了大片空白的状态，每天一个人待在家里，只好看书度日。当时我特别喜欢看三毛的书，尤其是《撒哈拉沙漠》，通过阅读可以看到另外一个世界。在看书的过程中，我会产生很多幻想，幻想着以后有经济能力的时候，也去一次撒哈拉沙漠"远足"，过那种天马行空、海阔天空的生活。

后来，我又看到了一篇新闻报道，是讲一位残障男孩摇着轮椅旅游的故事。看到的时候，我第一反应是震惊了，原来残障朋友也可以活得这么潇洒，如此快活。我就觉得特别不甘心，即使我什么大风大浪都没有经历过，起码也应该让自己的人生活得精彩又酷炫。

这种不甘心的感觉越来越强烈，尤其是当爸爸跟我分享他的故事，谈起他之前的苦涩经历时，我就特别难受，我会告诉爸爸："您的经历虽然有这么多坎坷和挫折，但至少让人生呈现了各种各样的颜色，但我只是一张白纸，干干净净的，什么都没有。"焦虑的情绪逐渐蔓延，有一天我在喜欢的电视节目中看到一位残障者分享自己的幸福家庭，当时我就特别羡慕，心想为何我没有这样的运气呢？因此，当时我就想，怎样能冲破牢笼一样的家，去做一些事情，实现心中隐匿的梦想。

于是每天待在家里已经觉得生活毫无希望并且非常苦闷的我，决定求助家人，希望他们可以支持我做一些事情，就业也行，创业也行，就是不愿再一个人继续无所事事。

但是，父母并没有给我太多的回应。他们上午做完家务，下午就去工作了，继续留我一个人在家，我们没有找到一个和平的方式去沟通和讨论。对于他们而言，本身家里的经济压力就很大，如果我创业他们拿不出太多钱，如果我就业他们需要考虑我的出行风险，他们没有十足的把握，毕竟当时我可以吃饱喝足，他们不明白为什么我还要有那么多欲望而不知足呢？

此时，我与家人的矛盾就变成了：我很想出去，但是他们不答应。我的心态也变得越来越不健康，觉得自己这一辈子只能这样了，但我继续跟妈妈反抗，甚至绝食，用阴沉的脸色来表达我的愤怒。而且我的社交圈子很小，所以我也不知道别的残障者在过着怎样的生活，以为大家都是如此困难，便常常埋怨自己遭遇的不公待遇。时间久了，我妈看我决心这么大，最后终于答应让我出去住了。

一个人出去住以后，我做了一段时间家教。因为自己水平有限，孩子又比较调皮，我这还没有起步的辅导老师生涯也戛然而止。我爸妈当时看到我的状况，也知道我想独立，但家里确实没有太多存款，实在是提供不了太多的支持。

直到突然有一天，我妈与妹妹在逛街时，看到停在马路旁边的残障摩托车，其后面是有两个座位可以载客的。然后，我妹妹就问我是否愿意开那种三轮摩托车，我妈则担心娇生惯养的我不会愿意做抛头露面、风里来雨里去的事情，但是对于我而言，这却是一个极佳的走出去的机会，于是我毫不犹豫地答应了。从表姐那里借了些钱，再加上我妈从同事那里借的钱，终于给我买了一辆摩托车。从此，我的生活正式踏上新的旅程，可以真正实现经济独立了。

我勤勤恳恳地开了一年的车，不管是下雨还是下雪，我都是在马路上一天到晚地开着。直到一年后城市文明创建工作开展，我的车子被没收了。随后，政府给我补贴了一些钱，然后我换了另外一辆新车，但是新车只能载一人，没法再载客营运。

在自己独立的这一年里，我有了很多的变化。以前的我是一个人，社交圈子也小，毕竟我也没有太多出门的机会，所以我对未来发展没有任何方向，一片茫然。但在开车之后，我认识了另外一个残障圈子，才突然发现残障朋友也可以活得如此乐观和坚强，可以闯出自己的一片天地，还能做很多之前我无法想象的事情。最重要的是，我不再怨天怨地，也不需要再看任何人的脸色，有了自由，也不会再因为手头拮据而忍受他人的嘲讽，挺直了腰杆，打起了精神，真的蛮符合经济学中的一句话——"经济基础决定上层建筑"。不过，现在想起来，当时开车还是很辛苦的，特别是对比如今网络发达的状况，当时信息流通的程度不高，线上办公的形式很少，我们的工作机会更是少之又少。

不开车的时候，我也会回忆自己的人生，思考未来的方向。从小时候开始，我的代步工具就是定制的一辆手摇轮椅，特别简陋，而且特别笨重，当时社会上的无障碍设施更是严重缺乏，出行非常不方便，所以自己也很少有出去玩的诉求，整个活动范围非常狭窄，只局限在家附近。但是现在我独立了，从家庭的束缚中出来了，就可以考虑残障者更多的需求，比如非常重要的无障碍设施，又比如残障者的高考等。这些不同的服务，其实可以帮助很多的残障者，为他们提供更友好的社会环境，支撑他们在不同领域发展。

除了思考大的发展方向，我更多的时候是舒缓自己的情绪，调整自己的心态。因为在家待的时间实在太久了，最开始出来闯社会，我是非常自卑的，觉得自己就是一个废物，没有太大的作用，即使是最差的男人也不会看上我；再加上母亲偶尔的打击，对我讲出那些特别难听的话，让我更加怀疑自己的能力。但开车后，我才发现外面的世界如此宽广，我其实还是比较受欢迎的人，我的能力一点也不弱，很多事情我也可以做到。

如果我一直按照父母安排的模式走，完全是听从的状态，那么也许我走出来的可能性就会很小，不会遭遇到外界的冲击，好的与坏的事情都彻底远离我了。但我内心深处抱持的不服输的心态，一直提醒和影响着自己，告诉自己一定要主动追求自己想要的东西，主动挣脱困住自己的束缚，之后把握幸福的可能性才会更大。

六　组建自己的家庭

我的爱人，是通过别人介绍认识的。他是非残障人士，来自农村家庭，之前在我们住的小区附近学习摩托车驾驶，他经常去我的一位开饭店的残障朋友那里吃饭。后来他们熟了之后，我朋友就帮忙介绍让我们成为彼此的对象。

当时第一次见面，是我妈妈去看的。他为了见我妈，特意去做了发型，还穿了一身西装，但是可能因为紧张，所以就叼着一根烟，跷着二郎腿，不停地抖腿。这个行为被我妈看到了，她就觉得可能不靠谱，回来就告诉我说不行。一个月后，他发现我们一直没有回应，就开始不停地游说那个介绍人，那个朋友就重复地跟我妈讲。因为在此期间，他的表现确实是有种穷追不舍的感觉，所以我妈又问了我的意见。

作为一个健全思维的人，我虽然脚有问题，但是头脑却是非常清醒的，非常明白自己想要的生活是什么。我一直渴望独立，脱离原生家庭，组建一个属于自己的小家，过着平平淡淡的日子。每逢过节或过年的时候，我的家人都齐聚一室，但他们都是成双入对。即使家人已经做好照顾我一辈子的准备，无怨无悔地陪伴着我，但我并不是一个安于现状的人。看到他们恩恩爱爱的样子，只有我一个人孤零零的，没有经历过任何爱人和被人爱的体验，感觉太遗憾了。在听到我的想法之后，妈妈就觉得可以试一试，我们可以见一面。毕竟她年龄也大了，也是要放手了，很多事情做起来已经力不从心了，已经超出她把控的范围了。

后来，我爱人就兴冲冲地提着一袋荔枝、一个西瓜过来与我见面了。不过，这次见面的他就没有再做任何发型，普普通通地就过来了。我当时第一眼看到他，印象还不错，就觉得可以先从朋友做起，之后再慢慢了解彼此。

因为刚开始开摩托车的时候，我只练习了一周的时间，还不是特别熟练，但是觉得自己状态可以，所以就上路接客人了。还不到一周的时间，我在下一个坡的时候，就撞断了小区的栏杆，赔了人家 200 元；我还有一次在桥底开车的时候，没有刹住车，撞到了别人的车，自己的车也坏了；甚至因为不熟练，还有过让客人和我全都"倒栽葱"的事故发生。出了几次事情后，自己也有点泄气，觉得还没有真正开始赚钱，就已经欠债了。

车子出问题后，我就找他帮忙，因为他刚好会修摩托车。除了修车，有时候中午我没有吃饭，我就叫他过来送饭或者一起做饭。他在这个过程中没有任何怨言，叫他做什么就做什么，特别安分。不过我们交流不是特别顺利，因为他性格偏内向，不爱说话。我也不知道他在想什么，所以在很长一段时间里，我对这份感情都没有底气。

在对待我的残障方面，他不会特别嫌弃和排斥，比如我冷的时候把脚搭在他身上，他会主动地帮我焐热。但他又不会主动呵护，一定要我告诉他做什么，他才会有行动。比如我需要每天早上喝茶，他就会每天给我泡一杯茶放在桌子上。此外，虽然他性格是沉默寡言的类型，但对我的教育理念、家庭安排都比较支持，不会提出太多建议或者异议。到了最后，我们就是水到渠成地在一起了。

两个人在一起有很多需要磨合的地方。他身上有一点是我最不喜欢的，就是经常去玩桌球和打麻将，特别好赌。他玩得多了，桌球店的老板娘也会劝我，跟我说他没有安全感和责任感，经常通宵玩桌球。我听到后也很犹豫，所以第二天就找他回来，狠狠地骂一顿。他不回应，也不会特别抵抗，但有一些悔意在里头。通过不断地磨合，他逐渐了解到这是我不喜欢他去做的事情，于是也就慢慢地少去了。

儿子出生之后，他在工作之外都非常配合我。他会上午做完饭，完成所有的家务，然后把儿子需要的奶粉和水瓶整理好放在床前。有时候儿子需要按摩，他也会主动去按小孩的手和背，一直到我们吃完饭后，他才继续去工作，是非常有责任感的。

年轻的时候，我也想过经历一场轰轰烈烈的爱情。但我爱人不是，我们有比较少的共同语言。可看到他默默地为我和孩子付出、努力照顾我们的样子，尤其是赚钱和做家务两不误时，我就觉得很满足了。对比那些家庭中缺席的爸爸，我还是觉得自己很幸运的。到了后来，我会特别喜欢逗他，或者开他的玩笑，因为看着他笨拙和憨厚的样子，我就觉得很有意思，而且面对我伶牙俐齿的样子，他多数是束手无策，整个过程很好玩。

　　时至今日，我还记得第一次去他家的情形。因为他妈去世早，爸爸又没什么能力，所以当时我们去的是他大哥和二哥家。哥哥家都是在乡下，是开放式厕所，不是单独的卫生间，所以我如厕特别不方便。但是知道我的状况后，嫂子就会特别贴心地把尿盆拿上来，方便我使用。第一次看到这么热情对待我的陌生人，觉得特别不好意思，觉得我给他们带来了麻烦。后来，我就问嫂子为什么这么主动帮助我，然后她说既然我嫁过来了就是家人了，就不需要客气了。听到后，真的给我有一种像母亲的感觉，尤其是想起自己母亲以前嫌弃我的样子，真是鲜明的对比。

　　那是我第一次进农村，一直源源不断地有很多人过来看我，就像流水线一样。他们家另外的亲戚也会主动跟我说话，让我们好好过日子，不停地提醒我爱人少打牌、多点责任感，还夸我是一个读了书的大学生，让我爱人好好珍惜我和这个家。过年的时候，他们那边的小孩也会按照当地的习俗，一大清早，端着鸡蛋，来到我们床前，给我们拜年。当时那种情景，让我可以很真切地体会到他们的善良和朴实，这是一个很重情的家族，无论是亲情还是友情，都特别友好。回来之后，我还特地跟别的残障朋友说，如果之后找对象，一定要看看原生家庭，毕竟近朱者赤近墨者黑，家庭氛围还是非常影响个人性格和发展的。

　　现在，我爱人在亲戚的建议下，考了一个公交车驾照，他这么多年开下来，也没有出什么安全事故，这两年还被评为优秀驾驶员。他好赌的坏习惯也慢慢收敛了，每天就踏踏实实地工作，安安分分地做着好老公和好爸爸。我们的日子，是过得越来越好，越来越有希望了。

七　新生命的到来

　　作为一个母亲与作为一个女儿的心态，是截然不同的。当我也成了孩子的妈妈，随着身份认同的变化，我对家庭、孩子以及妈妈的看法也逐渐改变了，开始换位思考，也能原谅自己妈妈曾经的行为了。

每个母亲在生育的时候，都希望小孩健健康康，可以快快乐乐地成长，我相信我的妈妈也不例外。但是，当我自己有了孩子之后，其实更多的感觉是身不由己，比如孩子的轻微感冒，或者一些小的病痛，都能让我急得不知所措，一方面是缺乏医学知识，另一方面是不知道如何安慰小孩。在此情况下，我有时联想到父母当年也可能如此茫然，所以才对我的身体状况手足无措，只能在焦虑中努力地养育我，把更多的希望寄托在健全的妹妹身上。

在生下现在的小孩之前，我也曾堕过两次胎。第一次怀孕的时候，我其实特别高兴，老公还主动跑过来亲了我一下。但是那个时候，我被折腾得死去活来，吃不下东西，还一直吐，最后只能有气无力地躺在床上，但是这也让我第一次体会到做女人的滋味。

后来，在两个多月快三个月的时候，我觉得自己状态不是特别好，身体也很不舒服，而且与老公的未来也不明朗，我们的生活还不足以支撑一个新生命的到来，所以最终决定打掉了那个孩子。第一胎之后，我一直吃避孕药，但还是意外地怀上了第二胎，当时的状态不比第一胎好很多，考虑到各种风险后，我实在不想生一个有问题的孩子出来，所以最后还是流产了。

我是在妈妈的陪伴下去做流产的，整个过程也不是很痛。其实做完后，我还是觉得很庆幸，因为有些女孩可能堕胎次数多了就怀不上孩子了，但我之后还是怀上了第三个小孩。在这个时候，我终于准备好了，迎接这个新生命，成为一个妈妈。

怀孕带给我最强烈的感受是身体畸形引起的压迫感，让我完全直不起腰，比如基本的洗脸刷牙，都让我特别难受。等到三四个月后，我的肚子越来越大，每天晚上脚都会痛得让我睡不着。我便秘也越来越严重，很难自主排便，只能用手挖出来。家人知道后，也是尽量在生活小事上帮助我，尽量让我能够顺顺利利地度过这段时间。因为我只能仰躺在床上，所以梳洗只有通过妈妈的帮助，才能完成。

当时脑中唯一的想法就是，希望我可以保住这个孩子，即使自己没有十足的把握可以很好地抚养孩子，但就是想拼尽全力、全心全意地对待小孩。我不想让自己后悔，尽量把各种未知的危险都控制在一定的范围内，杜绝有可能不利的事情出现。后来，甚至郁美净之类的护肤品，我都不敢涂了，所以脸上经常很干燥，但我不在乎，当时唯一的想法就是尽我最大的能力保护这个孩子。

家人有空也会过来看望我，他们都很期待我能生一个女孩，甚至有时候，我侄儿会对着我肚子叫妹妹。鉴于我们家这个情况，家人都普遍觉得，如果有一个懂事的女孩到来，会更懂得心疼和爱护父母。

我的身体情况特殊，医生怕出意外。普通的剖腹产手术，只需要普通医生来处理，但我当时惊动了医院最有经验的教授来帮助我。生的时候，我自己都能感觉到手术刀在肚子上滑动时的疼痛感，特别强烈。后来当我终于把孩子生出来后，全家人都情不自禁地流下了眼泪。

孩子生下来后，严重缺钙，到了三四岁的时候，我才发现孩子的胸部不太对劲，后来去医院检查，被医生确诊为严重缺维生素 D 的佝偻病，需要打针。我当时也听不懂，就按照医生的指示操作，虽然治愈了，但还是造成了轻微鸡胸的后果。

在我 20 岁的时候，我就特别喜欢小孩。但是由于对自己的前途没有信心，我没有想过自己在未来有一天能成家育儿，所以每次抱着别人的小孩都有点伤感。当时会想象着自己有小孩的时候，一定跟他分享自己的经历，传授自己的所学，包括所有爱与痛、哭与乐。但是，当时我的想法还是很幼稚的，因为一个孩子的成长，是一个很复杂、很漫长的过程，而且没有回头路，没有纠错的机会，所以很多时候，我会很迷茫。尤其是我这个妈妈究竟是以一个母亲的角色，还是以一个老师的角色介入这一点，更是让我很纠结。因为老师，传道、授业、解惑，有权威性，小孩就会乖一点，听话一点，他/她会很敬畏；但作为妈妈，我们需要维系和谐的亲子关系，没有太多距离，这种情况下代入老师的角色会比较违和，甚至会破坏亲子关系，特别是对于没有多少专业知识和耐性的母亲来说。

现在，我一直觉得父母不能代替老师，包括从一年级陪伴他做作业的时候，我只注重检查是否整齐和干净，而不会特别指出对错，因为那是老师的责任，也是他自己的责任，需要他自己来承担。我只负责他生活中的一些事情。也许是这种教育方式起了作用，到目前为止，我们家孩子的学习成绩还算优秀，需要我帮助的时候很少。

孩子带给我的感受，其实喜怒哀乐都有，但更多的是快乐。有时候他特别听话，我就很欣慰，尤其是他很体贴地讲很多令人感动的话，我就会特别开心。比如他喜欢阅读，有时候会说出很多特别有灵气的语言，已经超出了我的想象范围；但有时候他又会把书乱丢，胡乱地放在一个位置，然后又让我帮他找，当我拒绝帮忙的时候，他自己找烦了有时会情绪狂躁，看到他这种状态，我就很烦。这种前后情绪的落差，也不知道是种享受还是种折磨，这大概就是做妈妈的都必须要经历的幸福过程吧。

他现在读四年级，最喜欢看的是历史人物传记，可以讲出自己的看法。印象中最深刻的是，读一年级时他跟我讲拿破仑，虽然磕磕绊绊，但确实讲得很不错，让我特别惊讶。因为他有这个爱好，我也会尽量满足他的需求，不强求他每天去机械地刷题做作业，就让他做自己喜欢的事情。

不过，虽然我努力为他营造轻松的气氛，但心里还是会焦虑。毕竟他已经读四年级了，面临小升初，学校的学习气氛还是有点紧张。我知道一些家长会特别要求孩子做题，甚至会持续到晚上九十点钟，压力特别大。而且，我们家没有任何背景，只能要求孩子走求学的道路。如果我没有良好的心态，可能也会跟那些家长一样，随波逐流地强迫孩子学习。所以在这种情况下，我会很矛盾。

每一个残障家长，都会面临同样的一个担忧，就是怎么让孩子坦然面对自己父母身体缺陷的这个现实。而我的孩子从目前来看，因为从小被我刻意引导，所以现在他会很坦然地看待母亲残障的这个事实。

比如刚开始上幼儿园的时候，有同学会好奇地问起妈妈的残障情况，他会不好意思。当他和我提起这些问题的时候，我会跟他说，"妈妈的残障就像是我们罹患感冒一样，只是说感冒被治好了，但是妈妈的残障没有被治好，所以就跟别人会有一点点不同，但是这个不要紧"，然后我会把我的人生经历、奋斗历程跟孩子说。

到现在，他已经很坦然，别人说什么他都不会在意。而且，现在的孩子实际上比以前的孩子要有素质得多，不像之前我们读书的时候还会受到大家的歧视，就是会有孩子用比较难听的话称呼甚至辱骂残障孩子，但现在的孩子基本上都是很有礼貌的，只有极个别的孩子会到我儿子面前笑一下，但是当孩子用一种不卑不亢的方式一笑了之面对的时候，说者也会觉得无趣，渐渐这种歧视也会消失。

因为很早的时候我就已经有过这种思想准备，我知道哪怕我心里自卑、不自在，但是我必须比孩子更加勇敢、更加坦然地面对现实，于是我会选择很自然地面对他的同学，很坦然地面对所有的一切。所以从幼儿园开始我就从来不避讳出现在他的同学面前，甚至所有我能去参加的家长座谈会我都一定会去，哪怕自己其实也觉得浑身都不自在，但还是会出现在所有家长和同学面前。当我露面多了，不仅他觉得理所当然，能够接受了，其他同学和家长也感觉稀松平常了。他现在其实比别的孩子更加懂事、独立，从一年级开始，我就只在上半学期还接送他一下，然后到了下半学期，我基本上就让他自己上学、放学。

然后哪怕下雨我都没有接过他，开始的时候，他会因此抱怨，后来和他沟通交流之后，他也会逐渐理解我们。从二年级开始，我就让他自己坐公交去比较远的地方，他现在就是找个人、接个电话什么的，都能自然应对，没有那种羞涩感。在这个方面我还是比较欣慰的，因为我们原来居住的地方，风气不是很好。那边有很多"啃老族"，有很多年轻人年纪轻轻的就在家里吃父母的，什么都不做，然后还有很多人埋怨自己的父母。所以我那个时候就暗暗地下决心不让我的孩子变成这个样子，而且我觉得我们这种情况也不可能让孩子有资格啃老，我们也啃不起，所以唯一的办法就是让他比别的孩子更加独立。

而且我总觉得孩子真的是一个独立的个体，你不可能把他拴在身边一辈子。就像我小时候就是因为父母没有放手，把我圈养着，我现在出去买个东西或者是干什么，心里面总会有很大的畏惧感，买个东西我都不敢跟人家讲价，于是现在更多地从线上购买——淘宝购物。所以，我觉得特别是男孩子，必须给他一个自己出去面对所有挫折、所有事情的机会。虽然我可能做得还很不够，还有很多东西做得不到位，但是在我力所能及的范围之内，我是尽量让他自己去面对。

从小到大的经历，还让我特别注意语言暴力的问题，比如"蠢""笨"这种话，我是绝对不会说的，也不会说"男孩不能哭"这句话，有时候他如果伤心了，我会告诉他，"妈妈觉得你在通过有用的方式去发泄自己心中的负面情绪"。我几乎什么话题都跟他聊，包括自杀的话题、青春期的话题，包括跟妈妈或者是跟同学之间产生了矛盾，或者是跟谁有了矛盾，谁平时批评了他或者是他受到了不公平待遇等问题，我就会告诉他应该用什么样的态度去面对这些事情，而不是采取极端的方式，比如离家出走、跳楼自杀这些方式，我说"你可以拿一个沙袋打拳或者跑到阳台上或没人的地方大哭一场，妈妈都不会怪你"。他小时候如果在我面前流泪，我也从来不会说"别哭了"。"男子汉要×××"我都不会这么说，我觉得你就哭个痛快，哭完就没事了。

然后我觉得正是因为我这样一直鼓励他，他倒很少流泪，有时候觉得委屈，看着眼睛都红了，但是眼泪却没掉下来，所以我会把这些事情都考虑在内。有时候看到网上有关孩子离家出走的信息，我都觉得很可怕，我觉得提早跟他梳理这些东西是有好处的，他会觉得我在陪伴他成长。

比如说从一年级开始我们就让他上奥数班了，然后不管大小的比赛我都让他去参加，我也不在乎他是否得奖，当然如果他得奖我肯定很高兴，如果他不得奖我也会失望，但是这种失望我会埋在心里面，我嘴上还是鼓励他，反正只要他参加了，我觉得这就是对他的一种磨炼。现在当他面对所有考试的时候，他都不害怕了，他也不会紧张，会当作平常事情一样对待，我觉得挺好的。然后有一次我记得他考得不是很好，其实也不是说考得不好，只是说在他们最好的奥数班，他的排名不是很靠前，然后我在心理上就感觉比较失望。我跟他们老师说了这个事情，我说成功（孩子的名字）是不是不适合学这么超前的奥数，然后那个老师就和我说"我发现，成功妈妈，你很容易焦虑，只要孩子有一点点不对劲你就焦虑，其实完全没必要，成功其实很优秀，你看这卷子，他的奥数题目其实全对了，错的都是基础题"，然后他就说我应该去鼓励他。

经老师这么一说，我心里面平静了一些，当天接他放学的时候，我就准备回家好好安慰一下他。我还没想好怎么说，他就开始安慰我，他说"妈妈，我决定下次要考到××名"，然后他就说，"妈妈，我就是一只打不死的小强"……听到这些话，我当时就释然了，我觉得人生就是需要这样的一个心态。我觉得我在这个人生过程当中为什么过得不快乐，就是因为我没有这种心态。

我从来没有非常放松的快乐，我觉得这才是我最大的毛病。然后我这个人也比较消极，就是缺乏一种进取心，虽然也活到了现在。然后我觉得如果我们家孩子能够永远保持这种自信、这种快乐、这种进取的心态，我觉得就很好了。至少他在坚强地活着，不管以后会碰到什么样的挫折。

他快到青春期了，他什么都跟我说，他不擅长在我面前撒谎，哪怕那一瞬间撒了个谎，第二天他也要跟我解释清楚，他从小就啥都和我说。在学校不管是受到批评，还是受到表扬，他都会跟我说。

自己孩子以后成家了，比如说我以后会成为一个婆婆之类的，暂时还没想那么远，但是有一点是肯定的，我不会跟他们住在一起。我觉得我的个性本来就比较要强、比较尖锐，然后跟媳妇之间要有一点距离，儿子还好一点，但是跟媳妇之间的话，我觉得住得太久了，牙齿总有碰到舌头的时候，很难避免矛盾。确实会有婆媳矛盾，儿媳妇再好也不可避免，反正就是每个人的生活习惯不一样，相处的话很难。

如果是 100 分的话，我给自己打 70 分，我觉得我还是有很多地方做得不够好，还是缺乏耐心，特别是孩子的生活习惯方面最让我抓狂，我觉得这方面我还是做得不够好，我也找不到一个更好的方法解决他这个问题。然后在学习方面我也基本上没什么耐心，就像他读这么多年的课外辅导班，我基本上都是放手的状态，没帮他思考过这个题目应该怎么做，也没有教过他，因为我也懒得去动脑筋，我的数学本来就不是很好，特别是奥数，我更没有办法辅导。

对我来说，成为母亲给我一种全新的感受，仿佛一切都重新来过。有时候因为你对孩子的期望值比较高，投入就会比较大，就像如果我的孩子不会读书，我就不会有这么多想法，但是当孩子有这种让我觉得有可投入的价值的时候，自己的压力就会很大，就会想到将会更需要钱。毕竟小孩如果想要接受高等教育的话，父母确实还是会有压力的。漫漫长路，谁也不知道未来会怎么样，反正我一直跟我家儿子灌输，"妈妈没有任何能力给你，也没有任何能力帮你太多，一切全部靠你自己，学习是你自己的"。

我说，"妈妈现在能做的就是尽我所能，在你小时候给你打好基础，但我绝对不会也不可能像别人的妈妈那样，大笔地投入，因为妈妈是没有那么大的能力的"。我就仔细地跟孩子这么说清楚，因为我觉得让他做好思想准备是最好的。我跟他说，"你如果很优秀的话，就靠自己的本事拿奖学金、读名校，但是如果你没有足够优秀，要妈妈每个学期出 1 万多块钱的学费让你去读名校，妈妈是没这个能力的"。我说，"当然，如果你有这个本事能够读到公办学校的重点班也可以，妈妈也不会非得要你去读什么名校，反正事在人为"。

孩子其实没有正面回答这个问题，但是我发现这么跟他说，慢慢就跟洗脑一样，他这个学期就特别自觉，也比较有上进心。他知道自己想要什么，比如说上个学期他的综合评分比较低，综合评分是评价日常表现的加扣分，比如搞卫生搞得不好要扣分，做眼保健操做得不好要扣分，或者是没有带作业本也要扣分。然后上个学期读三年级的时候，因为综合评分比较低，他没有上 80 分，所以本来可以拿到手的"三好学生"就这么泡汤了，他觉得好失望。然后这个学期我事先跟他打了招呼，我说："六一儿童节又要评三好学生了，你的成绩没有一点问题，而且远远超过三好学生的分数，你不觉得你如果在综合评分当中落败了，会挺可惜？这件事你又不是做不到，只要认真一点、注意一点不就做到了吗？"

他这个学期真的很努力想加分，结果在一开始的时候还出现了一天中一下子加 5 分，又一下子扣 5 分的情况。有一天上午，他跟我说他加了 5 分，然后下午打扫卫生又扣了 5 分，然后他回来跟我说，"妈妈，我总算理解了，什么叫作创业难守业更难"。接下来，他就只有第一个礼拜被扣得比较严重，扣成了在班上倒数第二，然后从第二个礼拜开始就慢慢恢复正常了，最近几个礼拜都没有再扣分，反正就是保持现状。有时候我一看到他这么紧张，怕这种加分扣分让他负担太重，我就跟他说，因为这个东西对一个男孩子来说其实是很难把控的，比如说有时候做眼保健操开了一点小差，说了一点话或者是干什么了，然后分数就被扣了，这种随机性是相当大的。有时候在摆桌椅的时候，可能一下课就想玩去了，那个椅子就没有放到位，也有可能被扣分，所以我觉得这男孩子你不要想他 100% 保证规矩。

有一次很好笑，他在做课间操的时候跟邻班的一个认识的同学在那里说话，同时他们班上有一个女孩子也在那里一起说，最后老师就看见了。但是老师看见的时候只有成功在那说话，然后他就跑过去说成功在说话，就记了上一笔，但是记上一笔之后老师就问他："你在跟谁说话？"然后他回来跟我说："妈妈，你小宝我为了保护她。"说他为了保护那个女孩，他就跟班主任老师说他在自言自语。结果班级群里在下午统计常规分的时候，常规分扣分的里面就写了他的名字，自言自语扣五分。我说："成功，这就是你的'光辉业绩'，别人还以为你在干什么呢？还在那里自言自语。"

他可有意思了，还跟我说他以前不是这样，以前小时候他有一点什么事情都去告老师。我就跟他说，"有些事情是不能做的，那么就去告诉老师这件事，有些事情如果你告老师告得太多的话会被同学们瞧不起的，人家就会觉得你很没用，然后到时候你的人际关系不仅会越来越差，还会影响到你自己"。也就是我会告诉他，这种行为不是很好，这种行为属于告密的那种。我说，"你自己要想清楚，如果不是原则性问题的话，比如说同学偷东西或者是同学说谎严重地危害到了一些什么事情，同学做了什么坏事，你可以告诉老师，你被欺负了你可以告诉老师，但是如果哪个同学做什么眼保健操或者是在跟某某某讲话或者是干什么，这种小事你去报告老师，这样不是很好"。所以他就把这些话记在脑子里了，然后这一次他就这么干了，真的太好笑了。

有时候感觉他也在慢慢地成长，实际上我一直以来会安慰自己，最后只要他能够养活自己，能够承担一个家庭的责任就可以了。但是我没有完全局限在这样的一种想法当中，其实我还是希望他能够实现我心目当中的一个愿望，他能够有出息，当然这只是我美好的愿望而已。实际上我更希望的还是他快乐健康，然后能够成为一个独当一面的男孩就行了。我觉得也不是说非得要他成为一个很有钱的，或者我们有时候说的天才，其实天才的人也不一定就活得非常开心，我觉得人不开心的话，就是对这个社会再有意义，对自己来说也什么都没有。

图书在版编目（CIP）数据

阳光下的我们：残障女性口述故事 / 杨柳主编. --
北京：社会科学文献出版社，2020.3
ISBN 978 - 7 - 5201 - 6096 - 4

Ⅰ.①阳…　Ⅱ.①杨…　Ⅲ.①残疾人 - 女性 - 访问记
- 中国 - 现代　Ⅳ.①K828.6

中国版本图书馆 CIP 数据核字（2020）第 026451 号

阳光下的我们：残障女性口述故事

主　　编／杨　柳

出 版 人／谢寿光
组稿编辑／胡庆英　谢蕊芬
责任编辑／胡庆英
文稿编辑／孙智敏

出　　版／社会科学文献出版社·群学出版分社（010）59366453
　　　　　地址：北京市北三环中路甲 29 号院华龙大厦　邮编：100029
　　　　　网址：www. ssap. com. cn
发　　行／市场营销中心（010）59367081　59367083
印　　装／三河市龙林印务有限公司

规　　格／开　本：787mm × 1092mm　1/16
　　　　　印　张：21.25　字　数：331 千字
版　　次／2020 年 3 月第 1 版　2020 年 3 月第 1 次印刷
书　　号／ISBN 978 - 7 - 5201 - 6096 - 4
定　　价／128.00 元

本书如有印装质量问题，请与读者服务中心（010 - 59367028）联系